세계의 한식을 맛보다

PREFACE
머리말

세계인들이 반한 한식과 한식당

이 책에는 세계인들이 사랑하는 한식과 한식당에 관한 이야기가 담겨 있습니다. 21세기는 '음식 전쟁의 시대'라고 합니다. 이는 세계 각 국가들이 자국음식을 팔기 위해 경쟁하고 있기 때문입니다. 실제로 2010년 세계의 식품시장 규모는 어마어마한데, 2010년 통계에 의하면 세계 식품산업 총생산이 5,800조원으로서 철강산업 820조원, 자동차산업 1,800조원, IT산업 3,800조원를 합친 것과 맞먹을 정도입니다. 외국의 다국적 식품기업들도 한국에 이미 많이 들어와서 우리 식탁을 위협하고 있습니다. 그러나 우리의 우수한 한식도 당당히 세계 외식 무대에서 주역이 될 수 있고 중요한 경제 자원이 될 수 있다고 생각합니다. 특히 우리 민족이 자랑스러워하는 한식은 이미 세계로 진출하고 있으며 세계인들의 사랑을 받기 시작하고 있습니다. 한식은 건강을 지켜줄 뿐 아니라 오천년의 역사가 담긴 우리 민족의 혼이며 전통문화의 상징입니다.

우리 한식을 세계에 알리고 이를 통해 문화적 가치창출과 식품산업 육성 등을 하는 것은 정말 중요한 일입니다. '한식 세계화'의 구체적인 목표는 세계의 한식당 수를 현재의 1만여 개 정도에서 2만 개까지 늘리는 것입니다. 현재 한국의 국제적 위상이 높아지면서 일본, 중국, 미국, 그리고 유럽의 여러 국가들을 중심으로 한식의 인기가 날로 높아지고 있습니다. 그런데 선진국들을 제외한 개발도상국에서는 아직 한식에 대한 이해가 높지 않습니다. 특히, 개발도상국에서 한식 세계화를 위해 선봉장 역할을 하는 한식당에 대한 정보는 많지 않습니다. 또한 현재까지 세계의 한식당 진출 현황은 주로 미국, 일본, 중국 등에 집중되어 있는데, 2010년 발표된 조사에 의하면 한식당 해외 진출현황은 미국 1,628개, 중국 2,032개, 일본 4,000개 정도가 있습니다. 그러므로 앞으로 개발도상국의 한식 진출현황에 대한 정보가 더욱 필요합니다.

한편 농촌진흥청에서는 세계의 개발도상국들을 대상으로 KOPIA[Korea Project On International Agriculture]사업을 2009년부터 실시하고 있습니다. 세계농업과 식량문제, 일자리 창출, 글로벌 인재 양성교육과 국가브랜드 향상을 목표로 하고 있고 이미 많은 성과를 내고 있습니다. 현황을 보면 농업기술 개발을 위한 시범사업에 참여하려는 총 15개국 우즈베키스탄, 케냐, 베트남, 브라질, 파라과이, 미얀마, 캄보디아, 필리핀, DR콩고, 알제리, 에티오피아, 태국, 스리랑카, 에콰도르, 볼리비아의 개발도상국을 대상으로 해외농업기술개발센터를 설립하였고 현재 그 대상 국가를 늘려가고 있습니다.

우리 연구진은 2009년 농촌진흥청 사업 초반기의 KOPIA 대상국가인 4대륙에 있는 6개 국가 베트남, 미얀마, 브라질, 파라과이, 우즈베키스탄, 케냐의 한식 진출현황에 대한 연구조사를 3년 간 실시하였습니다. 이 책은 이러한 3년 간의 조사결과를 토대로 작성되었습니다. 우리 조사팀은 그들의 음식문화와 특히 한식과 한식당의 인지도 및 선호도, 한식당 운영 등에 대하여 현지인 대상으로 구조화된 설문지를 통한 면접 조사를 하고 다음으로 한식당 경영주 및 현지 푸디스[음식전문가]들과의 심층면접을 통한 사례연구를 실시하였습니다.

우리의 중요한 농업자본인 한식이 세계로 진출하기 위해서는 무엇보다 가능성이 큰 지역의 음식문화에 대한 이해와 한식당의 정확한 현황파악이 필요합니다. 미국 여러 지역과 중국, 그리고 일본에는 한식당이 이미 많이 진출해 있습니다. 따라서 앞으로 이들 지역은 한식당의 확장 가능성보다는 질적 향상을 위한 정책 수립의 접근이 더 적절합니다. 그러나 우리가 다녀 온 4대륙 6개국은 현재 우리나라와의 활발한 경제협력으로 많은 한국기업이 진출해있으며 교류가 가장 활발한 상황이므로 한식이 진출할 수 있는 가능성이 큰 나라입니다.

또한 이러한 국가들에서 한식당 현황에 대한 조사결과는 앞으로 비슷한 여건의 개발도상국가에 한식당이 진출할 때 하나의 모델이 될 수 있다고 봅니다. 이를 위해 중요한 점은 현재 세계에서 한식당을 운영하는 경영주들에 대한 이해와 그들로부터 한식당 운영 경험담, 그리고 한식 세계화를 위한 애로사항 및 발전 방안을 파악하는 것이라고 생각됩니다. 그래서 지난 3년 간 직접 열심히 현지를 찾아가 그들을 만나서 한식과 한식당에 대한 이야기를 들었습니다.

지금 와서 생각해 보면 무엇보다 값진 것은 세계의 한식당 경영주들을 만나면서 한식진출의 희망을 보았다는 것입니다. 또한 우리가 만난 현지의 푸디스들은 한식에 대한 매우 희망적인 의견을 많이 피력해 주었습니다. 그래서 3년 동안 행복한 마음으로 현지 조사를 할 수 있었고 많이 부족하지만 그동안의 조사결과를 정리한 책을 세상에 내어 놓습니다. 바쁜 일정에도 불구하고 우리 조사에 기꺼이 응해 주고 한식 세계화에 대한 뜨거운 열정을 보내준 6개 국가의 한식당 경영주 여러분께 진심으로 감사드립니다. 또한 현지인들의 뜨거운 한식사랑에도 깊이 감사드립니다.

끝으로 부족한 한식과 한식당에 대한 이 책이 외국 진출을 희망하는 국내 외식 산업체, 개인 또는 현지 식당을 운영하고 있는 사업자에게 현지의 살아 있는 정보를 제공하고 한식 세계화에 대한 방향성을 세우는 데 도움이 되었으면 합니다. 또한 현지 고객 트렌드 분석을 통해 개도국의 외식 시장 환경 및 한식 창업 아이템 등에 대한 자료를 이 책이 제공할 수 있을 것으로 기대합니다. 더 욕심을 부린다면 국내 농·식품의 식재료 및 상품의 수출 확대로까지 이어지기를 바랍니다.

그동안 함께 연구를 진행한 농촌진흥청의 관계자 여러분, 세계 각국에서 지금도 농업발전을 위해 열정을 태우고 있는 개도국의 KOPIA 식구들, 그리고 출판을 맡아주신 (주)교문사에도 깊은 감사를 드립니다.

2012년 12월

연구진 대표 정혜경

CONTENTS

차 례

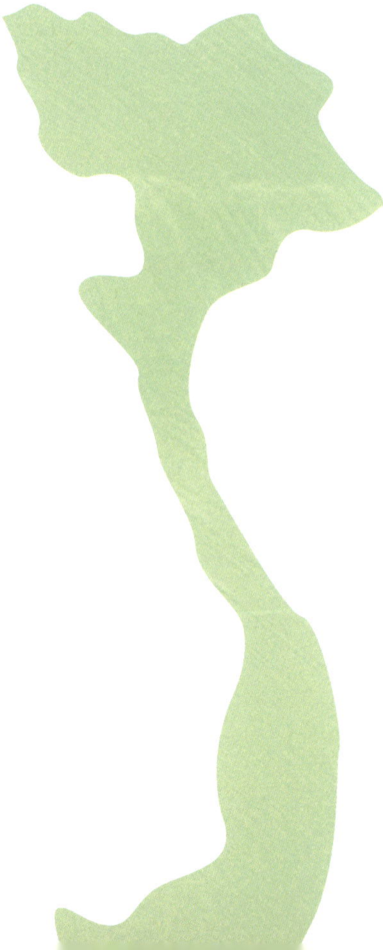

CHAPTER 2

미얀마의 한식과 한식당

CHAPTER 3

우즈베키스탄의 한식과 한식당

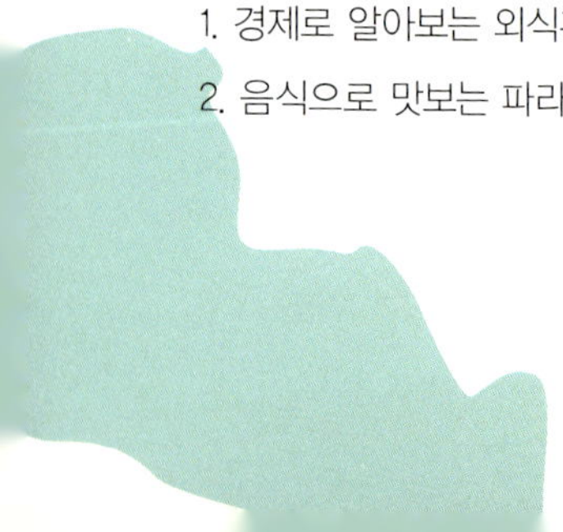

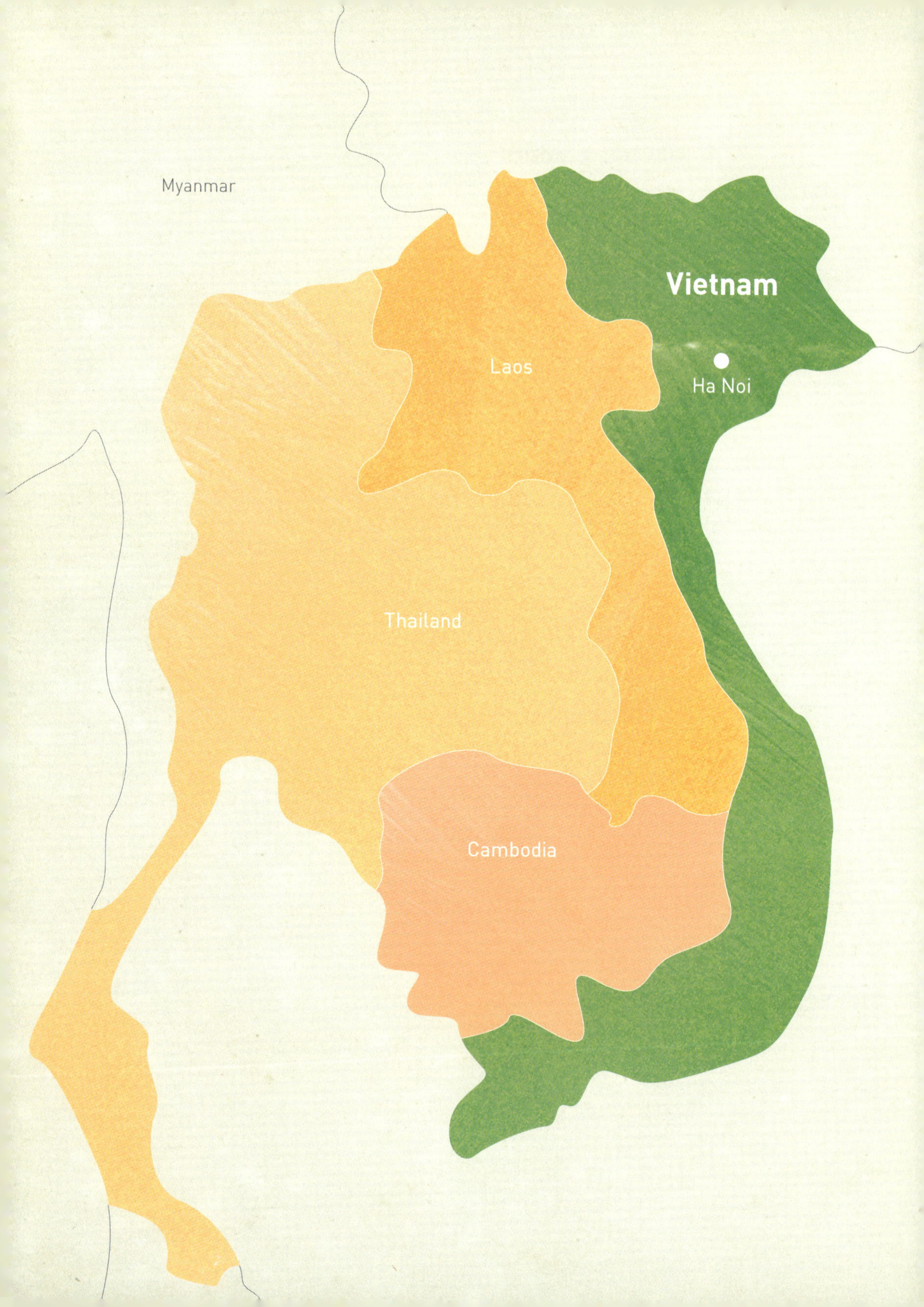

Myanmar
Vietnam
Laos
Ha Noi
Thailand
Cambodia

CHAPTER 1

베트남의 한식과 한식당

베트남인들은 다른 육류보다 닭고기를 선호하고 건강에 좋은 인삼을 잘 알고 있으므로 베트남에서는 보양식으로 삼계탕의 선호도가 매우 높다.

베트남 문화와 음식 이야기

Have a taste Korean Food in the World

자연과 역사로 살펴보는 음식문화

베트남의 자연환경

베트남은 인도차이나반도 동부에 S자 모양으로 길게 자리 잡고 있으며, 중국, 라오스, 캄보디아에 인접하고 있다. 베트남은 동남아시아에서 차지하는 지리적인 위치 때문에 오래전부터 많은 인종이 이동하고 여러 문화가 교류하는 통로의 역할을 해왔다.

베트남 면적은 331,690km^{2}로 한반도의 약 1.5배에 해당한다. 최북단과 최남단 간의 직선거리가 1,650km에 이른다. 남부의 메콩강 Mekong과 북부의 홍강 Red River이 주요 생활 중심지이다. 베트남에는 높이 2,400m 이상 되는 산이 11개 있다.

적도 선상의 평야 지대부터 고산 지대나 고원에 이르기까지 다양한 기후와 지형을 갖고 있다. 최남단과 최북단의 직선거리가 길어서 기후의 차이가 큰데, 북부는 아열대성, 남부는 열대성 기후이다. 북부와 서부는 고원지대이므로 겨울에는 서늘하며 약간 춥고 가끔 기온이 영하로 내려간다. 남부 지역은 열대성 기후에 연중 무더운 날씨로 4월이 가장 덥고 기온은 25~35°C 정도이며 가장 추운 12월의 온도가 22~30°C이기 때문에 1년에 3~4번 벼를 재배할 수 있다. 해안 지대를 중심으로 산간 지역까지 자연환경이 다양하므로 각종 동물과 식물들이 자랄 수 있어 식재료가 풍부하며, 특히 여러 가지 열대과일을 맛볼 수 있다.

베트남의 역사

베트남은 오래전부터 여러 문화가 교류할 수 있도록 통로의 역할을 해왔는데, 동남아시아에서의 지리적인 위치상 중국, 인도, 일본, 미국, 유럽 등의 교역 시에 중요한 역할을 하였다.

기원전 111년 이후 1000년 간 베트남은 중국의 지배를 받았으며 이때 중국 문화의 영향을 많이 받았다. 중국문화의 영향으로 사회적 통념은 유교적 사상에 입각해 있으며, 종교적으로는 도교와 불교가 도입 후 인구의 70% 이상이 불교를 믿고 있다.

중국으로부터 독립하여 베트남 왕국이 수립되었고, 남쪽으로 영토 확장을 시작하였으며 인도 문화의 영향을 받은 참파 왕국을 점령하였다.

1860년경 역사를 말살하고 언어를 통합하는 프랑스의 혹독한 식민 정책을 겪었으며, 이후 자유 수호라는 명목으로 들어온 서구 자유주의 국가와의 갈등이 있었다. 프랑스 식민지 시절에 프랑스문화의 영향을 받아 종교에서는 가톨릭을 받아들였으며, 음식문화와 언어에서도 프랑스풍이 성행하였다. 특히 상류사회에서는 프랑스의 생활양식을 많이 도입하였다.

프랑스 지배에서 해방된 후 미국은 자유수호의 차원에서 베트남 파병을 결정했지만 베트남 입장에서는 또 다른 식민지 시대였다. 1964년에는 미국은 북베트남의 군사 충돌로 명분을 얻어 베트남 전쟁에 개입하였다. 역사적으로 이와 같은 침입과 전쟁이 끊이지 않아 전쟁을 통해 다양한 문화를 접하게 되었다. 그래서

1 | 식민 통치로 인한 다양한 음식문화의 발달

국 가	통치기간	식생활문화
중 국	기원전 1000여년	젓가락 사용 기름에 볶는 요리 많음 주식과 부식의 분리 불교 영향(해산물, 채식 위주)
프랑스	19세기 중반 100여년	진한 커피, 페이스트리, 프렌치브레드(French bread), 바게트빵인 반미(bahn mi) 시머링(simmering) 조리법 아스파라거스, 감자, 미트파테 등 서양 음식 즐김 디저트 문화 등
미 국	20세기	패스트푸드

베트남문화는 복합 문화의 전형을 이루고 있다. 따라서 음식문화도 중국과 인도의 영향 외에 프랑스의 영향을 받아 다양한 음식들이 발달하였으며 전통적인 고유 음식도 발달하였다.

경제와 소비로 알아보는 외식환경

최근 경제의 흐름과 전망

/ GDP의 변화 추이 / 1990년대 연평균 7.6%의 고도성장에 따라 1991~2000년 동안 GDP가 2배 증가하였고, 수출액은 3배 증가하였다. 1997년 아시아 외환위기 여파로 일부 침체가 있었으나, 지속적인 성장세를 보여주어 2001~2007년 동안 GDP가 연평균 7.74%로 성장하였다. 2010년에는 1차 산업 20%, 2차 산업 40%, 3차 산업 40%이므로 2009년 중국 GDP 비중이 1차 산업 10%, 2차 산업 46%, 3차 산업 43%인 것과 비교했을 때 여전히 농업의 비율이

높은 것을 알 수 있다.

/ 거시경제를 안정화하는 정책 추진 / 국민복지가 개선되고 있어 한 달 소득이 최저생계비에도 미치지 못하는 절대빈곤가구의 비율절대빈곤율은 1992년 58%에서 2010년 13%로 낮아졌다.

2008년 초에 경기과열, 자국통화가치 하락과 전년도 WTO 가입 등으로 물가상승률이 23%를 기록하였고 175억 달러의 무역적자 등 거시경제가 불안정해져 긴축 정책을 실시하였다. 2008년 말에는 세계 금융위기로 인해 대외경제가 악화됨에 따라 수출, 외국인직접투자Foreign Direct Investment, FDI, 공적개발원조Official Development Assistance, ODA 등이 함께 위축되었고 이에 따라 정부는 경기 부양책을 실시하였다. 경기 부양책의 실시로 인하여 2009년에는 5.32%의 경제성장을 하였고, 1인당 GDP는 약 1,100달러로 UN의 최빈국 기준인 960달러를 초과하였다. 2010년에는 6.8%의 경제성장을 점차 회복하였으나 2011년 유럽발 재정위기 여파 및 2009

구분	2005년	2006년	2007년	2008년	2009년	2010년	2011년
GDP(1억 달러)	530	608	715	890	914	1,064	1,190
GDP성장률(%)	8.44	8.23	8.48	6.23	5.3	6.7	5.89
1인당 GDP(달러)	640	723	835	1,024	1,068	1,168	1,300
실업률(%)	5.3	4.8	4.6	4.6	4.6	4.6	2.27
물가상승률(%)	8.4	6.6	12.6	22.97	6.9	11.75	18.58
기준금리(%)	8.25	8.25	8.5	8.5	13.0	14.0	14.0
수출(1억 달러)	324	398	485	629	566	715	963
수입(1억 달러)	370	449	626	804	688	835	1,058
외환보유고(1억 달러)	92.1	135.9	238.7	220	164	139	125.6
환율(VND/달러)	15,859	16,091	15,993	16,977	17,941	18,932	20,803

2 | 연도별 주요 경제 지표 추이
자료_베트남 대사관

년 경기 부양책 영향으로 18.5%의 물가상승이 일어나 물가안정 정책을 시행하여 5.8%의 낮은 성장률을 보였다. 베트남 정부는 물가와 환율안정에 기초한 거시경제 안정화 정책을 추진하여 최근에는 물가와 환율이 안정을 찾고 있으며, 이에 따라 시장의 신뢰도를 점차 회복하고 있는 추세이다.

/ 장기적으로 발전 가능성 증대 / 2011년 1월 제 11차 전당대회에서 사회·경제개발 전략 및 5개년 개발계획을 수립하였다. 계획 내용은 2015년까지 경제성장률 7.5~8%, 1인당 GDP 2,100달러를 달성하고, 2020년까지 경제성장률 7~8%, 1인당 GDP 3,000달러 달성과 산업화된 공업국이 되는 것이다.

베트남은 정치적으로 안정되고 풍부한 천연자원, 우수한 인적자원 등이 있어 장기적으로 발전 가능성이 큰 것으로 전망된다.

최근 소비의 흐름

베트남은 노동가능인구인 15~64세 인구가 많은 구조이며, 빠른 경제성장을 이루고 있다. 그리고 소비자의 소득이 증가함에 따라 매년 20% 이상의 높은 소비 증가율을 보이고 있다.

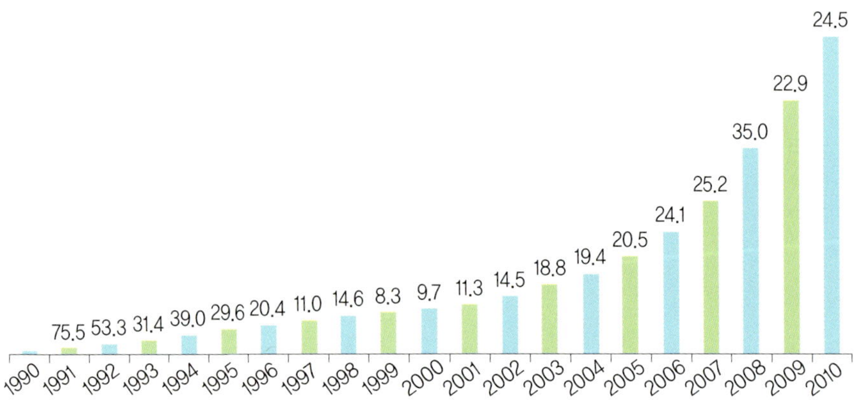

베트남의 연간 소비 매출 증가율(%)
자료_KOTRA

(단위: VND)

3 | 소득 계층별 지출 변화(n=1,432)
자료_Neilson(2012)

소득 계층	2010년	2011년
저소득층	2,312,800	2,904,700
중산층	3,255,600	3,928,800
고소득층	4,244,200	4,708,900

2011년 베트남 소비 매출규모는 955억 달러로, 전년대비 24.2% 증가율이 나타나고 있으며, 2011년 베트남 소비자들의 월평균 지출 규모는 약 414만 6500동[약 202달러]으로 전년대비 약 31% 증가하였다[Shopper Trend 2012]. 소비자들의 신선식품[육류, 생선, 채소·과일]에 대한 지출은 266만 동[약 130달러]으로 총 지출 중 약 64%이다. 저소득층의 한 달간 총지출은 290만 동[약 142달러]으로 전년대비 약 26% 증가했고 중산층과 고소득층의 지출도 각각 21%와 11% 증가했다.

2011년에는 매주 쇼핑을 하는 베트남 소비자는 64%로 나타났으나 2012년에는 39%로 크게 감소하였고, 2주에 1회 쇼핑을 원하는 소비자는 2011년 36%에서 2012년 59%로 증가하였다. 매월 1회 혹은 쇼핑을 하지 않는 소비자도 감소하여

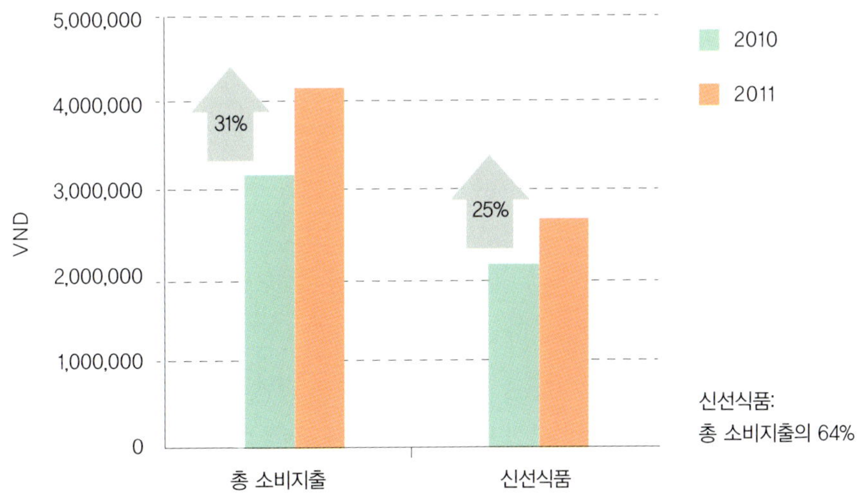

베트남의 총 소비지출과 신선식품 소비(n=1,432)
자료_Neilson(2012)

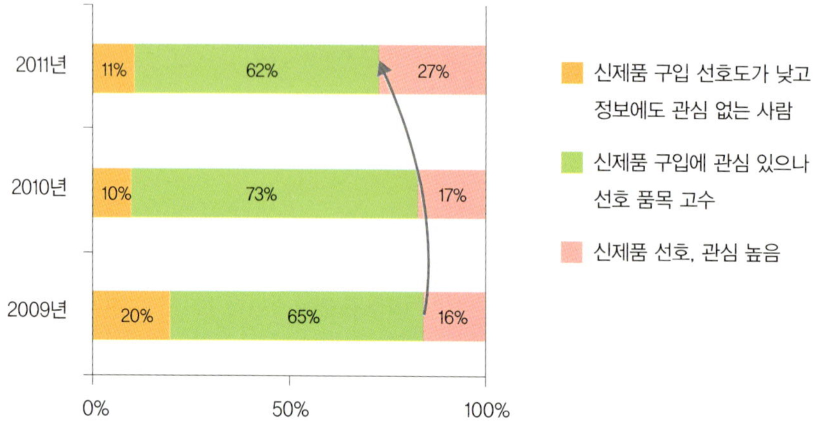

베트남 소비자의 신제품 선호 동향
자료_Neilson(2012)

베트남의 소비가 감소하는 등 변화가 예상된다. 최근 베트남은 온라인 매체가 발달하고 있지만 인터넷으로 생필품을 구매하는 비율은 낮아 베트남 소비자들은 여전히 전통적인 방식의 소비를 하고 있는 것을 알 수 있다. 이와 같은 현상이 나타난 이유는 신용카드의 보유 비율이 낮고, 소비자들이 현금을 선호하며, 온라인 거래 안전망이 확충되지 않았기 때문이다.

최근 3년 간 베트남 소비자들은 신제품에 대한 관심이 점차 증가하고 있다. 신제품을 선호하고 항상 신제품 정보에 관심이 높다고 응답한 베트남 소비자는 2010년에 16%였으나, 2011년에는 27%로 증가하였다. 이와 반대로 신제품과 그 정보에 관심이 없다고 응답한 소비자는 2009년 20%였으나 2011년 11%로 감소하였다. 제품 구입 시 선호하는 품목을 고수하는 소비자 비중은 약 60%, 이들 중에도 신제품에도 관심이 증가하는 경향을 보여 최근 베트남 소비자들은 전반적으로 신제품에 대한 관심도가 높아지는 것으로 보인다.

베트남 소비자들은 향후 자신들의 소득이 증가할 것으로 기대하며, 소비 지출 규모는 지속적으로 늘어날 것으로 전망된다. 또한 베트남 여성들의 사회활동이 증가하면서 즉석 간편 조리식품에 대한 선호도가 증가하고 있다. 안정성, 신뢰성,

편의성 같은 이유로 소비자는 신선식품을 구입하기 위해 재래시장에서 현대식 쇼핑몰로 점차 이동할 것으로 예상된다.

최근 베트남 소비자들은 쇼핑환경이 쾌적하고 판촉활동이 많은 쇼핑몰에 대한 선호도가 높으며 품질과 건강에 대한 고려도 높은 것으로 나타났다. 그러나 계획된 소비와 가격 비교, 쇼핑 시간 절약 등을 고려하는 소비자는 비교적 적게 나타나 신제품과 우수한 제품이 시장에 나타날 때 이에 대한 지출 가능성도 높을 것으로 보인다. 향후 베트남은 고소득층과 젊은 계층에 의한 새로운 브랜드를 추구하는 소비 패턴이 주도할 것이며 여전히 많은 비중을 차지하는 보수적 소비경향을 보이는 중산층의 소비 패턴도 제품의 품질에 따라 점차 변화할 것으로 예상된다. 경기 침체가 장기화되면서 지출을 줄이는 소비자도 적지 않은 비중을 차지하여 이들을 위한 판촉활동과 양질의 제품 공급도 소비시장에서 중요한 변수로 보인다.

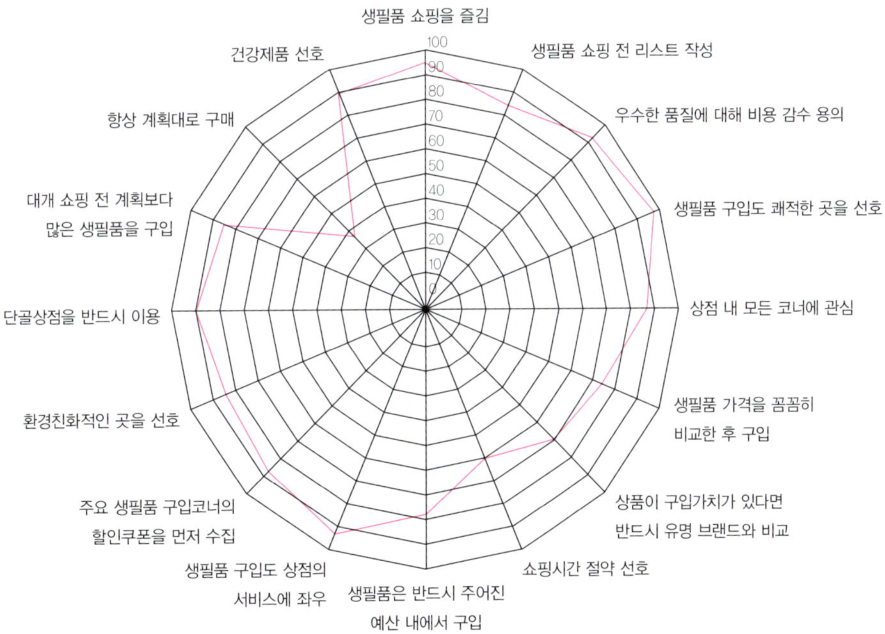

베트남 소비자들의 소비 습관

자료_Neilson(2012) 및 KOTRA 하노이 무역관

음식으로 맛보는 베트남 문화

음식문화의 특징

베트남은 지리적 위치와 프랑스 식민지, 미국의 파병, 많은 전쟁 등의 역사적 상황에 의해 중국, 인도, 프랑스 등의 영향을 받아 다양한 음식들이 발달했으며 전통적인 음식도 발달했다. 특히 베트남의 영토는 남북간 직선거리가 약 1,600km이므로 각 지역별 특색이 나타나며 고산족과 같은 소수민족이 54개여서 각각의 고유한 음식문화를 유지하고 있다.

베트남인의 주식은 컴[com, 밥]이고, 퍼[pho, 쌀국수]도 때때로 먹으며, 쌀이 찰기가 없다. 반찬은 고기, 생채, 국으로 분류할 수 있다. 밥, 느억맘, 국, 생선, 고기음식, 채소음식, 피클, 생채소 등이 식사에 오른다. 일상적인 반찬으로는 숙주, 죽순, 부추, 가지 등을 볶거나 튀긴 음식들이 있으며 두부와 튀긴 유부도 즐겨 먹는다. 식사할 때 마시는 물은 짜다[jra da]라고 불리는 차를 끓인 물에 얼음을 넣은 것이다. 이 물은 기름기 많은 음식을 먹을 때 좋다. 베트남에서는 젓갈 발효 음식인 느억맘을 장으로 이용하여 베트남 요리의 독특한 맛을 느끼게 한다. 또한 베트남에서는 간장, 마늘, 고추를 즐겨 먹는다. 조리법으로는 데치기, 굽기, 튀기기, 볶기, 조리기 등이 이용되는데, 중국 냄비와 비슷한 웍으로 볶아내는 조리법이 주로 이용된다.

에스닉 푸드의 특징

베트남 지역에 따라 음식의 맛과 종류가 다양하다. 일반적으로 하노이를 중심으로 북부 지방은 육식을 선호하고 담백한 맛을 선호하며, 중부 지방은 매운맛을, 호치민을 중심으로 하는 남부 지방은 해산물과 단맛을 선호하는 경향을 띠고 있다.

베트남 음식 특징

주식인 밥을 비롯한 다양한 쌀 요리

쌀국수인 퍼(pho)를 비롯한 다양한 국수들, 쌀가루 반죽을 얇게 만들어 익혀서 말린 반트랑, 각종 쌀로 만든 떡 등과 같은 쌀 가공품들이 있다. 퍼는 쌀면과 육류, 채소를 넣고 끓인 후 숙주와 향신료를 넣어 양념과 먹는 것이며, 우리가 흔히 알고 있는 베트남 쌀국수이다. 퍼의 종류는 매우 많은데 남부와 북부 지방에 따라 다르며 쇠고기, 닭고기 등 다양한 재료를 이용한다.

신선한 채소와 다양한 향신채소의 사용

베트남인들은 채소를 많이 먹는다. 라이스페이퍼(rice paper)로 생채소를 싸먹거나, 식사 때마다 상 위에 놓고 먹는다. 열대성 기후로 인하여 다양한 열대성 과일도 많이 섭취하며, 음식을 바나나 잎으로 싸서 조리하기도 한다.

베트남의 남부 지역은 인도 무역선의 중간 기착지였기 때문에 커리 등의 향신료를 얻기 쉬워 향신료가 들어간 요리가 발달하였다. 또한 지리적으로 가까운 태국과 라오스에서 새우페이스트, 레몬그라스, 바질, 민트 등을 도입하였다. 위의 다양한 나라에서 얻은 재료와 향신료를 이용한 남부요리는 맵고, 자극적인 음식으로 발전하였다.

발효음식의 발달

베트남에는 생선이 풍부하여 다양한 어장이 발달하였고, 그 중 '느억맘(nuoc mam)'이라고 불리는 생선을 발효시켜 만든 젓갈이 조미료로 많이 사용된다. 느억맘에 고추와 라임즙을 넣고 만드는 느억짬(nouc cham)은 베트남인들의 식탁에 항상 준비되어 있으며 밥을 비벼 먹거나 짜조를 찍어 먹는다.

커피와 다양한 차를 즐기는 문화

식사 전후 또는 손님 접대시 베트남 전통찻잎으로 끓인 차를 많이 마시며 장미, 자스민, 국화 등의 말린 꽃을 넣어 향을 낸 다양한 꽃차도 즐겨 마신다. 프랑스의 영향을 받아 커피 문화도 발달하였으며 커피에 우유나 크림을 넣기보다는 진한 커피에 연유를 넣어 단맛이 강한 베트남식 커피를 즐긴다.

/ 북부 지역-하노이 / 정치적 수도인 하노이가 있는 북부 지역은 산악지대이며 북부 지역 음식은 남부 지역보다 달거나 시지 않고, 간이 약하고 담백하다. 쌀이 풍부하고 겨울 동안에도 온대성 채소가 재배된다. 전쟁이 많이 일어난 지역이라서 불을 사용하지 않고 조리하는 음식이 많아 조리법이 단순하다.

퍼보

퍼는 베트남을 대표하는 가장 일반적인 음식이다. 북부의 하노이에서 주로 애용되었으나 현재는 베트남 어디서나 쉽게 맛볼 수 있으며, 지역마다 약간의 차이를 보인다. 소뼈를 우려낸 국물에 쇠고기를 넣은 퍼보pho bo, 닭 삶은 국물에 닭고기를 넣은 퍼가pho ga 등이 있다. 고추나 칠리 페이스트로 만든 양념장을 넣어 새콤달콤한 맛을 내며, 고명으로 생숙주, 고수, 민트 등을 올려 향을 더한다.

/ 중부 지역-후에 / 과거 수도인 '후에Hue'의 전통 궁중 전골 요리가 대표적이다. 날씨가 비교적 시원한 중부 지역은 칠리를 많이 사용하고, 후추를 덜 사용하며 음식이 자극적이다. 멜론, 호박, 아스파라거스, 망고, 파인애플, 딸기, 아티초크 등의 다양한 작물을 생산하고, 야생조류, 민물고기, 조개 종류가 풍부하다.

라우제

라우제lau de는 베트남의 전통 궁중요리로 양고기에 감초, 계피, 대추, 인삼, 음양곽, 육두구 등 14가지의 한약재를 넣고 푹 고아 육수를 내어서 이 국물에 미나리, 상추, 쑥갓, 청경채, 버섯류, 숙주나물 등 10여 가지 종류의 채소를 넣어 즉석에서 데친 뒤 라이스페이퍼에 싸서 소스에 찍어 먹는다.

/ 남부 지역-호치민 / 베트남의 곡창지대이자 경제중심지인 남부 지역은 열대성 기후이며, 바다에서는 다양한 종류의 생선을, 해안 늪지대에서는 새우를, 메콩 강에서는 민물고기를 많이 잡을 수 있다. 음식의 맛은 대체적으로 달고, 프랑스와 미국, 태국의 요리에서 영향을 많이 받았다.

짜조cha gio는 베트남식 스프링롤요리로 기름에 튀겨서 만든다. 춘권과 모양이 비슷하며 베트남을 대표하는 음식이다. 다진 고기, 새우, 버섯, 향채 등을 라이스페이퍼에 싸서 기름에 튀겨 느억맘에 찍어 먹으며 취향에 따라 칠리소스에 찍어 먹기도 한다.

짜조

베트남에서의
한식 이야기

Have a taste Korean Food in the World

먹고 싶어하는 한식 메뉴

베트남인들이 먹어본 한식

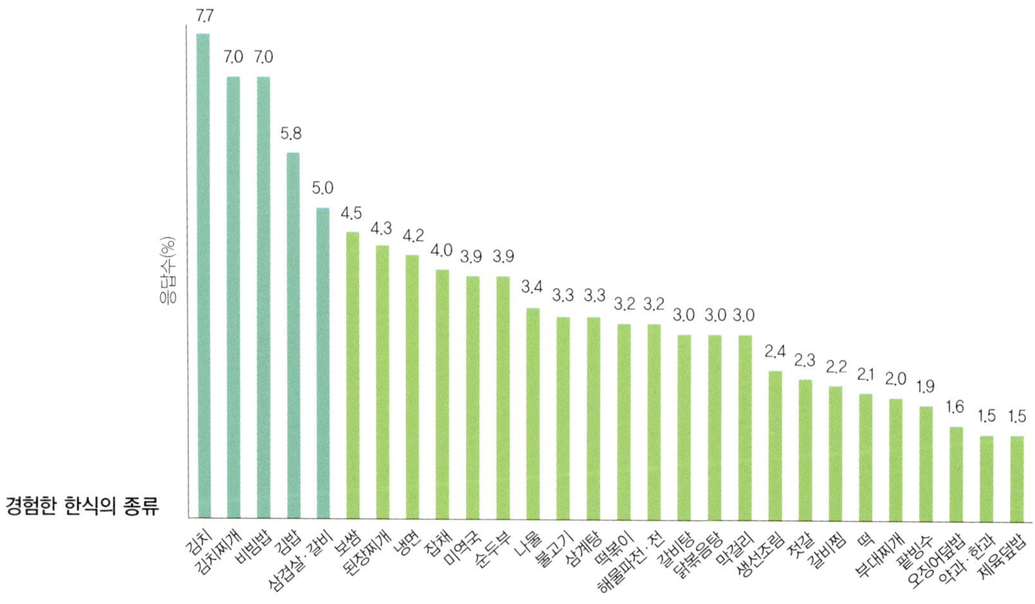

경험한 한식의 종류로는 김치, 비빔밥, 김치찌개가 각각 7.7%, 7%, 7%로 나타났고, 김밥, 보쌈이 각각 5.8%, 4.8%, 삼겹살·갈비가 5%로 나타났다. 그 밖에 먹어본 한식은 보쌈, 된장찌개, 냉면, 잡채, 미역국, 순두부, 나물, 불고기, 삼계탕, 떡볶이, 해물파전·전, 갈비탕, 닭복음탕, 막걸리, 생선조림, 젓갈, 갈비찜, 떡, 부대찌개, 팥빙수, 오징어덮밥, 약과·한과, 제육덮밥 순으로 나타났다.

베트남인들이 좋아하는 한식

조사 대상자가 먹어본 한식 중 가장 맛있는 한식은 김치가 17.45%, 비빔밥이 10.38%, 삼겹살·갈비가 9.91%, 김밥과 김치찌개가 각각 7.55%로 나타났다. 베트남에서는 느억맘이라는 발효음식이 있어 한국의 발효음식인 김치에 대한 거부감

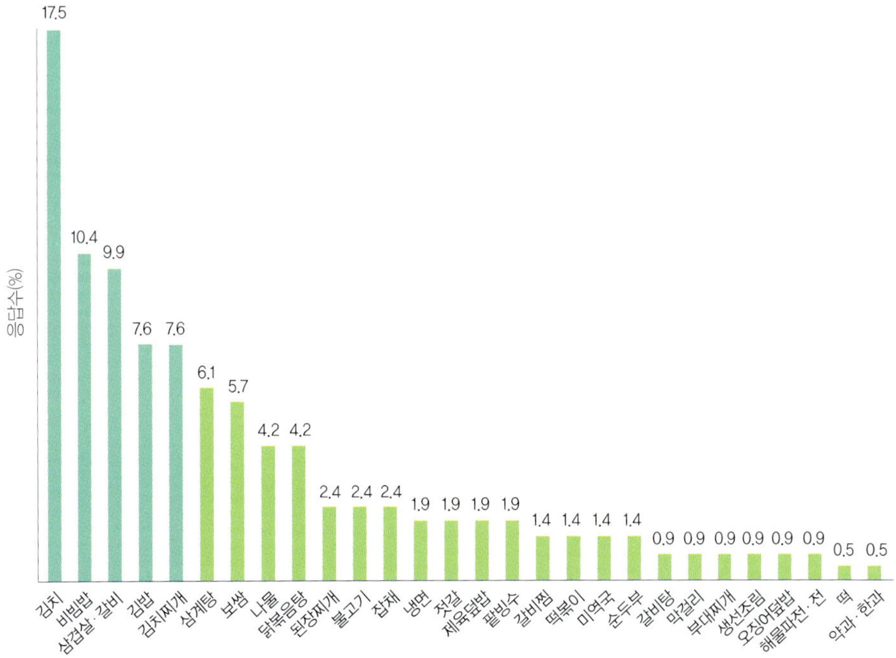

경험한 한식의 선호도

이 없으며, 김치를 가장 선호하는 것으로 나타났다. 이 외에 가장 맛있는 음식은 삼계탕, 보쌈, 나물, 닭복음탕, 된장찌개, 불고기, 잡채, 냉면, 젓갈, 제육덮밥, 팥빙수, 갈비찜, 떡볶이, 미역국, 순두부, 갈비탕, 막걸리, 부대찌개, 생선조림, 오징어덮밥, 해물파전·전, 떡, 약과·한과의 순으로 나타났다. 10위권 안의 음식 중 육류 음식이 5가지로 나타나 육류 음식에 대한 선호도도 높은 것으로 나타났다.

베트남인들이 먹고 싶어하는 한식

향후에 먹어보고 싶은 음식으로는 삼계탕이 12.4%, 팥빙수가 8.5%, 냉면이 7.9%, 비빔밥이 6.8%, 김치가 6.2로 나타났다. 이 밖에 먹어보고 싶은 음식은 김밥, 닭복음탕, 불고기, 삼겹살·갈비, 미역국, 오징어덮밥, 제육덮밥, 갈비찜, 부대찌개, 약과·한과, 김치찌개, 떡, 순두부, 젓갈, 갈비탕, 떡볶이, 막걸리, 해물파전·전, 된장찌개, 보쌈, 생선조림, 잡채, 나물 순으로 나타났다.

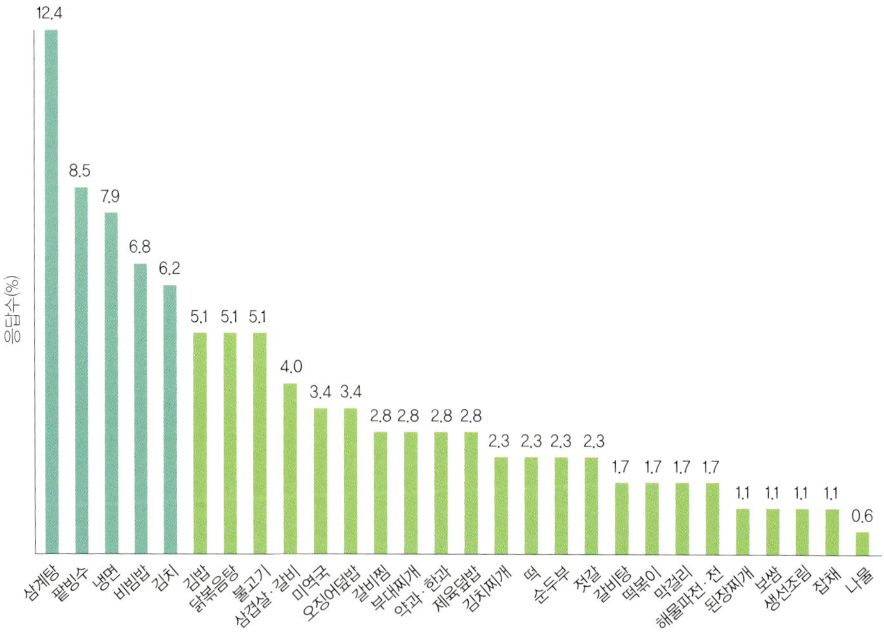

향후 경험하기를 원하는 한식

한식에 대한 생각 엿보기

베트남인들이 생각하는 한식의 특징

조사 대상자들의 한식에 대한 인식도를 점수로 나타내었을 때 색이 아름다운 음식이라고 생각한다는 답변이 4.2점으로 가장 점수가 높았다. 그 뒤로 종류가 다양하다(4.0점), 건강에 유익하다(3.9점), 맛이 좋다(3.9점), 영양이 풍부하다(3.8)점으로 나타났다. 그 외에 위생적이다, 평소 좋은 느낌을 가지고 있다, 신선한 제철식품이 많다, 특이하고 새롭다, 향과 냄새가 좋다, 재료는 신선하고 좋다는 답변은 3.5점을 넘었으며, 기호음식이다, 소화가 잘 된다, 만드는 법에 대해 관심이 있

한식에 대한 인식도

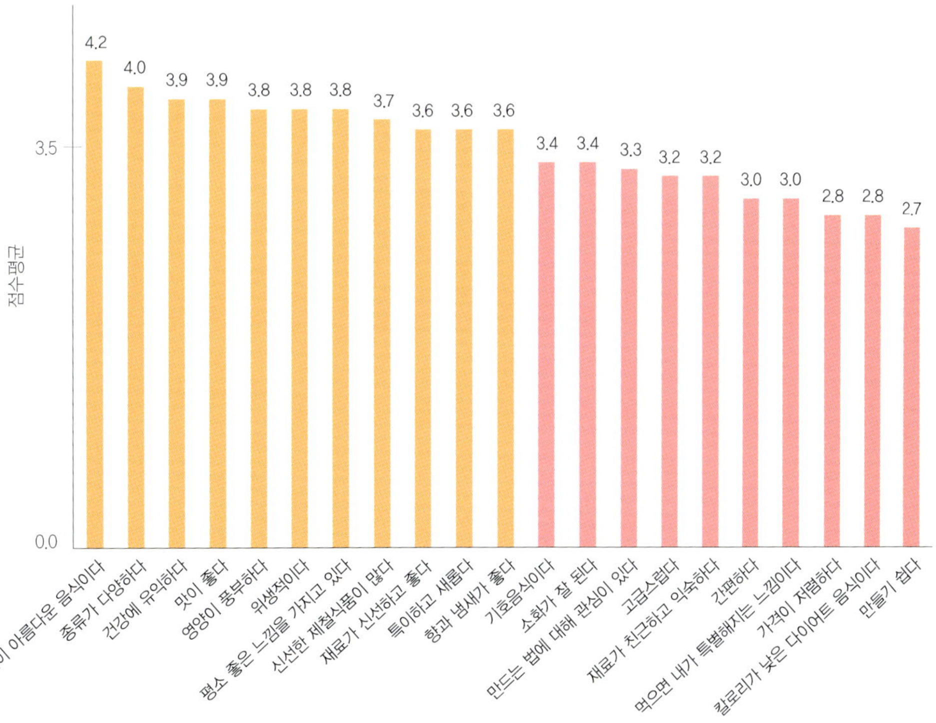

다, 고급스럽다, 재료가 친근하고 익숙하다, 간편하다, 먹으면 내가 특별해지는 느낌이다, 가격이 저렴하다, 칼로리가 낮은 다이어트 음식이다, 만들기 쉽다 순으로 나타났다. 이 항목들의 점수는 3.5점이 안되는 것으로 나타났으며 특히 가격은 저렴하다, 칼로리가 낮은 다이어트 음식이다, 만들기 쉽다는 답변은 2점대로 나타나 이 항목들의 보완과 인식의 변화가 필요하다고 여겨진다. 한식은 조사 대상자들에게 색이 아름답고, 종류가 다양하며 맛이 좋은 음식이고, 건강과 영양 면에서 뛰어난 음식이라고 인식된 것으로 나타났다.

한식과 관련한 정보수집 경로

한식에 관련된 정보를 수집하는 경로로는 한식당이 29.8%, TV, 영상정보가 27.1%로 두 가지 경로가 50% 이상을 차지하였으며, 잡지, 책자 14.2%, 친구와 동료 13.8%, 인터넷 11.1%, 기타 4%로 나타났다. 한식을 선택한 동기와 마찬가지로 한식의 정보 수집 역시 한식당에서 가장 많은 것으로 나타났고, 조사 대상자 중 한국 드라마나 영화를 접한 경험이 있는 사람이 많았기 때문에 영상정보를 통한 정보 수집도 많은 것으로 나타났다.

4 | 한식에 대한 정보수집 경로

내용	응답수	응답률(%)
인터넷	36	11.1
TV/영상정보(영화 등)	88	27.1
한식당	97	29.8
잡지, 책자	46	14.2
친구, 동료	45	13.8
기타	13	4.0
합계	325	100

한국산 식료품과 가공품의 구입 경험률

/ 한국산 식료품의 구입 경험 / 조사 대상자 중 한국산 식료품을 구입한 경험이 있다고 한 대답이 85.6%로 나타나 베트남에서 한국산 식료품의 구입이 어렵지 않은 것을 알 수 있다.

/ 구입한 식료품의 종류 / 구입한 식료품의 종류로는 양념, 소스류가 26.3%, 국수, 라면류가 24.8%, 음료가 22.9%, 과자류가 13.2%, 채소, 과일, 해산물 등의 원재료가 12.8%로 주로 가공품의 구입이 많은 것을 알 수 있다.

5 | 구입한 식료품의 종류

내용	응답수	응답률(%)
양념, 소스류	70	26.3
국수, 라면류	66	24.8
음료	61	22.9
과자류	35	13.2
원 식재료(채소, 과일, 해산물)	34	12.8
합계	266	100

/ 구입한 식료품 중 양념 종류 / 구입한 식료품 중에서 양념류는 고추장이 33.9%로 가장 높았으며, 쌈장 18.6%, 참기름 16.1%, 간장 14.9%, 된장 11.2%, 기타 5.4%로 나타났다. 조사 대상자가 선호하는 맛은 짭짤한 맛, 다음으로 매운맛이었기 때문에, 한국에서 매운맛을 내는 고추장의 구입이 가장 많은 것으로 생각된다.

6 구입한 식료품 중 양념 종류

내용	응답수	응답률(%)
간장	36	14.9
된장	27	11.2
고추장	82	33.9
쌈장	45	18.6
참기름	39	16.1
기타	13	5.4
합계	242	100

/ 구입한 식료품의 가공 형태 / 조사 대상자가 구입한 식료품의 가공 형태는 통조림이 32.9%, 즉석식품이 27.2%로 높게 나타나 가공식품의 형태로 구입이 많은 것을 알 수 있다. 그 외에 건조식품 16.3%, 신선식품 15%, 냉동식품 8.5%로 나타났다.

7 구입한 식료품의 가공 형태

내용	응답수	응답률(%)
통조림	81	32.9
냉동식품	21	8.5
건조식품	40	16.3
신선식품	37	15.0
즉석식품(레토르트)	67	27.2
합계	246	100

/ 포장 김치류의 구입 경험 / 한국산 가공품 중 김치류를 구입한 경험은 62.8%로 나타났다. 이는 경험한 한식 중 김치의 순위가 가장 높았기 때문에 구입이 많았던 것으로 생각된다.

／포장 삼계탕의 구입 경험／ 한국산 가공품 중 포장 삼계탕의 구입 경험은 17.8%만이 있다고 대답하였다. 향후에 먹어보고 싶은 음식으로 삼계탕을 먹어보고 싶다는 생각이 많았으므로, 앞으로 포장된 삼계탕의 구입이 증가할 것이라고 추정된다.

8 | 포장 김치류의 구입 경험 ▶

9 | 포장 삼계탕의 구입 경험 ▶▶

내용	응답수	응답률(%)
없다	71	37.2
있다	120	62.8
합계	191	100

내용	응답수	응답률(%)
없다	157	82.2
있다	34	17.8
합계	191	100

／조미 김의 구입 경험／ 한국산 가공품 중 조미된 김을 구입한 경험이 있는 사람은 43.8%로 포장된 삼계탕의 구입보다는 많으나 김치류의 구입보다는 적은 것으로 나타났다.

／한국 술의 구입 경험／ 한국산 가공품 중 술을 구입한 경험은 61.8%로 포장된 김치류와 구입 경험과 비슷하여 비교적 높은 경험률이 나타났다.

10 | 조미 김의 구입 경험 ▶

11 | 한국 술의 구입 경험 ▶▶

내용	응답수	응답률(%)
없다	104	56.2
있다	81	43.8
합계	185	100

내용	응답수	응답률(%)
없다	73	38.2
있다	118	61.8
합계	191	100

/ 구입한 술 종류 / 구입한 술의 종류로는 소주가 51.4%로 가장 높았으며, 다음으로는 한국의 전통술인 막걸리가 22.9%로 나타났다. 그 밖에 맥주 11.4%, 기타 10.9%, 전통주와 와인이 각각 1.7%로 나타났다.

12 | 구입한 술 종류

내용	응답수	응답률(%)
소주	90	51.4
맥주	20	11.4
막걸리	40	22.9
전통주	3	1.7
와인	3	1.7
기타	19	10.9
합계	175	100

현지인들이 말하는 한식의 매력

한식의 기호도를 점수로 환산하여 살펴보면 맵다는 답변이 4.4점으로 가장 높게 나타났으며, 바로 다음으로 양념 맛이 강하다는 답변이 4.0점, 담백하다는 답변이 3.5점이었다. 그 외에 씹는 느낌이 좋다, 온도가 너무 뜨겁다, 특별한 맛이 없고 밍밍하다, 달다, 시다, 짜다, 기름지고 느끼하다, 냄새가 강해서 싫다 순으로 3.5점 이하였으며, 특히 기름지고 느끼하다와 냄새가 강하여 싫다는 답변이 2.5점도 되지 않는 낮은 점수로 나타났다. 한식에는 장과 여러 양념, 소스를 이용하기 때문에 맵고, 양념 맛이 강하다는 답변의 점수가 높은 것으로 생각되며, 지방류의 사용이 적기 때문에 기름지고 느끼하다는 항목의 점수가 낮고 베트남에도

한식에 관한
기호도 조사

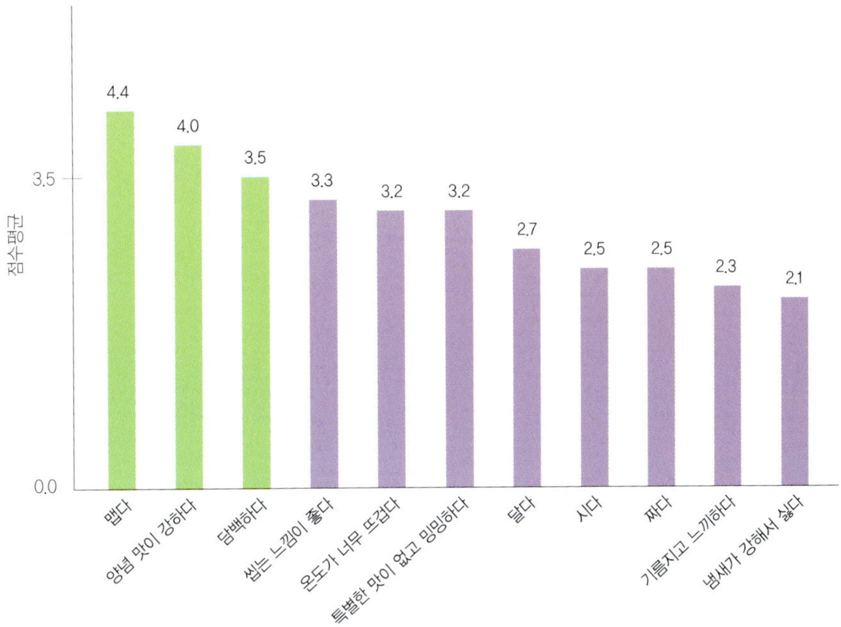

발효음식이 있기 때문에 냄새가 강하여 싫다는 항목의 점수가 낮은 것으로 생각된다.

베트남에서의 한식당 이야기

Have a taste Korean Food in the World

베트남에서 영업 중인 한식당

베트남에는 총 206개의 한식당이 영업 중이며 북부 하노이에는 63개, 꽝닌에는 3개, 중부 다낭에는 1개, 남부에는 호치민 108개, 카인호아 1개, 럼동 1개, 빈즈엉 10개, 동나이 11개, 바리어붕따우에는 한식당이 7개 있다.

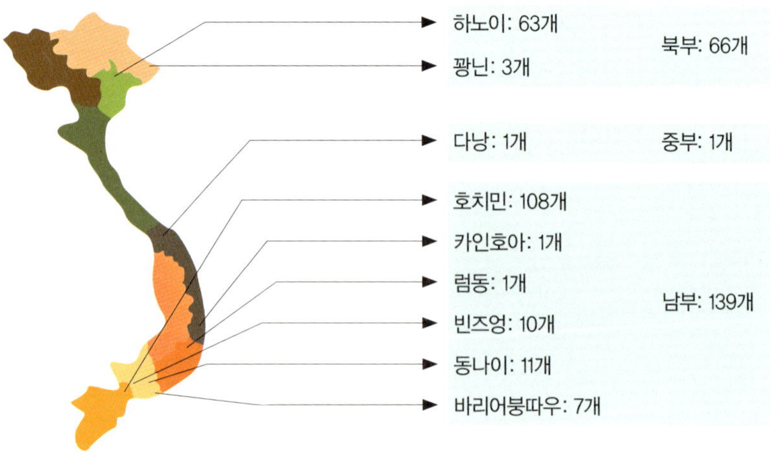

베트남 내의 한식당 분포 현황

자료_농수산물유통공사(2009)

하노이의 주요 한식당

다정

◂ 한식당 '다정'

▾ '다정'의 메뉴

호치민의 주요 한식당

아리랑

◂ 한식당 '아리랑'

▾ '아리랑'의 메뉴

베트남 하노이에서 영업 중인 한식당별 현황과 특성은 다음과 같다.

다정

일반 현황	+ 경영주가 한인잡지 편집장을 겸직함 + 조리원은 한국인임
종업원/테이블수	+ 24명/60석
고객층	+ 베트남인(20%), 한국인(80%)
선호 메뉴	+ 연탄삼겹살 구이, 다정 백반
재료 조달	+ 현지 조달
특징	+ 사전예약제에 의한 영업 + 간판에 다정식당에 대한 설명을 부착함 + 고급 한정식 위주이지만 충무김밥과 같은 메뉴도 있음

인삼가든

일반 현황
+ 조리원은 베트남인임, 하노이에서 가장 오래된 식당

종업원/테이블수
+ 18명/150석

고객층
+ 베트남인(60%), 한국인(40%)

선호 메뉴
+ 삼계탕, 프라이드치킨, 소금구이 통닭

재료 조달
+ 현지 조달
+ 인삼은 한국에서 공수하여 직접 손질한 후 사용

특징
+ 보양식 메뉴(삼계탕, 자라백숙, 장어구이, 장어탕, 보신전골, 웅담) 있음
+ 대우 호텔 근처로 손님들의 접근이 용이함
+ 인삼이 들어간 삼계탕이 건강메뉴라고 홍보함
+ 인삼주, 인삼제품 등 함께 판매

고궁

일반 현황
+ 한국인 주방장이 한국의 맛을 유지하기 위해 노력함

종업원/테이블수
+ 20명/150석

고객층
+ 베트남인(60%), 한국인(40%)

선호 메뉴
+ 갈비, 쇠고기구이, 삼겹살, 샤브샤브칼국수, 돌솥비빔밥, 해물파전, 잡채, 김밥

재료 조달
+ 현지 조달

특징
+ 베트남인들이 가족모임시 주로 오는 식당임
+ 인삼가든의 매니저 출신이 독립하여 창업한 곳임

등촌칼국수

일반 현황
+ 매니저(남, 한국어과 출신)가 식당을 관리함
+ 조리원은 베트남인임

종업원/테이블수
+ 6명/40석

고객층
+ 베트남인(90%), 한국인(10%)

선호 메뉴
+ 버섯 샤브샤브칼국수, 육개장, 갈비탕, 돼지갈비

재료 조달
+ 현지 조달

특징
+ 베트남인들은 고기 메뉴를 선호하므로 고기와 같이 먹는 샤브샤브칼국수가 인기

코리아나

일반 현황
+ 베트남인 부인 명의로 운영
+ 부인이 직접 식당을 관리하고 있어 의사소통이나 종업원 관리 등의 문제가 없는 편임

종업원/테이블수
+ 20명/120석

고객층
+ 베트남인(40%), 한국인(60%)

선호 메뉴
+ 갈비 요리

재료 조달
+ 현지 조달

특징
+ 주 고객이 베트남과 한국인 부유층인 매우 고급스러운 한식당
+ 베트남인들이 사업상 접대시 이용하는 곳임

춘하추동

일반 현황	+ 한국대사관 조리장 출신 경영주가 조리함
종업원/테이블수	+ 20명/170석
고객층	+ 베트남인(60%), 한국인(40%)
선호 메뉴	+ 고기요리, 스시 등
재료 조달	+ 현지 조달
특징	+ 한국식 횟집(일본인 고객은 거의 없음)

김밥한꿔

일반 현황	+ 조리원은 베트남인임
종업원/테이블수	+ 10명/60석
고객층	+ 베트남인(60%), 한국인(40%)
선호 메뉴	+ 김밥
재료 조달	+ 현지 조달
특징	+ 하노이에 체인점이 3곳 있음 + 대표적인 현지화 식당

김밥천국

일반 현황	+ 조리원은 베트남인임
종업원/테이블수	+ 5명/20석
고객층	+ 베트남인
선호 메뉴	+ 김밥, 삼겹살, 삼계탕
재료 조달	+ 현지 조달
특징	+ 다양한 김밥 메뉴가 있으나, 삼겹살, 삼계탕도 있음

푸다닭

일반 현황	+ 조리원은 베트남인임
종업원/테이블수	+ 6명/10석
고객층	+ 베트남인(30%), 한국인(70%)
선호 메뉴	+ 간장치킨, 양념치킨, 프라이드치킨
재료 조달	+ 현지 조달
특징	+ 독특한 블랙 인테리어(카페 분위기)로 베트남 젊은 층이 고객임 + 단일메뉴(치킨메뉴)로 차별화 + 메뉴가 다양하지 못해서 한국인 손님의 방문 시 한계가 있음

BBQ

일반 현황	+ 조리원은 베트남인임
종업원/테이블수	+ 10명/50석
고객층	+ 베트남인
선호 메뉴	+ 치킨
재료 조달	+ 현지 조달
특징	+ 베트남인들이 닭요리를 좋아하지만 영업 부진상태임

김삿갓

일반 현황	+ 경영주, 아들, 딸이 함께하는 가족경영 + 경영주 부인이 종업원을 교육함 + 조리원은 베트남인임
종업원/테이블수	+ 15명/60석
고객층	+ 베트남인(30%), 한국인(70%)
선호 메뉴	+ 술안주, 해장국 메뉴, + 순대국, 막걸리 안주세트, 곱창전골, 삼겹살
재료 조달	+ 경영주 부인이 한국에서 젓갈 등을 직접 공수함
특징	+ 한인 교민이 다수이며 교민들의 선술집 분위기임

주몽가든

일반 현황	+ 조리원은 한국인임
종업원/테이블수	+ 22명/120석
고객층	+ 베트남인(40%), 한국인(60%)
선호 메뉴	+ 홍어초 무침, 삼합, 삼계탕, 장어구이
재료 조달	+ 한국에 사는 친척이 양념류 등을 주기적으로 보내줌
특징	+ 고객의 대부분이 한국인 주재원임 + 남도 음식 맛

대장금

일반 현황	+ 조리원은 베트남인임
종업원/테이블수	+ 18명/140석
고객층	+ 베트남인(70%), 한국인(30%)
선호 메뉴	+ 생갈비, 삼겹살, 삼계탕, 옻닭, 회, 생선구이, 설렁탕
재료 조달	+ 현지 조달
특징	+ 일반 고기 전문점과 같은 형태인데, 김밥메뉴도 있음 + 연포탕, 옻닭, 자라백숙, 연어회 등 다른 식당에서 찾을 수 없는 특별한 메뉴가 있음

목향

일반 현황 + 조리원은 베트남인임

종업원/테이블수 + 20명/200석

고객층 + 한국인

선호 메뉴 + 갈비, 삼겹살, 삼계탕

재료 조달 + 현지 조달

특징 + 규모가 큰 한식당

+ 베트남, 한국인들에게 모두 음식 맛 평판이 좋음

+ 비즈니스 모임이 자주 있는 곳

베트남 호치민에서 영업 중인 한식당별 현황과 특성은 다음과 같다.

아리랑

일반 현황 + 경영주(여)가 직접 조리함

종업원/테이블수 + 10명/100석

고객층 + 베트남인(90%), 한국인(10%)

선호 메뉴 + 돼지갈비, 삼겹살, 된장찌개, 껌승능

재료 조달 + 현지 조달

특징 + 베트남인 가족의 외식이 많음

+ 밑반찬이 다양함

한강

일반 현황	+ 경영주(여)가 직접 조리함
종업원/테이블수	+ 8명/100석
고객층	+ 베트남인(30%), 한국인(70%)
선호 메뉴	+ 감자탕, 추어탕, 순대국, 된장찌개
재료 조달	+ 청국장, 순대를 직접 제조
특징	+ 백화점 내에 4곳의 프랜차이즈 운영(김밥, 비빔밥, 떡볶이 등)

최고집본점

일반 현황	+ 베트남인 주방장이 조리하고 있으나, 부인이 주방을 관리 감독함
종업원/테이블수	+ 36명/160석
고객층	+ 베트남인(20%), 한국인(80%)
선호 메뉴	+ 갈비, 냉면 등
재료 조달	+ 부모님이 경영하는 한국의 식당에서 냉면 양념류 등을 직접 보내줌
특징	+ 2곳의 체인점 운영 + 종업원들에게 한국어 교육함

서라벌

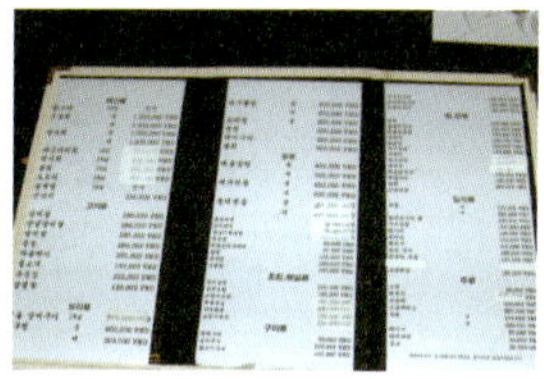

일반 현황	+ 경영주(여)가 직접 조리
종업원/테이블수	+ 20명/100석
고객층	+ 베트남인(20%), 한국인(80%)
선호 메뉴	+ 해산물 요리
재료 조달	+ 현지 조달
특징	+ 한국식 일식요리점으로 회요리, 해물탕 등이 주를 이룸

서울

일반 현황	+ 조리원은 베트남인임
종업원/테이블수	+ 20명/150석
고객층	+ 베트남인(60%), 한국인(40%)
선호 메뉴	+ 돼지불고기, 삼겹살, 된장찌개
재료 조달	+ 현지 조달
특징	+ 베트남인들이 많이 방문하는 대표적인 식당 + 한국인 고객은 거의 없음 + 가격이 저렴한 편임

짜오한국

일반 현황
+ 부이비엔 거리에 위치함
+ 조리원은 베트남인임

종업원/테이블수
+ 6명/30석

고객층
+ 베트남인과 외국인 관광객(90%), 한국인(10%)

선호 메뉴
+ 즉석라면, 삼겹살, 된장찌개

재료 조달
+ 현지 조달

특징
+ 영어와 일본어 표기 메뉴판 있음

송하

일반 현황
+ 전문 매니저가 식당을 관리하여 조리, 회계, 경영 등이 체계적임

종업원/테이블수
+ 30명/200석

고객층
+ 베트남인(30%), 한국인(70%)

선호 메뉴
+ 불고기, 산낙지, 생선구이, 육개장, 해장국

재료 조달
+ 현지 조달(한국인 고객의 입맛에 맞는 현지 생선을 선별하여 구이 메뉴 개발)

특징
+ 아름다운 전망과 깔끔한 실내 환경을 갖춤
+ 종업원의 서비스 교육 철저함
+ 비즈니스 모임시 이용되는 식당
+ 한국인 주재원이 주 고객층이며, 베트남인 부유층, 외교관 등이 주 고객층임

한국샤브칼국수

일반 현황	+ 조리원은 베트남인임
종업원/테이블수	+ 10명/50석
고객층	+ 베트남인(90%), 한국인(10%)
선호 메뉴	+ 샤브샤브칼국수
재료 조달	+ 현지 조달
특징	+ 캐주얼한 분위기 + 베트남인들이 생일 파티 등의 가족모임, 친구모임으로 이용 + 해물 육수, 고기 육수 중 선택할 수 있음

금도

일반 현황	+ 조리원은 한국인임
종업원/테이블수	+ 20명/150석
고객층	+ 베트남인(90%), 한국인(10%)
선호 메뉴	+ 고기요리, 회
재료 조달	+ 빈즈엉 지역에 900평을 매입하여 7톤 규모의 저장 창고 운영
특징	+ 고급 갈비요리식당 + 100석 규모의 식당을 3곳 운영

베트남 한식당 경영주가 말하는 성공 전략

해외 시장에 진출한 동기

먼저, 이들의 베트남 진출 동기는 다음 두 가지로 분류되었다. 베트남에 주재원으로 파견되었거나 사업을 하기 위해 왔다가 식당업으로 창업한 경우와 한식당 경영이나 조리경력자들이 식당업을 시작하는 경우로 분류되었다.

/ 사업과 파견 근무에서 식당 창업으로 전환 / 이중에서는 베트남에 사업이나 직장 파견 근무 등으로 먼저 진출하였다가 식당업으로 창업한 사례가 많았다. 베트남은 현재 한국과의 경제적 교류가 가장 활발한 나라로서 한국이민자도 많으며 건설사를 비롯한 많은 한국 기업이 진출하고 있다. 이러한 계기를 통하여 베트남으로 이민을 오거나 주재원으로 파견 근무 나온 경우들인데, 사업 시작 동기는 이에 따른 한식에 대한 수요가 많을 것으로 예상하고, 한식당 사업을 시작하였다. 호치민의 한강식당과 서라벌식당이 이에 해당되었다. 하노이의 한 치킨집의 젊은 경영주는 관광업에 종사하다가 베트남여성과 결혼하여 정착한 경우로 한국식의 맥주를 주로 판매하는 치킨집을 개업하였다. 하노이에 위치한 다정식당의 경영주는 한국 식품회사인 'O사'의 하노이지사에 근무한 것을 계기로 이후 식당업을 시작하여 5년 정도 되었다고 하였다. 이 경우 오랜 한국 지사 근무 경력으로 많은 한국인들과의 교류가 잦아 한국인 단골고객이 많았다. 그러나 이러한 경우에는 한식당에 대한 경험부족으로 인하여 운영이 전문적으로 되지 않아 베트남인 대상의 한식당이 아니라 거주 한국인들을 대상으로 하기 때문에 한식당이 매출 면에서 한계가 있으므로 대부분 영세한 규모로 운영하고 있었다.

그 외에는 막연히 베트남에서 사업을 하기 위해 왔다가 한식당이 가장 적당하다고 생각되어 경영한 경우로 호치민의 금도식당, 하노이의 목향식당이 이에 해당되었다.

/ 경력이 많은 조리장의 식당 창업 / 조리경력이 풍부한 조리장 출신이 식당 사업을 시작한 대표적인 사례는 하노이의 춘하추동식당이다. 베트남 현지 대사관 조리장을 역임한 경력이 있는 춘하추동식당의 경영주는 직접 조리를 전담하고 있으며, 베트남의 현지 방송출연 등을 통해 베트남에 한식을 알리고자 노력하기도 하는 큰 규모의 식당이다. 한국인 관광객 대상의 영업을 하고 있었으며 5년 후에는 한국에 돌아가겠다는 꿈이 있어 현지인들에게 자리 잡지는 못하였다. 그 외 한국에서 식당운영의 경험이 있는 경우는 하노이의 주몽가든, 등촌칼국수, 김삿갓, 그리고 호치민의 최고집 등이었다. 하노이의 비교적 손님이 많은 주몽가든의 경우에도 목포시에서 식당을 운영한 경험으로 인해 음식 맛이 뛰어나서 손님이 많은 편이었다. 그러나 이 경우에도 전문적인 운영체제를 갖추고 하는 것이 아니고 주먹구구식으로 운영되고 있었으며 한식당을 계속 운영하는 것이 목표가 아니라 어느 정도 돈을 벌어서 다시 한국으로 돌아가고 싶다는 생각을 하고 있었다. 그리고 조리원 출신은 아니지만 한식당의 매니저 경험을 바탕으로 사업을 시작한 경우도 있었는데 고궁식당이 이에 해당되었다.

해외 시장 개척시의 어려움

베트남에서 한식당 운영 시의 문제점을 질문하였다. 그 결과, 한식당사업자 명의문제, 종업원 관리와 식재료 조달의 문제가 가장 크다고 면접자들은 응답하였다.

/ 한식당사업자의 명의 문제 / 베트남은 최근까지 외국인 명의로 공식적인 사업을 할 수 없었기 때문에 다수의 한식당은 베트남인의 명의를 차용하거나 또는 베트남 부인의 명의로 사업을 하는 경우가 대부분

이었다. 타인의 명의로 사업을 할 경우 베트남 자국민에 비하여 높은 임대료를 지불해야 하고, 위생법, 소방법 등의 행정적인 문제에서 상대적인 불이익을 받는 경우가 많았다. 그런데 2006년부터 외국인 투자법이 시행되면서 한국인 명의로 식당업을 서서히 시작하게 되어 이 문제가 해결되고 있었다. 하노이 다정식당의 경우는 한국인 최초로 본인 사업자 명의를 내고 개업한 경우이다. 또한 하노이의 인삼가든은 인근 한국계 호텔의 부속 식당 형태로 사업을 하는 경우이다. 때문에 인삼가든의 사업상 행정적인 모든 부분을 호텔에서 처리하기 때문에 행정적으로는 다소 유리하다고 하였다. 그 외 김밥한뀌, 푸다닭식당은 베트남 부인의 명의로 사업을 하고 있기 때문에 현지사정을 잘 파악할 수 있었고, 종업원과의 의사소통이나 채용, 그리고 행정상의 문제점 등에서 유리한 점들이 있으므로 다른 한식당의 한국인 경영주와는 다른 점이 있었다. 이외의 한식당들은 베트남인 명의로 한식당을 운영하고 있어서 항상 불안하다고 하였다.

/ 베트남인 조리원의 관리 문제 / 다음 문제점으로는 조리원 관리의 애로사항을 들었다. 한식당의 조리장은 음식 맛을 유지하기 위해 고궁식당의 경우를 제외하고는 베트남인인 경우가 대부분이었다. 이들은 정식 한식 조리 교육 없이 경영주나 경영주 부인에게 조리를 배운 후 주방장으로 일하고 있다. 한국인 주방장을 고용할 경우 임금이 현지와는 맞지 않아서 비용 지출이 많기 때문에 한국인 주방장은 식당 운영 초기 몇 개월만 있거나 또는 거의 고용하지 않은 실정이다. 특히 하노이 시내에 한식당이 많아지면서 한식조리원이 많이 필요해지고 고용인들의 한식당 간 잦은 이직으로 인하여 경영주들 간의 갈등이 잦아지고, 사업상의 손실까지 발생되기도 한다. 베트남인 조리원의 확보 및 교육이 무엇보다 필요하다고 하였다. 그리고 경영주들이 베트남어가 능숙하지 못한 경우가 많아서 종업원들과의 의사소통에 어려운 점이 많았고 베트남 고객들의 세세한 주문 사항이나 의견에 대해 적절히 응대하지 못하는 것도 힘들

다고 대답하였다.

현재 세계 곳곳에서 약 1만여 개의 한식당이 운영되는 것으로 추정되고 있는데, 뉴욕, 런던 등에 있는 일부 고급 한식당을 제외하고는 대부분 규모나 서비스 등의 측면이 매우 영세한 가족위주의 규모로 운영되고 있으며, 중국, 일본, 태국 및 베트남 등의 타 아시아 식당에 비해 한식당이 크게 뒤떨어지고 있다고 보고 Kim 2005; Kim et al 2007한 것과 현재 실정은 비슷하였다.

한식당의 성공 노하우

먼저, 하노이시의 조사대상 한식당에 주 고객은 베트남인이 60% 이상을 차지하는 식당과, 한국인이 주 고객인 식당으로 분류된다. 베트남인들이 주 고객층인 식당은 서울식당, 춘하추동, 인삼가든, 김밥한꺼 등이 대표적이다.

/ 건강식으로 한식 홍보 / 인삼가든의 경우 하노이에 소재하는 한식당으로 가장 오래된 곳인데, 한국인은 물론 베트남인들에게도 인지도가 높은 곳이다. 대표 메뉴는 삼계탕이며, 자라백숙, 장어구이, 보신전골 등 보양식이다. 베트남인들은 쇠고기나 돼지고기에 비해 닭요리를 선호하며, 또한 건강에 좋은 인삼을 인지하고 있으므로 이를 타깃팅한 전략이 주효한 것으로 보인다. 이에 따라 베트남에서는 삼계탕이 건강 보양식으로 선호도가 매우 높다. 2011년 초복에는 삼계탕만 약 150식 정도 매출이 발생하였다. 한식을 건강식으로 홍보한 것이 성공 전략이었다.

/ 한식의 현지화 / 등촌칼국수식당의 경우는 주 메뉴가 샤브샤브칼국수로, 베트남인들은 샤브샤브 요리를 좋아하고 여기에 곁들여 고기 메뉴를 추가하는 형태이다. 이곳의 주 고객은 한국인은 거의 없었고 대부분이 젊은 층의 베트남인으로 앞으로 프랜차이즈 형태로 발전할 가능성이 커 보였다. 한

국어과 출신의 베트남인 매니저가 식당을 전담하여 관리하며, 베트남인들에게 친숙한 식당으로 자리 잡고 있었다. 샤브샤브의 육수를 취향에 따라 고기 육수, 해물 육수 등으로 선택할 수 있었고 첨가재료도 취향에 따라 쇠고기, 채소와 버섯, 해물 등을 선택하여 주문하므로 다양한 샤브샤브를 즐길 수 있었다. 한식의 정통성을 고집하지 않고 철저한 현지화로 성공한 케이스라고 볼 수 있다.

/ 오랜 조리경력을 바탕으로 다양한 한식의 제공 / 춘하추동식당은 조리장 출신의 경영주가 운영하는 한국식 횟집으로 다양한 한식메뉴를 제공하고 있었다. 경영주가 직접 주방에서 조리를 담당하고 있으며, 현지 대사관 등에서 일한 오랜 조리경력이 있었다. 고객들이 선호하는 메뉴는 고기요리와 스시 등이다. 베트남에 대한 다른 조사[농수산물유통공사, 2009]에 의하면 베트남인들은 해물요리를 좋아하지만, 날고기 형태의 회나 스시에 대한 수용도는 매우 낮다고 조사되었으나, 춘하추동식당의 경영주는 스시나 회가 차츰 베트남인들이 선호하는 메뉴가 될 수 있을 것으로 전망하고 있었다.

메뉴의 가짓수를 살펴보면 호치민에 소재한 한식당의 경우에는 50~70여 가지, 하노이에 소재한 한식당의 경우에는 대부분 30~50가지로 많았는데 전문화된 메뉴가 부재한 원인으로는 고객들이 여럿이 함께 한식당을 방문했을 때 각기 다른 메뉴를 주문하여 먹고 싶어하기 때문이었다. 이에 한식당 경영주들은 메뉴를 전문화하기 어렵다고 말했다. 따라서 횟집인 송하식당에는 불고기, 비빔밥 등의 메뉴가 있었고 고기요리 전문 식당에도 김밥과 짜장면 메뉴가 있었고, 김밥전문점에도 삼계탕과 삼겹살 메뉴가 공존하고 있는 실정이다.

대부분 한국기업의 주재원이거나 일부 교민이 찾아오는 한식당에서도 메뉴가 많은 것이 특징이었는데, 다정과 코리아나, 그리고 고궁 등이었다. 이 식당들은 한국인이 주 고객이지만, 비교적 베트남의 부유층 고객이 늘어나고 있었다. 좀 더 고급스러운 취향의 베트남 현지 고객을 목표로 한다면 세련된 현지화 전략이 필요하다.

/ 저렴한 가격으로 제공 / 서울식당은 한국인 고객이 거의 없으며 고객의 다수가 베트남인이었다. 이 식당은 여행안내 책자에도 소개된 곳이며, 음식 가격이 다른 한식당에 비해서 다소 저렴한 편으로, 베트남인들은 삼겹살, 돼지불고기 등을 선호한다고 하였다.

김밥한궈식당은 하노이시에 3곳의 가맹점이 있는 김밥전문점이며 대표적으로 현지화된 한식당의 사례 중 하나이다. 일반 김밥, 치즈김밥, 누드김밥 등 메뉴가 다양한 김밥전문점이나, 짜장면, 삼계탕, 삼겹살 메뉴도 있었다. 베트남인 부인이 종업원에게 직접 조리법을 지도하여 영업하고 있으며, 음식가격이 다른 한식당에 비해 다소 저렴한 것도 특징이었다. 거의 한국적인 요소를 찾아볼 수 없었지만 주 메뉴가 김밥이나 삼계탕 같은 한식 메뉴였다. 짜장면의 경우는 국산 가공식품인 '짜파게티'를 그대로 조리하여 뚝배기에 담아 따뜻하게 제공하는 독특한 형태였다.

/ 한인과의 교류를 통한 특정 고객 공략 / 다정식당은 평상시에 손님이 많지 않아 사전예약제에 의하여 영업을 하고 있으며 대부분의 고객은 주재원, 외무공무원들이 다수를 차지하고 있다. 특히 경영자가 오랜 기간의 주재원 경력이 있어 한인들과의 교류가 활발하여 한국인 고객이 많은 것이 특징이었다. 식당의 내외부 인테리어는 세련되었으나, 위치가 시내 중심에 있는 것이 아니라서 접근하기에는 용이성이 떨어졌다. 또한 한정식집이지만 충무 김밥 메뉴도 있는 것이 독특하였는데, 고객층이 특정 계층으로 한정되어 있기 때문에 이들이 다양한 메뉴를 원하고 있으므로 이같은 메뉴들을 함께 제공할 수밖에 없다고 응답하였다. 즉 메뉴를 전문화할 수 없어 많이 취급할 수밖에 없는 실정이었다.

/ 한국의 맛과 메뉴판의 달러 표기 / 주몽가든은 한국기업 주재원과 베트남인들 같은 외국인들이 주 고객이고, 이에 따른 영향으로 메뉴판의 가격이 달러로 표기되어 있는 것도 타 한식당과는 다른 점이었다. 경영주가 전라남도 출신이어서, 남도 특유의 메뉴인 홍어회, 삼합 등이 있었다. 젓갈 등 일부재료는 한국에서 직접 공급을 받고 있었다. 식당 메뉴 자체는 철저히 한국식으로 전통의 맛을 유지하고 있었으며, 맛이 있다는 입소문에 의하여 현지인들의 방문도 많아, 맛이 매우 중요한 요인임을 알 수 있었다.

/ 베트남의 선호 식재료 이용과 주점 분위기 선호 / 김삿갓식당은 한인 교민들이 찾는 선술집 분위기의 식당이었다. 순대, 곱창과 같은 술안주 메뉴나 해장국 메뉴가 다수를 이루고 있는 전문 식당으로 볼 수 있었다. 인근 한국기업의 현장에 근무하는 베트남인 근로자들도 고객인데, 이들은 삼겹살 등을 선호한다고 하였다. 반면 푸다닭치킨점의 경우, 베트남인들이 선호하는 식재료 중 하나가 닭이라는 점에 착안한 닭요리 전문점이다. 깔끔한 호프집의 인테리어와 양념치킨, 프라이드치킨, 간장치킨 등 메뉴를 전문화, 간소화하여 영업을 하고 있어, 베트남인뿐만 아니라 서양인, 대만인 등 고객층을 확보하고 있었다. 그런데 푸다닭식당의 경우 치킨과 맥주를 파는 곳이기 때문에 한식당이기보다는 주점의 이미지가 강하다.

대부분의 하노이 한식당에서 조리는 베트남인들이 담당하고 있었으며, 이들은 경영주의 부인에게 조리를 배웠거나, 다른 한식당에서 일한 경력으로 취업하고 있었다. 조리를 처음 배운 곳도 한식당 주방에서 시작한 경우가 대부분으로 전문 조리교육을 받은 경우는 전무한 실정이었다. 반면 한국인이 직접 조리하는 경우는 주몽가든, 인삼가든으로 경영주의 부인이 하는 경우이고, 춘하추동식당은 경영주가 직접 조리에 참여하는 경우이다. 고궁식당은 한국인 주방장을 고용하고 있었다.

/ 베트남 음식의 한식화와 철저한 위생관리 / 아리랑식당은 한국 전통식을 주로 하지만 한국인 못지않게 베트남인 고객이 많았다. 베트남인 부인을 둔 한국인이 베트남을 방문했을 때, 주로 부인, 처갓집 가족들과 외식을 하는 곳으로 알려져 베트남인 고객이 많은 식당 중 하나이다. 경영주가 직접 음식의 맛을 내기 때문에 한국 고유의 맛을 유지하고 있고 또한 베트남인들에게도 익숙한 재료를 이용한 메뉴들이 있었다. 예를 들면 '껌승능'은 베트남 스타일의 돼지고기덮밥을 생선액젓에 찍어 먹는 것으로 베트남인들에게 익숙한 메뉴이다. '그린파파야'라는 채소를 이용하여 피클을 만들어 밑반찬으로 제공하는 것도 현지 재료를 이용하여 한식화한 대표적인 예로, 타 식당과는 다른 특징을 보여주었으며, 사슴불고기라는 특별한 메뉴도 있었다. 특히 대장금식당의 경영주는 수시로 나오는 위생 점검에 대비하여 주방이 청결하도록 종업원들을 독려하였으며, 종업원들의 개인위생에 대한 교육을 시키고 있었다.

/ 베트남 문화의 적용 / 한국샤브칼국수식당의 경우는 샤브샤브칼국수가 대표메뉴이며, 캐주얼한 인테리어로 베트남의 젊은 층은 물론 가족들의 외식 장소로 이용되는 곳이다. 메뉴의 특징은 해물 또는 고기 육수를 첨가한 메뉴를 선택하여 먹으며, 베트남은 오랫동안 국수 문화가 형성되어 있어 국수 전문점이 성황을 이룰 수 있었던 것으로 파악된다. 그런데 더운 날씨임에도 불구하고, 베트남인들은 더운 육수의 국수를 선호하는 반면, 한식당의 냉면은 크게 좋아하지 않았다.

완전히 베트남인들을 주 고객으로 하는 한식당인 한국샤브칼국수식당과 짜오한국식당은 한국인 입맛에는 맞지 않지만 완전히 현지화한 메뉴가 주요 성공 요인으로 생각되었다.

/ 한국어 메뉴와 백화점 입점 / 한강식당의 경우는 한국인이 주로 이용하는 곳으로 감자탕, 청국장, 추어탕 등이 인기메뉴였으며, 청국장과 순대는 직접 만들어 판매하고 있었다. 메뉴명을 한국어 발음대로 영어로 표기하여, 한식명으로 알리려고 시도하고 있었다. 최근에는 한국산 '짜파게티'로 조리하는 짜장면 메뉴를 만들어 제 2호점인 백화점식당에서 판매하여 인기를 끌고 있었다. 창업 1세대에서 아들세대로 넘어가면서 좀 더 새로운 메뉴가 나오고 베트남인들이 주 고객인 백화점에 입점하는 등 세대교체가 이루어지고 있었다.

/ 한국식 고기 메뉴 제공 / 다음으로 한국식 고기구이메뉴로 베트남인을 공략하고 있는 최고집식당과 금도식당이다. 두 식당 모두 분점을 두고 있으며 가격도 비싼 편이었다. 가격이 비싸 주로 한국인 대상이었으나 점차 베트남의 부유층 고객이 늘어나고 있었다. 한정식보다는 한국식 고기구이전문점으로 전문화하였다. 쇠고기는 미국산 쇠고기를 한 번에 많이 수입하여 사용하고 있었으며, 고급·전문한식당으로 자리매김할 수 있을 것으로 보인다.

/ 체계적인 운영 방식과 신메뉴 개발 / 송하식당은 호치민의 고급 백화점 내 13층에 있는 한식당으로 최고의 입지 조건을 가지고 있지만 최고급 한식당으로 포지셔닝하지 않았다. 경영 전공 매니저가 직접 매장을 관리하고 있으며, 주방, 홀 서비스, 회계 경리 담당 등 업무를 분담하여 체계적인 운영 방식을 채택하고 있었다. 점심시간에는 한국인 주재원들이 주 고객이며, 저녁시간에는 사업상 모임의 장소로 주로 이용되고, 외교관이나 부유층 베트남인들의 가족외식 또는 외국 거주 경험이 있는 젊은 베트남인들이 한식을 경험하기 위하여 방문하였다. 특히 이 송하식당은 생선구이 정식 등의 세트메뉴를 제공하고 있으며 단골고객이 다수를 이루고 있고 점심메뉴는 2주에 한 번씩 새로운 메뉴를 개발하고 있었다.

앞으로 한식당의 전망은 하노이보다 호치민 지역이 유리하다고 보인다. 현재 호치민의 대다수 한식당은 소규모 가족 경영의 형태로 운영되고 있었지만 주로 고기구이 전문점 같은 고급화, 전문화된 한식당의 경우에는 전망이 있어 보인다. 샤브샤브칼국수 메뉴로 영업하는 한국샤브칼국수식당과 같이 완전히 현지화하여 베트남인만 찾는 체인형태의 한식당도 베트남에서의 한식 진출에는 더 효율적일 것이다.

한식 세계화를 위한 전략

한식 세계화를 해외에서 실현하기 위해서는 무엇보다 해외 한식당의 활성화가 이루어져, 외국인들이 다양한 한식당을 방문하고 한식을 먹어야 한다. 이를 통해서 세계 속에서 한식이 대중화되면 경제적 부가가치도 높아진다. 따라서 한식 세계화의 현장인 해외 한식당 경영주들의 의견이 무엇보다 중요하다. 다음에서는 베트남 한식당 경영주들의 심층면접을 통한 베트남에서의 한식 성공 전략을 제언하고자 한다.

/ 식재료 조달과 유통 활성화 방안 / 한식의 가격과 품질의 안정화를 위하여 가장 빨리 이루어져야 할 사항은 한식재료가 적정가격으로 빠른 기간 내에 납품되는 것이다. 한식 재료 도매상을 통한 원활한 식재료 조달과 품질의 안정성은 한식 메뉴의 품질 유지는 물론 가격 안정화에도 매우 도움이 될 것으로 여겨진다. 원활하지 못한 식재료의 공급은 한식의 가격이 올라가는 가장 큰 요인이다. 된장, 고추장과 같은 양념류를 대부분 대형마트에서 구입해서 사용하고 있으나, 대량 양산된 양념류임에도 불구하고 운송, 저장 등의 문제로 인해 품질이 매우 나쁜 경우가 종종 발생하는 문제점이 있었다.

이상과 같이 경영주들은 식재료 조달이 매우 어렵다고 토로하고 있었다. 최고집식당의 경우, 쇠갈비, 쇠고기요리와 냉면을 위주로 판매하는 식당임에도 불구하고, 돼지고기 메뉴를 늘리는 대체방안을 내 놓기도 하였다. 반면 호치민의 고급 갈빗집인 금도식당의 경우는 3곳의 식당을 운영하므로 재료의 안정적인 수급을 위해 2~3달 판매 분량의 미국산 고기를 7톤 규모의 자체 냉동저장창고에 보관하여 사용하고 있었다. 또한 채소는 베트남 현지산을 사용하더라도 고춧가루의

사 례

한식 식재료의 유통 활성화

- 식자재의 대부분은 한식재료 유통업체를 통하여 공급받고 있으나 때때로 품질이 나쁘거나 납품일자가 맞지 않는 등의 어려움이 있었다. 새우젓, 멸치젓은 현지에서 잡힌 어획물로 한국인이 운영하는 현지 젓갈 공장에서 생산되는 제품을 이용하고 있다. 이 젓갈은 대부분 한국 등으로 수출되고 있고 일부가 베트남 한식당에서 소비되는 실정이다. 채소류 식자재는 달랏 지방의 식재료가 주로 납품되는데, 현지 유통업체를 통해 납품을 받고 있다. 한국인이 구입하기 때문에 현지인에게 납품되는 가격과 달라 차별을 받고 있으며, 식재료가 필요시에 즉시 조달되지 않고 있는 실정이다. 생활방식과 문화의 차이가 있겠으나 베트남 유통업자들은 "○○재료가 현재 없다."라고 통보하고는 추후에 재료를 보내준다든지, 구해주는 등의 성의가 없어 난감한 경우가 종종 발생하는 것이 어려운 점 중 하나이다. (호치민 ○○식당)

- 직접 유통업을 하고 싶은 심정일 정도로 현지 식재료 조달 업체의 독점으로 인한 문제점이 매우 많다. 된장, 고추장과 같은 양념류는 현지 한국식품점에서 구입하여 사용하고 있으며, 한국에서 들여올 경우 물류비용 등이 많이 발생하여 한국으로부터 직접 수입하여 사용하기에는 매우 부담이 크다. 사업 초창기에는 한국의 부모님 식당의 냉면 다대기를 직접 가지고 와서 냉면 양념으로 사용하였으나 현재는 현지 재료로 직접 만들어 제공하고 있다. 한국식자재 유통 전문센터가 생겼으면 한다. (호치민 ○○식당)

- 고기구이집을 하기 때문에 쇠고기 공급이 매우 중요하다. 육류의 경우 미국산 고기를 사용하고 있다. 그런데 미국산 고기의 가격이 일정하지 않는데, 이는 수입업체의 독점으로 인하여 고기값이 수시로 변동이 일어난다. 이와 같이 대다수 한식당의 경우, 고기 식재료 값의 불안정으로 인하여 음식값을 산출하기 매우 어렵다. 이로 인하여 음식값이 고가로 책정되고 있다. (호치민 ○○식당)

경우는 베트남산을 사용한 경우에는 한국 고유의 매운맛을 내기 어려워 인천에 거주하는 친척으로부터 필요량을 공급받아 사용하고 있었다. 따라서 이러한 식재료의 원활한 공급을 위하여 한국 식재료의 공동 유통망을 확보하고 이를 통해 공급하는 것이 필요하다.

/ 한식조리와 경영지원 교육의 활성화 / 베트남에는 전문화된 한식조리원이 거의 없는 실정이다. 현재까지 대다수의 베트남인 조리원들은 한식당에 취업하여 경영주 부인이나 주방장 등에게 조리를 배워 한식을 만들고 있다. 전문 교육과정이나 교육기관이 있으면 한식전문요리 기술을 갖춘 조리원을 양성할 수 있다. 식재료 프로모션을 통한 한식 세계화 방안의 연구[Lee JL 등 2008]에 의하면 한식 세미나를 개최하여 외국에 한식과 한국 식자재의 우수성을 홍보하고 한국의 대표적인 소스의 개발과 홍보가 이루어져야 한다고 했다. 그러나 하노이시에서도 2009년도에 농수산물유통공사에서 한식 세계화를 위한 현지 시식회 등을 2회 이상 개최한 적이 있었으나 조사대상자들은 그러한 행사나 내용을 전혀 모르고 있었다. 따라서 이러한 프로모션과 같은 행사는 참여자에게는 매우 큰 정보전달이 이루어 질 수 있을 것으로 예상된다. 한식전문가 양성을 위한 교육이 특성화된 프로그램을 통해 이루어져 한다. 현지의 조리학교나 음식체험관을 통한 교육과정, 기업이나 학교, 단체 등의 요청에 의한 위탁교육의 형식으로 이루어지는 것도 바람직할 것이다. 대부분의 경영주들은 한식조리 교육 및 한식문화를 전달해주는 서빙교육도 함께 이루어지기를 기대한다.

하노이의 경우 한국문화관에서 한국인과 결혼하는 예비신부들에게 문화수업 중 하나로 한국요리를 가르치는 프로그램이 일부 있으나 조리원 지망생들 또는 조리원들의 보수 교육 등은 이루어지지 않고 있다. 현재까지 베트남의 한식당에 종사하는 조리원들은 전문가라기보다는 단순히 직업을 가진다는 생각으로 종사하기 때문에 전문교육에 대한 필요성을 크게 느끼지 않고 있다. 또한 일부 식당의 경영주를 제외하고는 대부분 경영주 또는 부인이 손맛을 가르치는 정도로 한식당의 영업이 가능할 것으로 여기는 영세한 수준이었다. 한식 종사자에 대한 교육이 이루어져야 하며 베트남어로 만들어진 교재개발, 전문가 양성교육 프로그램의 실시도 필요하다. 경영주들이 베트남어가 능숙하지 못한 경우가 많아서 종업원들과의 의사소통은 물론 베트남 고객들의 세세한 주문 사항이나 의견에 대해 적절히 응대하지 못하는 것도 큰 문제점 중의 하나이다. 한국을 방문한 외국인에 대한 한식 수용도 조사결과에 의하면 이들도 의사소통의 문제와 한식메뉴에 대한 이해의 어려움을 문제점으로 보고하고 있었다[Jang MJ 등 2000; Lee 등 2009]. 따라서 고객과 경영자, 또는 종업원의 언어 전달이 매우 절실한 것으로 판단되며 한국어 교육도 함께 이루어져야 한다.

사 례

한식 조리교육과 경영지원 교육의 필요성

- 가장 어려운 점이 인력관리이다. 그런데 제대로 한식을 배운 조리 인력이 없다. 따라서 요리인력 양성을 해 준다면 매우 효율적으로 운영할 수 있다. 베트남인들을 대상으로 한 한식 조리원 인력양성이 되었으면 좋겠다. 조리원 관리가 매우 어려우므로 제대로 된 교육지원을 해준다면 지금보다 훨씬 편해질 것이다. (하노이 ㅇㅇ식당)

- 베트남에는 프랑스 음식점이 고급화가 잘되어 있으며 일본 음식점도 많은 편이다. 음식문화가 많이 발달한 편이다. 한식당은 아직 많이 부족하고 초기 투자가 많이 들어가므로 개인이 고급화해서 운영하기가 어렵다. 대형화가 필요하다. 그리고 한식요리학원이 있어서 조리인력을 배출하였으면 좋겠다. 현재 베트남 청년 중에는 요리사를 지망하는 사람들이 많으니 이들에 대한 교육이 이루어져야 한다. 호텔학과 출신에게 한식요리강좌를 하는 것도 바람직하다. 요리뿐만 아니라 한식이 고급식당으로 자리매김하려면 서빙 등을 가르치는 교육이 이루어져야 한다. (하노이 ㅇㅇ식당)

/ 한류를 활용한 홍보 마케팅 / 베트남에는 TV 드라마 등을 통해서 한식이 많이 알려져 있어 매우 친근하게 생각하는 사람이 많기 때문에, 한식의 잠재적 고객은 매우 넓게 분포되어 있을 것으로 예상된다. 춘하추동식당의 경영주는 TV방송에 6개월 정도 출연하여 한식을 알린 것이 홍보효과가 높았다고 생각하고 있었다. 하노이 지역의 가장 오래된 인삼가든의 경영주는 입소문에 의한 한식의 홍보가 한계가 있다고 호소하고 있었다. 따라서 한식의 적극적인 홍보 마케팅이 필요하다.

한국의 드라마에서 시작된 한류 열풍은 최근 들어 힘을 잃고 있지만 베트남을 비롯한 동남아시아의 외식업과 관련해서는 아직 영향력이 있다. 그동안 한류 열풍과 함께 한국 문화산업의 진출이 매우 활발하였다. 한국 문화 및 문화산업의 베트남 진출은 드라마, 영화, 대중음악 순으로 이루어졌다. 드라마의 진출은 1990년대 중반 베트남과의 수교와 함께 한국 정부가 초기 우호적 문화교류의 일환으로 일부 프로그램을 제공한 것에서 시작되었는데 1997년 이후에는 한국 드라마가 본격적으로 방영되고 인기를 끌면서 한국 영상물에 대한 수요 기반이 만들어졌다. 베트남 시청자들이 호의적 반응을 보이자 현지 한국 기업이 문화마케팅 차원에서 적극 지원에 나서면서 한국 문화 및 문화산업은 본격적으로 베트남에 진출하게 되었다. 또한 대다수 젊은 베트남인들은 많은 한국 드라마의 TV 화면 등을 통하여 한식을 알게 되고, 이러한 메뉴를 한식당에서 찾기도 한다. 하노이에서는 '대장금'이라는 이름의 한식당이 있었고, 베트남인들도 많이 찾고 있었다. 그 외 한국 드라마의 영향력은 매우 커서 드라마에 등장한 짜장면이 매우 인기 있는 메뉴이다. '짜파게티'를 이용해 만드는 짜장면이 호치민백화점 내 한강한식당에서 인기리에 팔리고 있었다.

또한 베트남인들이 한식당을 찾는 경우는 한국에 다녀온 경험이 있어 한식을 먹어보았거나, 한국계 회사를 다녀서 회식 등을 통하여 한식을 경험하였거나, 한국인 친구가 있거나 한국인과 결혼한 경우이다. 따라서 한식이 베트남에서 자리 잡기 위해서는 한국과 베트남 간의 문화적인 유사성, 그리고 한국의 문화산업이 갖는 이미지를 잘 활용하는 전략이 필요하다.

/ 전문화된 메뉴개발을 통한 한식 현지화 전략 / 한식을 베트남인들에게 알리고, 쉽게 접하게 하기 위해서는 그들의 입맛에 맞는 한식을 개발해야 한다. 이를 위해서는 맛의 현지화가 필요하다. 물론 한국 전통적인 맛을 유지해야 하는 경우도 있지만, 현지인의 입맛에 맞게 조절하는 것도 필요하다. 즉, 한식을 경험하는 것이 이국적인 맛의 체험으로 끝나지 않고, 베트남 음식과 함께 자연스럽게 접하게 해야 할 것이다. 예를 들면 매운맛을 즐긴다는 베트남인들도 있지만 일반적으로 베트남인들은 한식의 매운맛에 익

사 례

한식의 현지화 전략

- 맛의 현지화를 위하여 개발한 음식이 그린파파야 무침이다. 이는 연노란색 그린파파야를 무생채처럼 새콤달콤하게 무친 요리로 베트남인들이 아주 좋아한다. 그리고 베트남 음식 중 껌승능을 새로운 요리로 개발하였다. '껌승능'이란 음식은 베트남 스타일의 돼지고기 덮밥으로 돼지고기를 생선액젓에 찍어 먹는 것인데 베트남인들에게는 익숙한 메뉴이다. 현지 재료를 이용하여 한식화한 '그린파파야' 채소를 이용하여 피클을 만들어 밑반찬으로 제공하는 것도 타 한식당과는 다른 특징을 보여주었으며, 현지인들을 위해 특별히 사슴고기로 요리한 불고기 메뉴도 만들었다. (호치민 ㅇㅇ식당)

- 베트남인들이 주 고객인 데에는 철저하게 현지화한 전략이 주효하였다. 대장금 등의 영향으로 삼계탕이 건강식으로 인기가 있었다. 그리고 닭고기를 좋아하는 점, 건강보양식을 중시하는 베트남인들의 입맛을 생각하여 삼계탕으로 승부하였다. 한국의 BBQ 치킨체인점이 잘 안 되는 이유는 맛의 현지화에 실패했기 때문이다. 한국인과 베트남인의 맛을 다르게 한다. 미원을 좋아하는 베트남인의 입맛에 맞춰 미원을 넣는다. 덜 맵게 조리하며 반찬수를 줄이고 가격을 낮추는 정책을 쓴다. (하노이 ㅇㅇ식당)

숙하지 않다. 따라서 매운맛의 강도를 조절하여 매운맛이 익숙하지 않은 베트남인들이 쉽게 한식을 접할 수 있는 계기를 만들 필요도 있다. 베트남 입맛에 맞는 그린파파야 무침과 돼지고기 덮밥으로 현지인들의 입맛을 사로잡은 사례가 있다.

한식당의 해외진출 시의 어려움은 적절한 정보와 시스템을 갖추지 못한 채 메뉴를 수십 종의 한식 위주로 한 것에 그 원인이 있다[Hong 등 2005]. 따라서 현지 한식당으로 성공할 수 있는 방법은 현지화에 성공하고 현재 영업 중인 식당을 모델로 하여 개발해야 한다. 이번 조사에서 비교적 베트남인 대상의 현지화에 성공한 경우가 칼국수 전문점이다. 베트남인 위주의 메뉴와 전문화된 단품 메뉴였기 때문에 비교적 잘 운영되고 있었다. 특히 한국을 다녀 온 적이 있는 매니저가 운영을 책임지고 있었기 때문에 현지화에 성공한 것으로 보인다. 이와 같이 한식당이 현지화될 수 있는 방법은 현지인이 경영하는 것도 한 방법이다. 호치민의 한국샤브칼국수식당의 경우, 마치 패스트푸드점에 온 듯한 분위기와 종업원 관리를 통하여 현지인 대상 식당으로 자리 잡는 데에 성공한 것으로 보인다. 또한 단품메뉴의 식당과 같이 캐주얼한 인테리어로 개선하고, 오픈주방 형태 등을 통하여 고객의 한식에 대한 호기심을 해소할 수 있는 방법도 추후 모색할 필요가 있다. 즉, 한식당의 운영구조가 한국인이 좋아하는 방식이 아닌, 현지화 콘셉트, 고객의 선호 메뉴, 맛 등이 검증된 한식당 현지화 모델[Jang HO 2006, Min KH 2009]을 통하여 개선하거나 변화해야 할 것이다.

/ 한식당 협의체 구성의 필요성 / 현재 하노이에 100여 개의 한식당이 영업 중이나 70~80% 이상이 영업실적이 부진하다. 대부분이 주재원, 교민을 상대로 하는 한국인 고객에 의존하고 있다. 따라서 잠재고객이 될 수 있는 베트남 고객층이 찾아 올 수 있는 한식당으로 발전해야 할 것이다. 이에 성공한 한식당의 사례를 바탕으로 발전시켜 나가야 한다. 이를 위해서는 한식당 경영주들의 정보 교환이나 여러 가지 상황에 따라서 대체할 수 있는

네트워크가 필요하다. 그러나 현재까지는 한식당 경영주들의 협의체나 모임이 매우 미비하다. 이러한 협의체를 통해서 좋은 정보 교환, 식재료의 원활한 공급, 종업원의 이직 방지, 사업 경험 공유 등을 하며 한식당 발전을 도모할 필요가 있다.

베트남 푸디스가 제안하는 한식당 성공 전략

한식의 우수성에 대해서는 모두 공감하고 있으나, 우수한 음식이란 잣대나 가치 기준만으로는 세계화를 추진하기에는 역부족이다. 한식 세계화의 진정한 의미는 세계 속에서 한식이 대중화되는 것이며, 이를 위해서는 우리 음식을 외국인들이 쉽게 접할 수 있어야 하고, 음식 생산에서도 지속 가능한 방식으로 재료를 재배하면서 조리해야만 한다. 즉, 우리음식의 생산과 소비에 직접 관여하는 우리의 식자재, 조리법, 조리원까지도 함께 연계되어 있을 때 진정한 한식 세계화의 틀이 잡혀진다고 할 수 있다. 성공적인 한식 세계화를 위해서는 정부, 외식업계, 식품업계가 모두 함께 협력하여 해외 시장의 고객 욕구를 정확히 파악하고 이들 고객의 기대를 충족시키기 위한 식자재 개발 및 마케팅 활동을 함께 실행해 나가면서 시너지를 창출하고 한식 세계화의 기대효과를 극대화할 필요가 있다.

다음에서는 베트남 푸디스foodies들의 인터뷰를 통해 베트남에서의 한식 성공 전략을 제언하고자 한다.

/ 한식의 체험 환경 조성을 위한 홍보 마케팅 / 외국인들은 한식의 기본적 특성에 대한 이해가 증가할수록 한식에 대한 선호도가 증가하므로, 한식의 세계화를 위해서는 무엇보다도 가장 먼저 외국인들에게 한식을 직접·간접적으로 체험할 수 있게 보다 많은 기회를 갖게 만드는 노력이 선행되어야 한다.

사례를 살펴보면 한식을 처음 접하게 되는 계기는 대부분 친근한 사람들을 통한 자발적인 접촉 환경이 조성될 때이며 이처럼 자연스러운 한식에 대한 체험은 한식의 인지도 제고 및 친근감을 형성하므로 점차적으로 한식에 대한 선호도 증

사 례

'홍보 마케팅 강화를 통한 세계화' 전략

- 한인 친구가 한식당에 처음 데려가 한식을 먹게 되었다. 한식을 먹으면 건강해지고 힘이 생기는 느낌이다. 주로 일주일에 2~3회 저녁에 베트남인 친구들과 가며 친한 친구에게 맛있는 음식을 소개하고 싶을 때 가기도 한다. 반찬수가 많아서 좋고 색깔의 조화가 우수하며 건강을 위해 한식을 자주 먹는다. 베트남에 한식의 대중화를 위해서는 광고를 좀 더 많이 해야 한다. 신문광고, TV광고 등 홍보가 부족한 것 같다. 건강에 좋은 음식이라는 점과 선택의 폭이 넓고 골라 먹는 재미가 있다는 점을 부각시켜 광고를 했으면 좋겠다. (2010년 7월 23일 호치민에서 P씨)

- 한국계 회사에 취업하게 되어 회식할 때 처음 한식을 접하게 되었다. 그 이후 한국인 동료집에 초대받아 더욱 다양한 한식을 먹게 되었다. 한국인들은 정이 매우 많다고 생각한다. 한식은 담백하고 진한 맛이 특징이다. 하지만, 베트남인들에게는 한식이 맵다는 이미지가 강하다. 맵지 않은 음식에 대한 홍보가 필요하다. 한식 축제가 한인 교민잔치로 끝나는 경우가 많은데 현지인들과 함께하는 축제가 되었으면 한다. 현지에 있는 한식당들은 한식 홍보를 위하여 무엇을 해야 할지, 어떻게 해야 할지 엄두를 내지 못하는 것 같다. 조직적인 연대와 홍보가 필요하다고 생각한다. (2010년 7월 24일 호치민에서 NV씨)

- 한국계 회사에서 근무 당시 구내식당에서 한식을 처음 먹었다. 한국드라마를 매우 좋아하여 '풀하우스', '의가형제', '대장금' 등 많은 드라마를 보았다. 드라마를 통하여 한식을 많이 보았으며 그 후 미역국, 갈비탕, 김치, 김밥, 비빔밥 등을 좋아하며 주말에 집에서 만들어 보기도 했다. 드라마를 통해서 본 한국의 이미지는 매우 아름답고 발전된 나라라는 생각이 들고 가보고 싶다. 또한, 한식도 다양하게 배우고 싶고 만들어 보고 싶다. 드라마에서 한식의 종류는 많고 다양하지만 베트남에서 한식당은 많지 않고 시내 일부에만 집중되어 있어 접근성이 좋지 못하다. (2010년 7월 22일 호치민에서 N씨)

대 효과를 가져오게 된다.

또한, 한식은 베트남인들에게 익숙해진 드라마, 영화 등의 한국문화로 전파해야 한다. 흥미로운 이국적인 문화를 통해 한식에 대한 호기심을 자극할 수 있도록 음식과 관련된 이야기를 발굴, 소개하거나 음식뿐만 아니라 그릇, 간판, 소품, 인테리어 등에서 한식당 고유의 특색이 살아 날 수 있도록 고유의 문화코드 개발 및 확산이 필요하다. 한식은 과학적, 영양학적으로 우수하다는 평에도 불구하고 국제적 인지도가 다른 세계 주요 국가 음식에 비해 상대적으로 낮은 편이다. 이는 한식의 우수성과 상품적 가치에 대한 인식부족으로 이를 고부가가치화하려는 노력이 부재한 탓이다. 소비자들은 음식의 의미와 함께 그 음식이 담고 있는 이미지를 보고 음식을 소비하기 때문에 음식을 판매하는 경로 선정 및 광고홍보 전 과정을 좀 더 다양하고 체계적으로 진행하여 음식의 포지서닝을 통해 가장 적합한 이미지를 구체화하고 공략하는 광고 전략이 필요하다. 지금까지 시행해 온 한식 세계화는 대부분 해외 박람회나 국내 박람회에 참가해 부스를 만들고 한국전통음식을 보여 주는 전시음식과 시식회를 하는 형태였다. 하지만, 대중적인 일상식으로 그들의 가정에서 도입할 수 있고, 그들의 레스토랑에서 신개발 메뉴로 등장하는 측면에서 한계가 있었다.

'홍보 마케팅 강화를 통한 세계화' 전략 사례에서 볼 수 있듯이 그동안의 한식의 홍보나 마케팅이 우리들만의 잔치는 아니었는지, 얼마나 장기적인 전략을 가지고 진행되었는지 국가적인 차원에서 통일감 있고 효과적인 한식 마케팅 전략이 진행되었는지를 진단해 볼 필요성이 요구된다. 그 나라 현지의 식자재를 미리 파악하여 우리의 대표적인 양념류인 간장, 고추장, 된장 등을 그 지역 식자재와 어떻게 조화를 시켜야 할지를 미식적, 문화적인 측면에서 다양한 정보의 수집과 방법을 연구한 후 메뉴를 개발하여 소개하는 것도 꼭 필요한 부분이라고 할 수 있다.

/ 전통 한식의 연구· 개발을 통한 차별화 / 한식의 세계화 전략 중 차별화는 한국 전통음식 그대로의 모습으로 세계인에게 다가가는 방법이다. 이국적인 음식ethnic food을 맛보는 것을 좋아하는 사람들에게 한국 특유의 전통적인 실내분위기와 음악 등으로 현실을 벗어난 느낌을 가지게 하며 한식을 즐길 수 있도록 한다. 조리방법이나 상차림, 서비스 방법도 한국적인 것으로 하되 자극성 양념류는 강도를 그 나라 사람들의 입맛에 맞게 조절할 필요성은 있다.

한식당 조리원의 '전통 한식을 통한 차별화' 전략 사례에서 보듯 한식 특유의 독창성을 살려 한국의 전통문화와 접목시켜 해외 고객들에게 접근한다면 이국적인 매력을 느끼게 하는 차별화, 고급화 전략은 한식 세계화의 초석이 될 것이다. 한국의 음식문화를 보존하고 계승·발전시켜 나가는 것은 국가적인 중요한 과제이다. 그러나 전통적인 한식문화를 보존하고 계승·발전시키는 것만을 고집할 것

사 례

한식당 조리원의 '전통 한식을 통한 차별화' 전략

중국 음식점과 일본 음식점에서 일해 본 경험도 있지만 한식당에서 가장 오래 근무 중이다. 6년 이상 되었다. 중국 음식은 베트남 음식과 매우 비슷하여 특별한 차별화가 되지 않는다. 일식은 회가 대표적인데 베트남인들은 날것을 좋아하지 않기 때문에 일식을 선호하지 않는다. 하지만, 한식은 매우 독특하다. 특히, 다양한 반찬에 의해 새로운 맛이 창출되는 반찬문화는 매우 독특하고 차별화된다. 한식은 음양의 조화가 잘 되었으며 건강에 좋은 맛이다. 한식의 조리법은 매우 복잡하고 맵지만 인터넷, TV 등을 통하여 직접 찾고 연구한다. 한식을 새롭게 응용하고 접목시키고 싶다. 아직은 배워야 하므로 스승을 만나고 싶다. 앞으로 훌륭한 한식당을 운영해 보고 싶은 꿈이 있으며 가장 한국적인 전통음식을 베트남에서 선보이고 싶다. 현지인들의 입맛에 맞춘다면 이미 한식이 아니기 때문에 가장 한국적인 전통음식을 연구, 개발해서 차별화, 고급화하고 싶다. (2010년 7월 22일, 호치민 ○○식당)

이 아니라 현지화를 통한 대중적 보편화와 병행될 때 한식 세계화는 앞당겨 질 것이다. 이탈리아에서는 이미 전 세계 사람들이 이탈리아 요리를 즐기고 있기 때문에 홍보보다 질적인 부분을 강조하는 정책을 시도하고 있다. 전 세계 음식점을 파악하여 유명 조리원을 동원해 순회하며 요리를 지도하고 있다. 현지에 있는 이탈리아식당을 한권의 책자로 만들어 박람회 등에서 배포하고 있으며, 자국 전문식당을 알리기에 집중하는 마케팅을 실시하고 있다. 이탈리아 농림부는 정부인증제를 실시하여 본토의 맛을 제공하는 식당에 인증서를 수여하고 있고, ICIF라는 외국인 요리학교를 통해 체계적으로 자국 음식을 관리하고 있다.

우리도 한식의 세계화를 위해서 전통 한식의 연구, 개발을 통한 질적인 차별화 전략을 지속적으로 시행하여야 한다. 뿐만 아니라 음식을 생산하는 요리사의 감독과 함께 책자와 문화산업 등을 통한 문화마케팅 전략도 중요한 과제이다. 또한 전통음식의 발전과 대중화를 위한 정확하고 빠른 통계 및 조사연구를 통해 현실

사 례

'콘셉트 다양화를 통한 현지화' 전략

- 한식은 눈으로 보기에 매력적이며 건강에 좋은 음식이며 다양한 종류의 양념이 특징이다. 음식의 관능적 평가도 진한 맛을 느끼게 해주는 느낌은 매우 독특하며 차별화된다. 한식 현지화를 위한 성공 전략은 광고, 마케팅도 좋은 수단이지만 가격을 현지화하여야 한다. 식자재의 개발과 현지 조달을 통하여 가격의 현실화가 가장 필요하다. (2010년 7월 23일 호치민, HC씨)

- 한식은 여러 가지 반찬을 주어 좋고, 음식에 손이 많이 간 것처럼 정성스러워 보이며 암을 예방하여 건강식이라고 생각한다. 하지만, 식당이 고급스럽지 않으면서 시끌벅적하며, 그릇의 기름기가 깨끗이 설거지되어 있지 않은 데다가 식당바닥이 청결하지 않고 처음에 서비스가 좋다가 시간이 지나면 점점 나빠진다. 음식은 좋으나 그 외 청결, 서비스와 같은 식당 콘셉트가 좋지 못해 개선이 필요하다. (2010년 7월 27일 하노이, H씨)

적이고 비전 있는 정책을 수립할 수 있도록 인프라 구축이 시급하다.

/ 한식당 콘셉트 다양화를 통한 현지화 / 세계의 외식시장에서 민족 음식으로 자리 매김한 모든 음식들은 대중화와 현지화로부터 출발하였다. 우리 음식 중 대중화와 현지화가 가능한 아이템을 선정하여 단품으로 만드는 작업에서부터 선정된 아이템에 대한 가장 기본적인 레시피가 개발되어야 한다. 그리고 개발된 레시피는 현지에서 식당을 운영 또는 계획 중인 경영주들과 예비 경영주들이 참고 자료로 활용할 수 있도록 보급하여야 한다.

또한, 한식을 퓨전화하여 현지인들에게 알리는 방법이다. 현지인들의 요구에 맞는 한식의 장점을 뽑아 새로운 맛을 창조해 내어 메뉴를 현지의 식문화에 맞게 차별화하고 한식을 조리법뿐만 아니라 식재료나 서비스 방법, 인테리어 면에서도 한국적인 것과 현지 각 나라의 방법을 결합할 수 있어야 한다. 베트남에서 한식당을 경영하는 대부분의 사람들은 현지 주류사회의 문화와 언어에 익숙하지 못한 경우가 대부분이었다. 그렇기 때문에 식당 비즈니스를 계획하는 사람들은 주 고객을 한국인으로 한정할 수밖에 없었다고 한다. 따라서, 한식당의 세계화를 위해서는 식당 구상과 운영에 핵심이 되는 고객, 입지, 그리고 메뉴 등이 현지화로 전환될 때만이 가능하다[Na 2007].

'콘셉트 다양화를 통한 현지화' 전략 사례에서 살펴보듯이 현지에서 한식의 성공 전략은 가격 현실화, 위생, 서비스 개선 등과 같은 현지인들의 정확한 요구 파악이 선행되어야 하며, 현지인들의 요구에 맞는 맞춤형 서비스가 제공되어야 할 것이다. 또한, 복잡한 한식을 단순화하여 현지 기호에 맞는 메뉴와 메뉴 구성 체계를 개발하여 손쉽게 접할 수 있도록 해야 한다. 특히, 개발 메뉴의 조리방법 표준화를 통한 품질관리, 식자재의 전처리 및 유통기술 연구, 메뉴의 품질 평가 및 위생적 관리 방안 개발 및 현지인 선호 운영 품질에 관한 연구 등을 실시하고 최종적으로 해외 현지에서 종합적 관리 운영이 가능한 프랜차이즈 시스템 개발이 필요할 것으로 사료된다[Hong 2005].

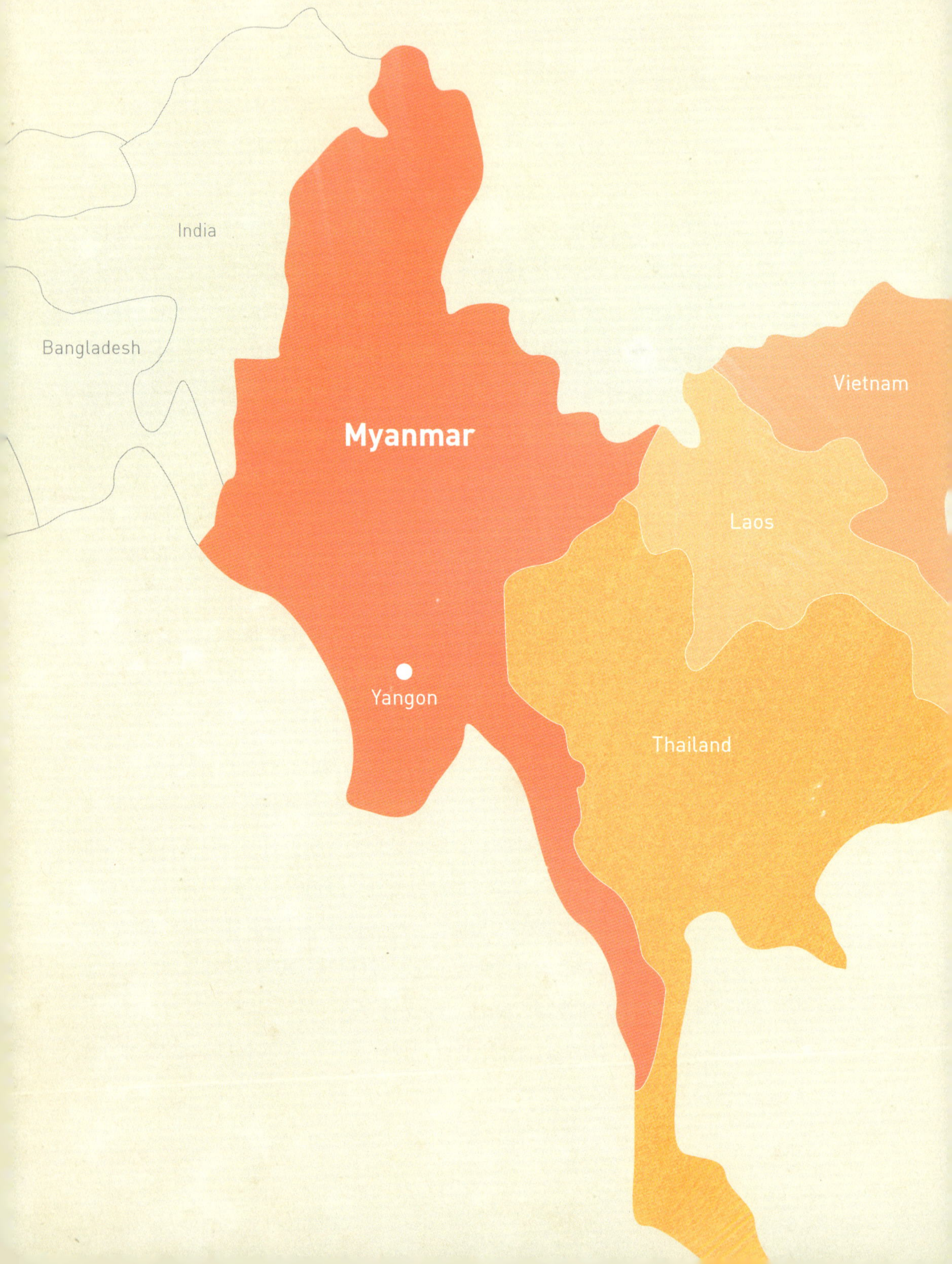
India
Bangladesh
Myanmar
Vietnam
Laos
Yangon
Thailand

China

Taiwan

CHAPTER 2

미얀마의 한식과 한식당

미얀마에서는 한류의 영향이 매우 컸으며, 미얀마 젊은이들이 가장 맛있는 한식은 '짜장면'이라고 할 정도로 인기가 매우 높았다.

미얀마 문화와 음식 이야기

Have a taste Korean Food in the World

경제와 소비로 알아보는 외식환경

최근 경제의 흐름과 전망

식민지 지배에 의해 영국식 시장경제를 경험하였고, 신경제정책 1988년 이후 형식적으로 시장경제체제로 전환을 추구하였다. 미얀마는 군사독재와 인권탄압 등에 의해 국제사회로부터 경제제재를 겪었으며 태국, 중국, 인도, 방글라데시 등의 가까운 나라와의 무역이 활발하다.

미얀마는 개발되지 않은 에너지 및 광물자원, 농림수산자원 등의 천연자원이 풍부하며, 노동력이 풍부하여 성장 잠재력이 높다.

/ 농업 생산성의 감소 / 미얀마의 농업인구는 2011년 총 인구의 64%로 국내 총생산의 34%를 차지하였다. 쌀을 포함한 주요곡물의 생산은 충분하나 오랜 군사독재로 인하여 경제 운용은 비효율적이며 국제사회의 경제제재로 인하여 연관 산업이 낙후되어 농업생산성이 낮은 수준이다. 2000년

대부터 농업은 점점 생산성이 낮아지고 제조업과 무역·서비스업은 생산성이 높아지는 추세이다.

/ 급속한 경제 성장 기대 / 2008년까지 연평균 20% 이상의 높은 인플레이션을 기록한 물가는 2009년 주요 식료품의 가격 안정세에

1 | 주요 경제 지표
자료_EIU(2012년 6월호)

구 분	2007년 (추정)	2008년 (추정)	2009년 (추정)	2010년 (추정)	2011년 (추정)	2012년 (예상)
GDP(10억 달러)	16.7	23.9	28.4	34.6	45.2	49.7
실질GDP성장률(%)	5.5	4.7	4.3	4.5	4.8	5.0
소비자물가상승률(연말, %)	28.6	16.0	2.2	9.4	1.5	9.1
대출 이자(%)	17.0	17.0	17.0	17.0	15.0	15.0
예금 이자(%)	12.0	12.0	12.0	12.0	10.0	10.0
FOB 상품수출(1억 달러)	63.0	71.9	67.0	78.3	82.0	86.1
FOB 상품수입(1억 달러)	30.3	38.9	39.5	43.7	59.8	70.5
경상수지(100만 달러)	1,851	1,548	1,086	1,527	111	-726
외환보유고(100만 달러)	2,312	3,412	3,561	3,763	3,931	5,437
대외채무(10억 달러)	8,241	8,002	8,186	6,352	5,813	5,437
연평균 환율(차트:달러)	1,290	1,185	1,055	970	815	820

2 | 서비스업의 회계 연도별 GDP 대비 비중
자료_미얀마 중앙 통계청, 아시아개발은행

(단위: %)

구 분	2000~2001년	2005~2006년	2011~2012년	2012~2013년
1차 산업(농업)	57.2	46.7	34.70	33.60
2차 산업(제조업)	9.7	17.5	27.10	27.60
3차 산업(무역·서비스업)	33.1	35.8	38.20	38.80

따라 낮아졌으나 2010년부터 다시 인플레이션이 발생하고 있다. IMF에 따르면, 미얀마의 실질 GDP성장률은 2010년 3.3%, 2011년 3.2%, 2012년 5%로 추정된다. 이코노미스트 인텔리전스유닛Economist Intelligence Unit, EIU에서도 미얀마의 2012년도 실질 GDP성장률은 5%로 전년도와 달리 급속히 성장할 것으로 전망하였다.

세계적인 금융 위기에 의한 경기침체의 영향으로 인해 미얀마의 주요 수출 시장도 타격을 받아 경기침체를 겪었으나 최근 미얀마의 정치 안정화로 인해 미얀마 경제도 서서히 회복될 것으로 예상되며 특히 실질 GDP성장률이 경제위기 이전의 상태로 회복될 것으로 전망된다. 최근 미얀마의 민주화를 옹호하여 미국을 포함한 유럽 국가들의 경제제재 조치가 완화되고 있으므로 당분간 광업, 전력, 석유, 가스 부분의 외국인 투자가 지속적으로 증가하면 미얀마 경제 회복세에 일정부분 기여할 것으로 예상된다. 즉, 미얀마에서는 신정부 수립 이후 신정부의 정치 체제가 안정되고, 정부의 경기 부양의지가 확고하여 경제 성장 기대가 커지고 있다.

최근 소비의 흐름

한국식품은 주로 마트에서 유통되고 있으며, 매출도 증가하는 추세이다. 특히 라면과 소주의 매출이 높다. 미얀마인들은 집에서 한국라면을 주식으로 즐겨 먹고 있고 현지의 마트 및 식당에서 현지인들을 대상으로 소주 판매가 급증하고 있다.

음식으로 맛보는 미얀마 문화

음식문화의 특징

/ 주변국의 영향을 받은 미얀마 요리 / 미얀마 음식은 기름과 향료를 넣고 조리하는 요리법이 주를 이루는 태국과 인도, 그리고 중국의 영향을 받은 일종의 퓨전 요리이다. 미얀마는 지리적으로 인도와 중국 사이에 위치해 있어 음식 또한 자연스레 영향을 받았는데, 인도의 향신료인 카레와 중국의 간장을 이용하며, 튀기거나 찌는 조리법을 사용한다.

식민지 시절의 영향을 받아 영국 음식을 좋아하는 미얀마인들도 많지만 재료를 구하기 어렵고 음식을 할 줄 아는 사람이 적어 영국 음식은 찾아보기 힘들다.

또한 미얀마는 오랫동안 이웃나라와 활발히 교류하지 않아 음식문화가 크게 변하지 않았다. 음식에 장식을 하지 않아 단순하며, 대체로 이웃나라인 태국과 인도에 비해 향이 강하지 않은 향신료와 자극적이지 않은 부드러운 양념을 사용한다.

/ 손으로 먹는 음식문화 / 식사시간에 나오는 모든 요리는 한 번에 모두 식탁에 올린다. 주부나 아이들은 식탁 주변에 서서 손님의 시중을 든다. 밥을 식탁의 중앙에 놓고, 미얀마인들은 주로 손가락으로 음식을 먹기 때문에 식당 구석에는 식사 후에 손이나 입을 닦을 수 있는 물그릇이나 개수대가 있다. 미얀마인의 식사 목적은 음식을 즐기는 것이기 때문에 이야기를 거의 하지 않는다.

에스닉 푸드의 특징

미얀마인들은 아침부터 저녁까지 모든 식사 때에 밥을 먹으며, 도시에서만 아침으로 빵을 먹는 정도이다. 유가공업체가 거의 없기 때문에 유제품도 구하기 어렵다. 대체로 미얀마 음식은 기름을 쓴 카레, 데치거나 무친 야채, 다양하게 조리된 절임생선, 국 등이다. 생강, 심황, 마늘, 칠리, 코리앤더의 향신료 등도 거의 빠지지 않고 사용한다.

제대로 된 정식을 차릴 때는 고기나 생선, 야채, 간을 하거나 저린 채소를 찍어 먹는 소스, 국을 식탁에 올린다. 말린 새우를 튀긴 반찬인 발라차웅balachaung이나 2~3가지의 야채가 곁들여지기도 한다. 고기나 생선 반찬은 기름으로 버무린 카레의 형태로 먹는다. 자극적인 양념, 마늘, 양파는 다져서 기름과 섞어 고기나 생선 요리에 이용한다. 생선의 종류가 다양하여 미얀마인들은 고기보다는 생선을 즐겨 먹는다.

미얀마는 지역별로 기후의 차이가 크기 때문에 다양한 과일이 난다. 망고 등과 같은 열대과일이 많으며 사과, 오렌지, 탄저린과 같은 온대성 과일은 샨고원에서 난다.

미얀마에서의 한식 이야기

Have a taste Korean Food in the World

먹고 싶어하는 한식 메뉴

미얀마인들이 먹어본 한식

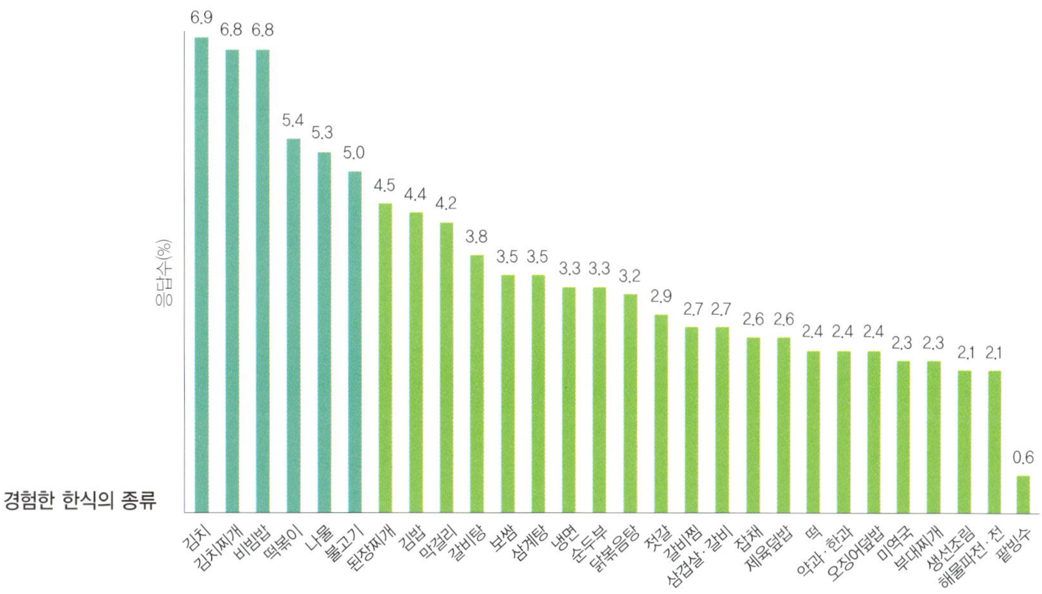

경험한 한식의 종류로는 김치, 김치찌개, 비빔밥이 각 6.9%, 6.8%, 6.8%로 나타났고, 떡볶이, 나물이 각각 5.4%, 5.3%, 불고기가 5%로 나타났다. 그 밖에 먹어본 한식은 된장찌개, 김밥, 막걸리, 갈비탕, 보쌈, 삼계탕, 냉면, 순두부, 닭볶음탕, 젓갈, 갈비찜, 삼겹살·갈비, 잡채, 제육덮밥, 떡, 약과·한과, 오징어덮밥, 미역국, 부대찌개, 생선조림, 해물파전·전, 팥빙수 순으로 나타났다.

미얀마인들이 좋아하는 한식

조사 대상자가 먹어본 한식 중 가장 맛있는 한식은 김치찌개가 13.8%, 보쌈이 10%, 나물과 비빔밥이 7.5%, 된장찌개 6.3%로 나타났다. 이 외에 김치, 불고기, 순두부찌개, 갈비탕, 닭볶음탕, 막걸리, 삼계탕, 갈비찜, 떡볶이, 잡채, 제육덮밥, 김

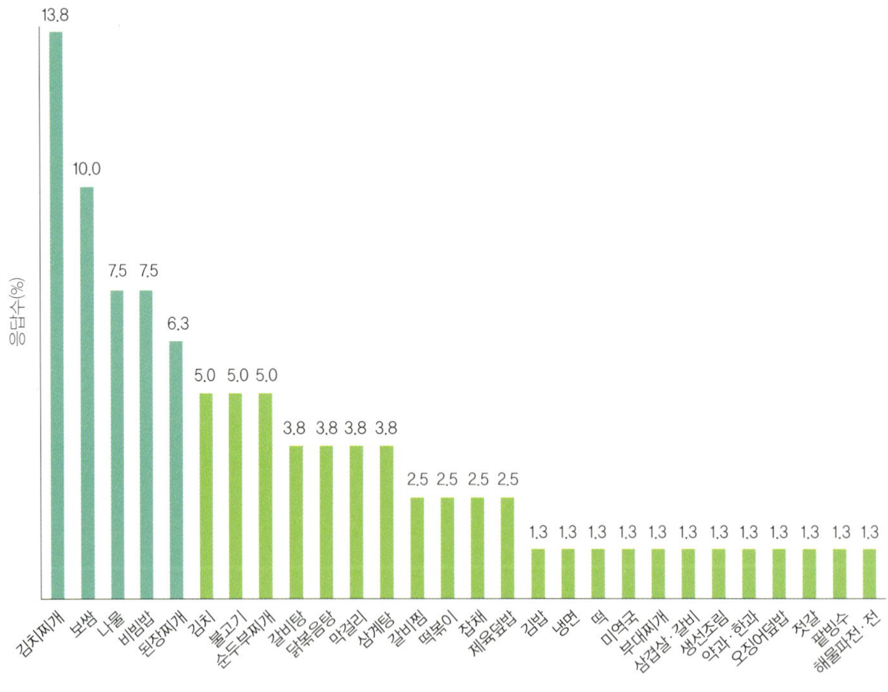

경험한 한식의 선호도

밥, 냉면, 떡, 미역국, 부대찌개, 삼겹살·갈비, 생선조림, 약과·한과, 오징어덮밥, 젓갈, 팥빙수, 해물파전·전 순으로 나타났다. 조사 대상자의 좋아하는 음식의 종류가 채소·과일류와 육류이기 때문에 김치찌개, 나물, 보쌈이 순위가 높았으며, 미얀마인이 주식으로 하는 쌀과 야채가 많이 사용된 비빔밥의 순위가 높게 나타났다. 김치의 경험도는 높았으나 선호도는 낮게 나타나 발효식품을 먹지 않는 미얀마인들에게는 발효식품의 독특한 맛이 거부감을 일으켰기 때문으로 추측된다. 그러나 발효식품의 조리 방법을 다르게 한 김치찌개와 된장찌개의 순위가 높은 것으로 보아 발효식품 조리 방법에 따라 맛에 대한 거부감이 감소하는 것으로 생각된다.

미얀마인들이 먹고 싶어하는 한식

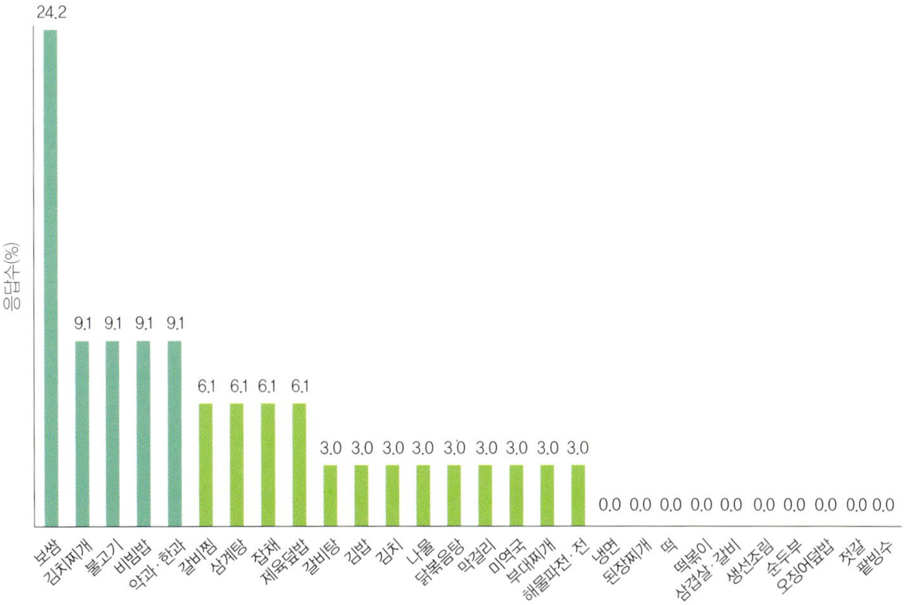

향후 경험하기를 원하는 한식

이후에 먹어보고 싶은 음식으로는 보쌈이 24.2%, 김치찌개, 불고기, 비빔밥, 약과·한과가 각각 9.1%로 나타났다. 그 밖에 갈비찜, 삼계탕, 잡채, 제육덮밥, 김밥, 김치, 나물, 닭볶음탕, 막걸리, 미역국, 부대찌개, 해물파전·전 순으로 나타났다. 육류를 좋아하는 대상자들은 선호도가 높았던 보쌈을 가장 먹어보고 싶은 음식으로 선택하였다. 또한 선호도가 높은 김치찌개와 비빔밥도 먹어보고 싶은 음식으로 순위가 높았으나, 조사 대상자들에게 선호도가 높았던 나물은 나중에 먹어보고 싶은 음식으로는 순위가 낮게 나타나 정보제공과 외관 개선 등이 필요하다고 생각된다.

한식에 대한 생각 엿보기

미얀마인들이 생각하는 한식의 특징

한식에 대한 인식도

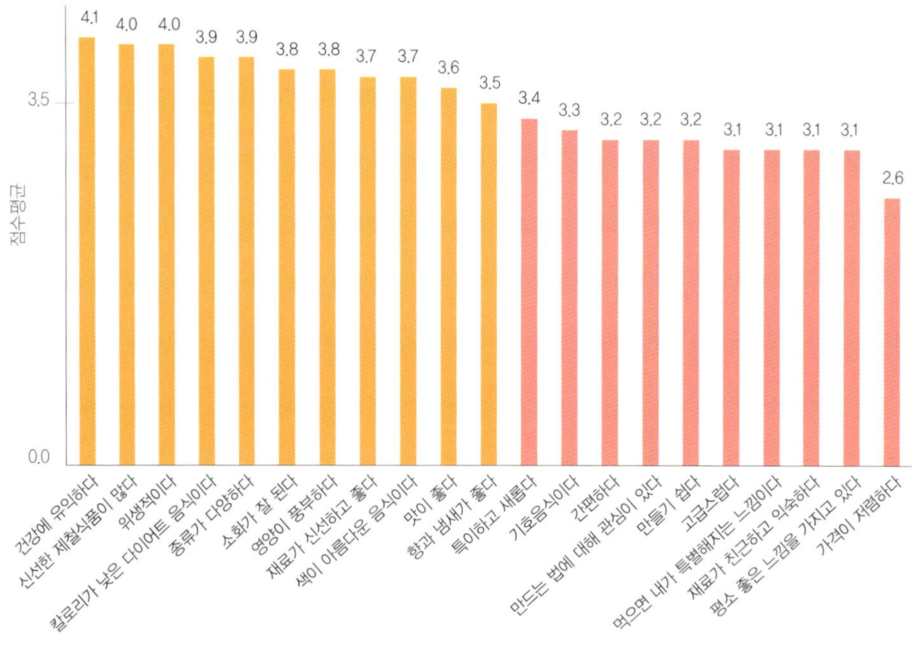

조사 대상자들의 한식에 대한 인식도를 점수로 나타내었을 때 건강에 유익하다는 답변이 4.1점으로 가장 높았으며 신선한 제철식품이 많다, 위생적이다는 답변이 4.0점이었다. 그 뒤로는 칼로리가 낮은 다이어트 음식이다, 종류가 다양하다가 각각 3.9점, 소화가 잘 된다, 영양이 풍부하다가 각각 3.8점, 재료가 신선하고 좋다, 색이 아름다운 음식이다가 각각 3.7점, 맛이 좋다, 향과 냄새가 좋다가 각각 3.6점, 3.5점이었다. 그 외에는 특이하고 새롭다, 기호음식이다, 간편하다, 만드는 법에 대해 관심이 있다, 만들기 쉽다, 고급스럽다, 먹으면 내가 특별해지는 느낌이다, 재료는 친근하고 익숙하다, 평소 좋은 느낌을 가지고 있다, 가격은 저렴하다 순으로 나타났다. 이 항목들의 점수는 3.5점이 안되는 것으로 나타났으며 특히 가격은 저렴하다는 답변은 2점대로 나타나 가격에 대한 재고가 필요한 것으로 보인다. 또한 한국의 이미지가 고급스럽다고 생각하는 대상자가 약 25% 정도로 높았으나 음식에 대한 이미지는 낮은 점수가 나와 국가 이미지에 맞춰 한식의 이미지를 고급화하여야 할 것이다.

한식과 관련한 정보수집 경로

3 한식에 대한 정보수집 경로

내용	응답수	응답률(%)
인터넷	23	26.1
TV/영상정보(영화 등)	17	19.3
한식당	23	26.1
잡지, 책자	4	4.5
친구, 동료	20	22.7
기타	1	1.1
합계	88	100

한식에 관련된 정보를 수집하는 경로로는 한식당과 인터넷이 각각 26.1%, 친구, 동료를 통해서 정보를 얻는다는 답변이 22.7%, TV, 영상정보가 19.3%, 잡지, 책자를 통한 정보 수집은 4.5%, 기타는 1.1%로 나타났다. 한식당에서 한식을 접한 경험이 많아 정보 수집 역시 한식당에서 가장 많이 이루어진 것으로 보인다. 또한 한식을 함께 먹은 사람의 순위가 직장동료와 친구였다는 대답이 70% 이상을 차지하므로 한식에 대한 정보 또한 공유하여 비율이 높은 것으로 생각된다. 조사 대상자 중 한국 드라마나 영화를 접한 경험이 있는 사람이 많았기 때문에 영상정보를 통한 정보 수집도 많은 것으로 나타났다.

한국산 식료품과 가공품의 구입 경험률

/ 한국산 식료품의 구입 경험 / 조사 대상자 중 한국산 식료품을 구입한 경험이 있다고 한 대답이 89.3%로 나타나 조사 대상자가 거주하는 환경에서는 한국산 식료품을 접하기 쉽다는 것을 알 수 있다.

4 한국산 식료품의 구입 경험

내용	응답수	응답률(%)
없다	67	89.3
있다	8	10.7
합계	75	100

/ 구입한 식료품의 종류 / 구입한 식료품의 종류로는 국수, 라면류가 41.4%, 원식재료가 17.9%, 양념, 소스류와 음료가 각각 15%, 과자류가 10.7%이다. 조사 대상자들은 마트에서 매출이 증가하고 있는 한국산 면류의 구입 경험이 많은 것으로 나타났다. 또한 원 식재료의 구입 경험이 있으며, 향신료를 많이 이용하는 나라이기 때문에 양념, 소스류의 구입 경험이 있는 것으로 나타났다.

5 | 구입한 식료품의 종류

내용	응답수	응답률(%)
양념, 소스류	21	15.0
국수, 라면류	58	41.4
음료	21	15.0
과자류	15	10.7
원 식재료(채소, 과일, 해산물)	25	17.9
합계	140	100

/ 구입한 식료품 중 양념 종류 / 구입한 식료품 중에서 양념류는 간장 23.2%, 쌈장 22.3% 구입 경험이 있었으며, 참기름 14.3%, 된장과 고추장은 각각 11.6%의 구입 경험이 있는 것으로 나타났다. 조사 대상자가 선호하는 음식종류가 육류이고, 선호도가 높은 보쌈과 섭취 경험이 많은 불고기의 조리나 식사 때에 필요한 간장과 쌈장의 구입 경험이 많은 것으로 생각된다.

6 | 구입한 식료품 중 양념 종류

내용	응답수	응답률(%)
간장	26	23.2
된장	13	11.6
고추장	13	11.6
쌈장	25	22.3
참기름	16	14.3
기타	19	17.0
합계	112	100

/ 구입한 식료품의 가공 형태 / 조사 대상자가 구입한 식료품의 가공 형태는 즉석식품의 형태가 35.5%로 가장 많았으며 바로 다음으로 신선식품이 28.9%였다. 그 외에 건조식품 15.7%, 통조림 12.4%, 냉동식품 7.4%였다. 구입한 식료품의 종류로 국수, 라면류가 많아 가공 형태 중 즉석식품의 비율이 높은 것으로 나타났고, 원재료의 구매로 인해 신선식품의 비율도 높게 나타났다.

7 | 구입한 식료품의 가공 형태

내용	응답수	응답률(%)
통조림	15	12.4
냉동식품	9	7.4
건조식품	19	15.7
신선식품	35	28.9
즉석식품(레토르트)	43	35.5
합계	121	100

/ 포장 김치류의 구입 경험 / 한국산 가공품 중 김치류를 구입한 경험은 41.3%로 절반 이상이 구입 경험이 없는 것으로 나타났다. 경험한 한식 중 김치의 순위가 높았으나 구매는 하지 않았지만 한식당에서 많이 기본 반찬으로 경험한 경우이다.

/ 포장 삼계탕의 구입 경험 / 한국산 가공품 중 포장 삼계탕의 구입 경험은 67.9%가 있다고 대답하였다. 육류음식을 좋아하여 포장된 삼계탕을 구매했을 것으로 예상되며, 한식의 선호도와 후에 먹어보고 싶은 음식으로 삼계탕을 먹어보고 싶다는 생각이 모두 10위권 안으로 높은 순위를 차지하였으므로 앞으로 포장된 삼계탕의 구입이 더욱 증가할 것이라고 생각된다.

8 | 포장 김치류의 구입 경험 ▸

9 | 포장 삼계탕의 구입 경험 ▸▸

내용	응답수	응답률(%)
없다	47	58.8
있다	33	41.3
합계	80	100

내용	응답수	응답률(%)
없다	25	32.1
있다	53	67.9
합계	78	100

/ 조미 김의 구입 경험 / 한국산 가공품 중 조미된 김을 구입한 경험이 있는 사람은 31.6%로 포장된 김치와 삼계탕의 구입보다 적은 것으로 나타났다.

10 | 조미 김의 구입 경험

내용	응답수	응답률(%)
없다	52	68.4
있다	24	31.6
합계	76	100

/ 한국 술의 구입 경험 / 한국산 가공품 중 한국 술을 구입한 경험은 40.7%로 나타났다. 한국산 술 중 소주는 미얀마 내 마트에서도 판매가 증가하고 있는 추세이므로 한국산 술의 구입량이 점점 증가할 것이다.

11 | 한국 술의 구입 경험

내용	응답수	응답률(%)
없다	48	59.3
있다	33	40.7
합계	81	100

/ 구입한 술 종류 / 구입한 술의 종류로는 소비가 점차 증가하고 있는 소주가 46.1%로 가장 높았으며, 다음으로는 맥주가 30.3%로 나타났다. 그 밖에 와인 6.6%, 전통주 2.6%, 기타 2.6%였다.

12 | 구입한 술 종류

내용	응답수	응답률(%)
소주	35	46.1
맥주	23	30.3
막걸리	9	11.8
전통주	2	2.6
와인	5	6.6
기타	2	2.6
합계	76	100

현지인들이 말하는 한식의 매력

미얀마 푸디스 조사 현장

한식의 기호도를 점수로 환산하여 살펴보면 온도가 뜨겁다는 답변이 3.9점으로 가장 높게 나타났으며, 바로 다음으로 맵다 3.6점, 시다, 씹는 느낌이 좋다는 각각 3.3점이었다. 그 외에 담백하다, 짜다가 각각 3.1점, 달다, 양념

한식에 관한
기호도 조사

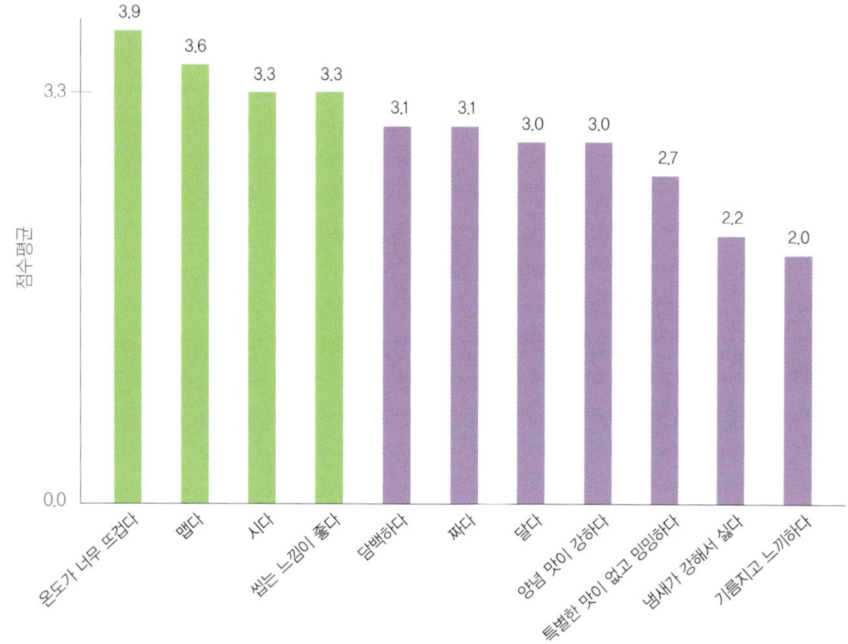

맛이 강하다가 각각 3점이었으며, 특별한 맛이 없고 밍밍하다, 냄새가 강해서 싫다, 기름지고 느끼하다는 3점 미만으로 낮은 점수를 차지하였다. 한식 중 찌개와 탕 종류를 경험해본 대상자가 많아 음식이 뜨겁다는 항목의 점수가 높은 것으로 생각된다. 또한 장과 양념 중 고추장과 고춧가루를 이용하는 항목에 대한 경험이 많아 맵고, 김치를 경험한 비율이 가장 높아 발효된 김치의 특유한 신맛 때문에 시다는 항목의 점수도 높은 것으로 생각된다.

미얀마에서의 한식당 이야기

Have a taste Korean Food in the World

양곤에서 영업 중인 한식당

미얀마 양곤에는 총 11개의 한식당이 영업 중이며 조사기간 중 11개소를 전수 조사하였다. 조사대상 한식당 리스트는 다음 표 13에 나타내었다.

미얀마 양곤에서 운영되는 한식당 고객의 대부분은 한국인인 경우가 많았다. 그러나 양곤의 중산층 한국인들은 가정에 요리사와 가정부를 고용하고 있어, 한식당의 이용이 잦은 편이 아니었다. 또한 미얀마는 외국과의 무역 등 교류가 많지 않기 때문에, 한국인은 물론 외국인의 방문도 매우 제한적이었다. 양곤에 소재하고 있는 한식당 중 4곳이 분식점 또는 퓨전요리점 형태이고 나머지 7곳의 식당은 메뉴나 인테리어 등이 거의 유사하여 특색이 없었다. 대부분이 30~50개 이상의 많은 메뉴를 하고 있었으며, 음식의 가격이 한국의 수준과 비슷하거나, 높게 책정되어 있어 한식이 미얀마에서는 매우 비싼 음식으로 인식되어 있었다.

13 | 한식당의 영업 현황

국가	도시	한식당명
미얀마	양곤	한강, 문 베이커리, 아리랑, 한일관, 사짜메꽈, 엄마손 김밥, 하나로, 한국관, 더 서울, 쿠스, 그린 마일

양곤의 주요 한식당

한국관

◂ 한식당 '한국관'
▾ '한국관'의 메뉴

한강

◂ 한식당 '한강'
▾ '한강'의 메뉴

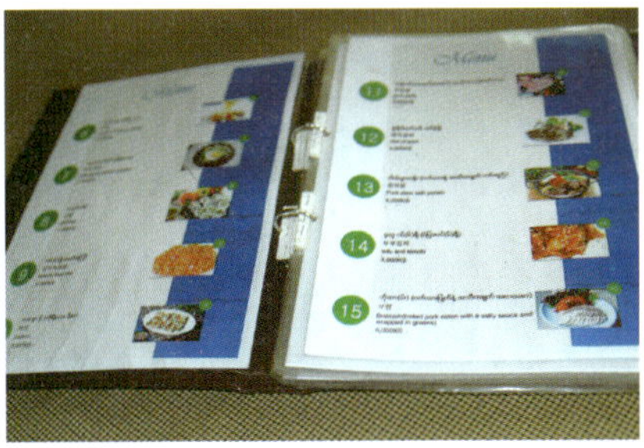

양곤 한식당의 종합적인 운영 실태

미얀마 양곤에서 영업 중인 한식당별 현황과 특성은 다음과 같다.

한강

일반 현황	+ 한식은 부인(미얀마인)이 조리 + 미얀마식, 중식, 타이식, 한식 메뉴 있음 + 조리원은 미얀마인임
종업원/테이블수	+ 20명/150석
고객층	+ 미얀마인
선호 메뉴	+ 김치찌개, 비빔밥, 고추장 삼겹살
재료 조달	+ 현지 조달, 경영주가 직접 한국에서 일부 재료 수입
특징	+ 게스트 하우스 운영으로 배낭여행객 고객이 많음 + 하나로, 한국관에 비해 저렴함

문 베이커리

일반 현황	+ 경영주(41세 여사장, 미얀마인 남편) + 13개의 체인점 + 베이커리, 카페, 분식점의 믹스된 캐주얼 분위기 + 빵, 미얀마식, 중식, 한식 메뉴 있음 + 조리원은 미얀마인임
종업원/테이블수	+ 20명/100석
고객층	+ 미얀마인
선호 메뉴	+ 김치찌개, 비빔밥
재료 조달	+ 현지 조달
특징	+ 인터넷 서비스 가능 + 하나로, 한국관, 아리랑에 비해 매우 저렴함

아리랑

일반 현황	+ 부인이 직접 조리(전라도 맛) + 조리원은 한국인임
종업원/테이블수	+ 10명/80석
고객층	+ 미얀마인(상류층 고객이 방문 – 사업, 대사관 등의 소개)
선호 메뉴	+ 매운탕, 생선모듬구이
재료 조달	+ 농장에서 직접 재배한 채소 사용 + 된장은 직접 담가 사용
특징	+ 하나로, 한국관에 비해 세련된 분위기임

한일관

일반 현황	+ 한국인 부인이 직접 조리
종업원/테이블수	+ 10명/80석
고객층	+ 미얀마인
선호 메뉴	+ 삼겹살, 김밥, 짜장면
재료 조달	+ 식자재(소주, 된장, 고추장 등) 한국의 친척이 보내줌 3개월용 정도의 재고 보유
특징	+ 찹쌀떡을 직접 제조하여 판매 및 후식으로 제공 + 오랜 거주 경험으로 인해 단골손님(현지인)이 많음

사짜메짜

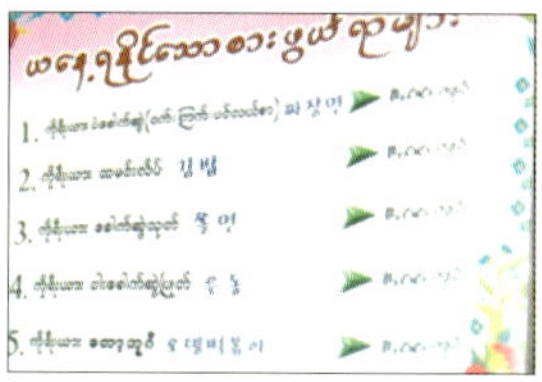

일반 현황	+ 식당 영업(1년), 어묵제조업(7년) + 조리원은 미얀마인임
종업원/테이블수	+ 5명/30석
고객층	+ 미얀마인
선호 메뉴	+ 짜장면, 어묵, 김밥, 김치찌개
재료 조달	+ 현지 조달
특징	+ 미얀마 길거리 식당 스타일 + 어묵 납품이 주 매출임

한국관

일반 현황	+ 17년 경력(서울 신림동 갈빗집 운영) + 미얀마에서 가장 오래된 한식집 + 부인, 아들이 조리함
종업원/테이블수	+ 10명/80석
고객층	+ 한국인
선호 메뉴	+ 삼겹살, 프라이드치킨, 낚지볶음
재료 조달	+ 된장, 고추장, 김치를 직접 담가 사용 + 된장, 고추장, 김치, 콩나물, 떡 등 마트에 납품
특징	+ 전통음식연구소 과정 이수 → 떡카페 개업 예정

엄마손 김밥

일반 현황	+ 마트의 푸드코트에 있는 김밥집
종업원/테이블수	+ 1명/10석
고객층	+ 미얀마인
선호 메뉴	+ 김밥
재료 조달	+ 현지 조달
특징	+ 현지인들에게 유명한 패션몰에 입점하여 미얀마 식당들과 경쟁함

하나로

일반 현황	+ 8년 식당 영업 경력(전북 음식맛) 있음 + 조리원은 미얀마인임
종업원/테이블수	+ 20명/100석
고객층	+ 한국인
선호 메뉴	+ 잡채, 찌개, 갈비, 보신탕
재료 조달	+ 현지 조달
특징	+ 창업 때부터 미얀마인 주방장 고용 + 미얀마에서 사업 경력이 길어 한인 단골 고객이 많음

쿠스

일반 현황	+ 5년 간 미얀마에서 식당 영업 경력 있음 + 2년 전(대장금-냉면전문점) 인수 + 조리원은 한국인임
종업원/테이블수	+ 15명/80석
고객층	+ 한국인
선호 메뉴	+ 냉면, 짜장면, 신라면, 김밥, 탕수육
재료 조달	+ 고춧가루, 냉면재료, 들깨가루, 깻잎, 소금 등 한국에서 직접 공수해서 사용
특징	+ 냉면(유천칡냉면) 기술 전수, 짜장면 기술 전수 받음 + 김치, 김밥, 오징어젓갈, 장아찌 등 시티마트에 납품 + 비자 갱신 때문에 한국을 자주 방문하여 한국산 재료를 직접 조달함 + 골프클럽 입구에 위치하여 운동 후 냉면을 먹으러 온 고객이 많음

더 서울

일반 현황
+ 트레이더스호텔 내 입점
+ (주)테크데이타 외식사업부에서 운영 → Pho 24 체인
+ 주방장은 한국인(하얏트호텔 출신)임

종업원/테이블수
+ 20명/80석

고객층
+ 한국인

선호 메뉴
+ 삼계탕, 짜장면, 삼겹살

재료 조달
+ 본사에서 직접 수입

특징
+ 세련된 인테리어 및 서비스
+ 출장 중인 한국인 고객들이 쉽고 편안하게 방문함

그린 마일

일반 현황
+ 영업기간 1년(30대 초반의 부부)
+ 조리원은 한국인임

종업원/테이블수
+ 4명/10석

고객층
+ 한국인

선호 메뉴
+ 김밥, 어묵탕, 김치찌개

재료 조달
+ 고춧가루, 냉면재료, 들깨가루, 깻잎, 소금 등을 한국과 인근 국가(태국 등)에서 직접 공수해서 사용

특징
+ 분식집, 호프집의 혼용 스타일
+ 가격이 저렴함(기본 반찬을 줄임, 세금, 서비스료를 따로 붙이지 않음)

미얀마 한식당 경영주가 말하는 성공 전략

해외 시장 개척 시의 어려움

미얀마에서 한식당을 운영하는 경영주들의 가장 큰 어려움은 법적인 사업자 명의문제에 있었다. 미얀마는 공식적으로 외국인이 사업을 할 수 없기 때문에 미얀마인 사업 파트너가 반드시 있어야 한다. 때문에 배우자가 미얀마인인 경우를 제외하고는 대부분 사업 파트너와 사업을 해야 하고, 때에 따라서는 불이익이나 사업상의 낭패를 보는 경우가 종종 있어서 타인에 대한 불신이 많이 내재되어 있었다. 또한 거주의 제한이 있어 3개월에 한 번씩 비자를 갱신해야 하기 때문에 이 기간에 사업장을 비워야 하는 불편함이 있었고 비용에 부담을 느끼는 경우도 있었다. 쿠스식당은 비자 갱신은 한국을 방문하여 받고, 필요한 식자재 등을 구입해 오지만, 시간이 여유롭지 못하거나, 경비에 부담을 느끼는 경우에는 인근 태국에서 한식 재료를 구입하는 경우들도 있었다.

또 미얀마에서 한식당 운영 시에 느끼는 어려움은 식재료의 공급이 원활하지 않다는 점에서 생겨났다. 이러한 이유 때문에 음식 가격이 높게 책정되어 있었다. 음식 가격 7,000~8,000원은 미얀마에서도 고급 식당의 음식값과 비슷한 수준이어서 미얀마인들의 임금수준에 비하면 매우 고가이다. 미얀마는 외국과의 교역이 활발하지 않기 때문에 외국에서 식재료가 수입하는 것이 매우 어려운 일이다. 아리랑식당과 같이 농장을 가지고 있는 경우를 제외하고는 수급이 불안정하고 품질이 떨어진 재료를 납품받아야 하는 경우가 종종 있다. 대부분의 식재료는 마트에서 구입하고 있고, 비자갱신을 하러 한국 또는 태국을 방문할 때 필요한 재료를 다량 구입하여 사용하기도 하며, 컨테이너 중개무역상이 식재료를 조달해주기도 한다.

고객이 제한되어 있으므로 매출도 매우 제한되어 있기 때문에, 음식 맛이 소문나 있는 식당은 김치, 된장, 고추장, 젓갈과 같은 반찬과 양념류를 마트에 납품하여 판매하고 있고, 떡, 김밥을 납품하는 식당도 있다.

양곤에 한식당 경영주들은 한국인수와 비교하여 한식당이 이미 포화상태라고 응답하고 있다. 정확한 수를 파악할 수는 없지만 700~1,000명 정도의 교민이 거주하고 있는데, 이들 중 상당수는 선교나 봉사활동을 하러 중·단기로 미얀마에 방문하고 있고, 경제적으로 넉넉한 형편들이 아니어서 한식당을 자주 찾지 않는다고 하였다. 미얀마 상류층들은 한식당을 방문하지만, 대부분이 사업상의 모임이고, 가족모임으로는 일부 계층이 매우 제한적으로 이용하고 있는 실정이다.

한식당의 성공 노하우

/ 한국 드라마의 유행 / 미얀마에서는 한류의 영향이 매우 컸으며, 한국 드라마는 젊은 계층과 더불어 모든 계층에 크게 유행하고 있었다. 한류에 영향을 받은 젊은이들이 알고 있는 한국에 대한 많은 정보들은 모두 드라마에 의한 것이었다. 실제로 한식을 먹어보거나, 보지 못한 젊은이 중에서도 한식에 대해 인지하고 있었는데, 이들은 드라마 장면 속에 나온 음식을 기억하고 있었으며, 이에 대한 호기심을 가지고 있었다. 최근에 방영된 드라마의 한 여배우가 짜장면을 먹는 장면이 방영된 이후로 이 드라마를 시청한 미얀마인들이 짜장면을 먹고 싶어 했다고 말했다. 그래서 분식점은 물론, 한정식 식당, 호텔 한식당에서도 짜장면을 팔고 있었으며, 가격은 약 6,000원이었으며, 미얀마의 경제 수준에 비하면 매우 비싼 음식이다. 심층인터뷰를 한 미얀마 젊은이들은 한식 중 가장 맛있는 것이 '짜장면'이라고 할 정도로 짜장면의 인기가 매우 높았으며, 때때로 짜장면이 드라마 대장금에서 나왔다고 응답한 사람도 여러 명이 있었다. 그런데 한식당을 운영하는 경영주들은 짜장면이 미얀마에서 유행하고 있는 이유에 대해서 정확히 파악하고 있는 경우가 거의 없었다. 짜장면이 미얀마인들

의 입맛에 맞기 때문이라고 추정할 뿐이었다. 이런 사례를 볼 때 미얀마에서 한식당을 경영하는 경영주들은 아직까지 미얀마인들에게 한식을 전파하거나 판매하기 위한 전략이나 시장 분석 등에는 소홀한 것으로 여겨진다. 이는 대부분 한식당의 고객이 미얀마인이 아니라 한인교포들이었기 때문일 것이다.

/ 퓨전 스타일의 한식당 / 미얀마인과 외국인들이 방문하는 대표적인 한식당은 크게 2가지 형태로 분류할 수 있었다. 한식뿐만 아니라 미얀마 음식, 외국 음식 등을 함께 파는 퓨전 음식점과 미얀마 부유층 등이 방문하는 고급 한식당으로 분류한다. 퓨전 스타일의 한식당은 음식이 미얀마인들에게 부담을 많이 주지 않는 가격으로 책정되어 가족들이 외식하거나 젊은이들이 찾아가는 식당이었고, 고급 한식당은 한국과 사업을 하는 미얀마 부유층, 정부 고위 공무원들의 비즈니스모임을 위한 식사를 하는 곳이다. 한강식당은 경영주가 무역업과 게스트 하우스를 운영하므로 배낭여행객, 미얀마 젊은이들이 찾는 식당이다. 이곳은 미얀마 음식, 중국 음식, 태국 음식, 서양 음식과 한식을 다 함께 판매하고 있는데, 미얀마인 부인이 서울에 사는 시어머니에게 음식을 배워 조리하고 있다. 가격은 2,500~4,000차트, 약 2,500~4,000원 수준으로 다른 곳에 비해 저렴한 편이다.

문 베이커리는 양곤에 13개의 체인이 있는 외식업체로 미얀마인과 결혼한 한국인 여성이 운영하는 곳이다. 베이커리이기 때문에 빵, 특히 도넛이 인기제품 중 하나이다. 우리나라에 있는 도넛 전문점과 유사한 분위기로 내부 장식을 꾸미고 있었다. 그런데 빵뿐만 아니라, 미얀마 음식, 중국 음식, 태국 음식 등과 더불어 한식이 판매되고 있었으며, 캐주얼한 분위기 때문에 미얀마 젊은이들은 물론 가족들이 외식을 하는 곳으로 이용한다. 위에서 언급했듯이 미얀마인들이 짜장면을 먹고 싶거나, 처음 한식을 먹어 본 장소가 문 베이커리인 경우가 많았다. 짜장면의 가격이 약 3,000원 정도, 김치찌개가 4,000원 정도로 판매되어 다른 한식당에 비해 다소 저렴한 편이지만, 미얀마 대졸자의 임금이 약 200,000원 정도여서 수용하기에 편한 가격대는 아니었다.

사꽈메꽈는 미얀마 길거리 식당과 같은 분위기에서 짜장면과 어묵을 파는 한식당이다. 음식가격은 1,500원 정도로 매우 저렴한 편이었고, 식당 옆에 어묵 제조공장을 함께 운영하고 있었다.

/ 고급스런 한식당 / 아리랑식당은 대표적인 고급 한식당 중 하나로 미얀마 상류층이 방문한다. 채소는 식당 소유의 농장에서 직접 재배하여 공급받기 때문에 식재료의 어려움은 없었고, 된장도 직접 담가 사용하였다. 전라도 태생의 부인이 직접 주방을 전담하여, 맛깔스러운 맛이 이 식당의 장점이었다. 매운탕, 생선구이 등이 대표적인 메뉴이며, 매운탕이 약 27,000원 정도로 한국과 거의 유사한 가격대로 책정되어 있었다.

한일관은 미얀마인, 외국인들이 많이 찾는 식당이고, 된장, 고추장과 소주 등은 한국에 거주하는 친척이 직접 보내준 것을 사용하고 있었다. 또한 찹쌀떡 기계를 구비하고 있어 후식으로 찹쌀떡을 제공하고, 교민들의 단체행사나 교회 등에 정기적으로 찹쌀떡을 납품하고 있었다.

/ 한국 교민 타깃의 한식당 / 한국 교민들이 주 고객인 식당은 하나로, 한국관, 더 서울 등이다. 하나로식당의 경영주는 오랜 미얀마 거주 경험을 통해 한국인 지인들이 많아 단골손님이 많은 편이고, 창업 때부터 고용한 미얀마 여성에게 한식을 지도하여 주방장으로 고용하고 있다. 이곳은 보신탕을 메뉴판에 기재하지 않았지만, 입소문에 의해 찾아온 고객에게 제공하고 있었다. 미얀마에서 가장 오래된 한국관식당의 경영주는 서울에서 갈빗집을 경영한 경험을 바탕으로 양곤에서 식당업을 하고 있었다. 부인과 아들이 직접 조리를 하고 있으며, 된장, 고추장, 김치, 콩나물, 떡 등은 마트에 납품까지 하고 있

었다. 한국에서 떡 전수과정을 이수하고 양곤에서도 떡카페와 같은 세련된 식당을 개업하려는 계획이 있었다.

더 서울식당은 트레이더스 호텔 내에 입점한 한식당으로 (주)테크데이터 외식사업부에서 운영하는 곳이다. 호텔 내 식당답게 세련된 인테리어와 서비스를 제공하고, 주 고객층은 미얀마로 출장 온 한국인 호텔 투숙객이 다수였다.

냉면 전문점인 쿠스식당은 대부분 고객이 한국 교민이었고, 유천칡냉면을 판매하고 있으나 김밥, 짜장면, 라면, 탕수육 등도 판매하고 있는 곳이다. 경영주가 비자를 갱신하기 위하여 3개월에 한번 정도 한국을 방문하는데, 고춧가루, 냉면재료는 물론 소금, 깻잎까지 직접 들고 와서 영업하고 있다. 그린 마일식당은 젊은 30대 부부가 운영하는데, 호프집과 같은 스타일로 한인교민들의 사랑방처럼 운영되고 있다. 가격이 다른 곳에 비하여 저렴한데, 기본 반찬수를 줄여서 부가세를 따로 받지 않고 음식값에 포함하여 청구하기 때문에 고객들에게 싼 느낌을 주는 것이 영업의 전략이었다.

미얀마 푸디스가 제안하는 한식당 성공 전략

미얀마에서 한식 관련일에 종사하는 사람들은 대체로 요리에 대한 관심이나, 한국에 대한 관심이 있다기 보다는 처음 일을 한 곳이 한식당인 경우였다. 조리관련 일에 종사하는 사람들은 음식조리를 식당의 경영주 또는 경영주 부인에게 배운 경우가 대부분이었다. 하나로식당의 여 주방장[WW]도 처음 식당 개업시부터 계속 같이 일을 하였으며, 이제는 김치도 한국인 경영주의 도움 없이도 담글 수 있게 되었다. 그러나 이들은 다른 한식당에서 음식을 맛본다든지 등의 경험이 거의 없었고, 자신이 일하는 식당에서 먹어본 한식이 유일하였다. 또한 이들은 미얀마 음식 이외에는 외국 음식을 먹어보거나 외식을 하는 경우도 거의 없었다. 하나로 여주방장은 한식당에서 오랫동안 근무하여 한식에 대한 지식이 많이 있었으며, 고혈압, 당뇨병에는 한식이 좋다는 생각을 하고 있었다. 그리고 가짓수가 많은 반찬은 방문하는 한국인은 물론 외국인도 좋아하며, 밑반찬을 모두 잘 먹는 편이라고 응답하였다. 미얀마인들은 비린내를 매우 싫어해서 비린내가 나지 않는 생선 요리법이 가장 어렵다고 전하고 있으며, 역시 경영주에게 배운 방법으로 생강 등의 향신채를 이용해서 비린내가 나지 않도록 조리하고 있다고 하였다. 그러나 한강식당은 경영주의 미얀마인 부인이 한식 조리장으로 요리를 하고 있었다. 한국인 남편과 결혼하여 서울에서 거주하면서 시어머니께 요리를 배웠는데, 이 경험이 한식을 배운 첫 경험이자, 요리를 처음 배운 것이었다. 미얀마로 돌아와 외식업을 하면서, 남편의 도움으로 한국 요리책을 보면서 한식을 만들고 있어, 대부분 전문적인 교육이나 한식에 대한 구체적인 경험 또는 지식이 거의 전무한 상태였다.

문 베이커리에서 회계업무를 담당하는 대졸여성 MM[27세]은 한국은 깨끗하고, 주거환경도 좋으며, 한국 옷이 너무 아름다워 한국의 문화를 선망하고 있었으나, 한국을 방문한 경험은 없었다. 그녀도 젊은 미얀마인들과 같이 드라마에서 짜장면을 먹는 장면을 보고 짜장면에 대한 호기심이 생겼고 자신이 근무하는 문 베이커리에서 처음 짜장면을 먹어보았다. 김, 김밥, 참기름 맛을 좋아하며, 김은 미얀마에서 나는 재료가 아니라서 고소한 맛이 좋다고 하였다. 그래서 김밥을 가족들을 위해 만들어 보았으나, 조리 과정이 복잡하고 어렵게 느꼈다고 하였다. 한식은 기름기가 적어 담백하고, 강한 향신료를 사용하지 않아 먹기에 좋으나, 때때로 매운맛이 너무 강한 점이 단점이라고 하였다. 한국 산업연수생 출신인 A[남, 26세]는 한국에서 근무하면서 한식을 먹어보고 미얀마에 돌아왔을 때 한식을 먹고 싶었지만 가격이 가장 크게 부담이 된다고 하였다. 김치찌개, 삼겹살에 소주를 먹었던 것을 좋은 추억으로 기억하고 있었다.

한국어과 출신으로 통역, 드라마 번역일을 하는 ZZ는 한식에 대한 관심이 매우 높았다. ZZ는 김치볶음밥과 짜장밥을 집에서 가끔 만들어 먹는다고 하였다. ZZ는 김치를 직접 담가 본적이 있는데, 회사 구내식당의 미얀마인 조리장에게 배워서 담갔다고 한다. W[26세]의 경우도 한국어과 출신으로 드라마 번역일을 하고 있는 여성인데, 미역국, 된장찌개, 삼겹살을 선호하였고, 상추쌈에 된장을 함께 먹는 것도 맛있다고 하였다. 미얀마의 젊은이들이 대학을 진학할 때 취업과 관련된 전공을 택하는데, 의대 다음으로 외국어 전공이 가장 경쟁률이 높다고 하였다. 영문과, 일문과, 한국어과 순으로 진학을 희망하고 있었으며, 한국어과 출신들은 대사관의 통역, 드라마 수입사의 번역, 한국계 회사의 통역 비서 등의 일에 종사하고 있었고, 대부분이 근무처의 한국인 상사들을 통해서 한식을 먹어보게 되었다고 하였다. 이들은 아리랑, 한국관 등과 같은 한식당은 가격이 비싼 식당이기 때문에 갈 수가 없었고, 한강식당이나 시내의 문 베이커리에서 친구들을 만날 때 가끔 한식을 먹는다고 하였다.

문화인류학자가 본 베트남과 미얀마의 한식

김은실(이화여대 교수)

1. 연구개발 목표 수행방법

2009년 5월에 한식 세계화 추진위원회가 생기고, 2010년 3월에 한식재단이 만들어지면서 한식을 세계적인 상품으로 만들고, 한국문화의 상징으로 만들고자 하는 노력이 정부의 강한 개입으로 추진되고 있다. 최근 농수산물유통공사의 농림수산식품부에서 실시한 〈한식 세계화를 위한 마케팅전략〉 연구는 한식의 세계화는 외식시장이 발달한 유럽 및 북미 지역뿐만 아니라 아시아를 주요한 전략지로 간주하고 있었다. 2009년에 대규모로 실시한 한식 세계화를 위한 정보조사 및 마케팅 전략 수집 연구는 '중국, 일본, 베트남 등 아시아권에서는 한식에 대한 선호가 뚜렷하게 높은 수준으로 한식 세계화의 잠재력을 가진 반면, 미국에서는 선호가 낮다(농수산물유통공사: 36)'고 설명하면서 아시아 지역에서 한국이 선호되고 소비되고 있음을 시사하고 있다.

이런 맥락에서 이 연구는 아시아 지역인 베트남과 미얀마에서 2가지 질문을 가지고 현지조사를 실시하였다.

1 베트남과 미얀마에서 한식당을 경영하고 있는 한국인 혹은 현지인들은 '한식'을 어떻게 정의하고 또 제공하고 있는지, 그리고 '한식'과 한류로 발생된 소비문화와의 관계는 어떠한가?

2 한식당 경영자 및 조사대상국 현지인들은 '한식'과 현지음식의 차이 및 유사성을 어떻게 보고 있고, 이러한 차이와 유사성에 대한 인식은 한식의 소비와 어떠한 관련이 있는가?

따라서 이 보고서는 2가지 측면에 초점을 두면서 베트남의 현지 조사 자료를 '(1) 누가 아시아에서 한식당을 열고 있는가, (2) 누가 한식을 먹는가, (3) 무엇이 한식이고, 한식의 대표

음식은 무엇인가, (4) 한류의 소비문화로서의 한식, (5) 음식 만들기와 식품산업 경영과의 차이: 음식은 성별화된 지식인가'라는 내용을 중심으로 기술될 것이다.

2. 연구조사 방법

이 보고서를 위한 현지 조사는 2010년 7월 21일에서 7월 31일까지 베트남의 호치민시와 하노이시, 그리고 미얀마의 양곤에서 실시되었다. 현지 조사 당시 면담 대상자들의 명단은 아래와 같다. 면접대상자들은 세 집단으로 분류될 수 있다. 1) 한식당을 경영하는 한인 경영주들(+한국 공관 및 주재원, 현지가이드) 22명, 2) 베트남 및 미얀마의 푸디스(foodies)라고 할 수 있는 오피니언 리더로서 한식을 소비하는 현지인들 8명, 3) 한류의 팬이며 한류문화를 소비하는 20~30대 현지 직장 여성들 22명이다.

베트남 호치민 면담자

이름	성 별	나 이	직업 및 특징	구분 집단*
K.H.W	남	41	호치민 현지 가이드	1
L.Y.S	여	66	아리랑 경영주	1
L.M.H	여	58	한강 경영주	1
J.O.B	여	23	전업주부, 호치민 현지 가이드 K.H.W의 아내	3
Tran Thi Hanh Mai	여	27	부동산 개발회사(Saviils)영업 직원	3
Du	여	66	화센대학교 교수	2
Bui Thi Nlgoc Hieu	여	33	호치민시 청소년중앙단체 직원, 공무원	3
Kuyn Chi Quynh Chi	여	26	IT 관련 공무원	3
Hoang Thai Phuong	남	42	기업가	2

* 1: 한식당을 경영하는 한인 경영주들 (+한국 공관 및 주재원, 현지가이드)
2: 푸디스(foodies)라고 할 수 있는 오피니언 리더로서 한식을 소비하는 현지인들
3: 한류의 팬이며 한류문화를 소비하는 20~30대 현지 직장 여성들

베트남 하노이 면담자

이름	성 별	나 이	직업 및 특징	구분 집단*
Sir. kim	남	33	하노이 현지 가이드	1
Le Quy	여	55	대학교 교수	2
익명	남		KOPIA 소장	1
익명	남	54	다정 경영주	1
Phuong	여	24	선봉은행 직원	3
Thanh	여	24	보험회사 수습근무	3
Yen	여	24	구직 중	3
Bui Thi Phuong Ly	여	29	한국대사관 근무, 기혼	3
Nguyen Dieu Thuy	여	27	(전 중국회사 근무) 현재 전업주부이며 번역사, 기혼, 중국어 전공	3
Giap	여	37	한베문화교류센터 요리사	3
익명	남	32	여행사 가이드	1
Ngo Thi Trinh	여	58	한베문화교류센터 베트남측 대표	2
Luu Anh Tuyet	여	50	세계경제연구원 실장	2
K.G.H	남		한국대사관 참사관	1
K.Y.S	여	50대 후반	한베문화교류센터 원장	1
Hong	여	50대	대학 교수	2
익명	여		목향 경영주	1
익명	여	20대	키치키치 종업원	3
익명	여	20대	베트남 하노이 고궁 실장	1

* 1: 한식당을 경영하는 한인 경영주들(+한국 공관 및 주재원, 현지가이드)
2: 푸디스(foodies)라고 할 수 있는 오피니언 리더로서 한식을 소비하는 현지인들
3: 한류의 팬이며 한류문화를 소비하는 20~30대 현지 직장 여성들

미얀마 양곤 면담자

이름	성 별	나 이	직업 및 특징	구분 집단*
L.G.H	여	40대 초반	양곤 현지 가이드	1
익명	남		한국대사관 비서	1
오○○	남	41	한국대사관 서기관	1
O.M.J	여	20대 후반	한국대사관 직원, 대사관 6년 근무	3
익명	여		미얀마 하나로 경영주	1
U KYI TUN	남		DONGJIN SHIPPING 경영주	2
KHIN MAY ZIN	여	21	DONGJIN SHIPPING 직원	3
PHYU HNIN LWINn	여	21	DONGJIN SHIPPING 직원	3
K.G.C	남	47	미얀마 한강 경영주	1
L.N.C	남	58	한국산업인력공단(미얀마지부) 소장	1
대와 아웅	남	20대	한국 청노을식당 미얀마 조사원	3
헤마	여	20대	한국어학원 강사	3
Aung KoKo	남	24	해운 한국공사 직원	3
카이	여	28	한국산업인력공단(미얀마지부) 직원	3
Julia Chung	여	41	문 베이커리 경영주	1
아웅 꼬꼬라안	남	33	코이카 한국어학원 원장	2
쩌잔웬	남	20대 후반	코이카 한국어학원 교관	3
쿤 녜이찬	여	20대 후반	코이카 한국어학원 강사	3
킨띠다쩌	여	20대 후반	코이카한국어학원 강사	3
K.M.H	여	33	그린 마일 경영주	1
P.W.J	남	52	굿프렌드 경영주, 어묵공장 겸업	1
G.H.J	여	54	쿠스 경영주	1
란 달린	여	16	고등학교 졸업, 대학준비 중	3
익명	남	–	한국드라마 수입업체 경영주	1

* 1: 한식당을 경영하는 한인 경영주들(+한국 공관 및 주재원, 현지가이드)
  2: 푸디스(foodies)라고 할 수 있는 오피니언 리더로서 한식을 소비하는 현지인들
  3: 한류의 팬이며 한류문화를 소비하는 20~30대 현지 직장 여성들

3. 조사결과

1) 베트남에서의 현지 조사

한국의 베트남에 대한 투자가 시작된 지는 20년이 되었다. 15년 전에는 베트남에 한국의 섬유산업이 들어왔고, 최근 5년 동안에 IT산업이 들어오면서 삼성 애니콜도 들어오고, 컴퓨터, 자동차 산업이 들어오고 있다. 베트남에는 한국 교민이 6만명 정도 살고 있고, 3만명이 호치민에 살고 있다. 호치민시에서도 최근 개발된 푸미흥이라는 지역에 2만명 정도의 한국인들이 살고 있다. 푸미흥은 호치민시 중심부에서 한 20분 정도 떨어진 곳에 위치해 있는, 2000년대에 새롭게 개발된 도시이다. 이 지역은 한인 거주자는 물론이고 한국가게와 식당 등이 몰려 있어서 코리아타운이라고 불리기도 한다. 푸미흥에는 외국인들이 많고, 이곳 지역의 물가 및 아파트와 단독주택 가격은 한국보다도 더 비싸다고 한다. '본죽'과 같은 유명한 한식당들이 들어와 있다.

베트남에는 한식당이 많다. 푸미흥을 포함한 호치민시에는 180개 정도의 한식당이 있다. 그 중에 10%만 오래된 식당이고, 나머지는 개업한지 3~4년 정도가 된 식당들이다[1].

하노이에는 한식당이 50개 정도가 된다. 그러나 그 중에서 10개 정도가 잘 되고 나머지는 그냥 먹고 살기 급급한 편이라고 평가된다. 월세가 비싸기 때문에 돈을 벌기가 쉽지 않다. 그러나 모두 생계를 위해서 하는 것이기 때문에 그만 둘 수가 없다. 하노이의 다정 경영주는 "식당에서 숙식을 해결하면서라도 버틸 수밖에 없다. 그렇지 않으면 제로가 되니까." 라고 말한다. 한국의 자본이 중국, 미국에 이어 3번째로 많이 투자되고 있는 나라가 베트남이다. 그래서 자본과 함께 한국인들이 많이 이주하기 때문에 그들을 위한 식당이나 가게 등이 많아지는 것은 당연한 일이다. 특히 많은 식당과 가게들이 3~4년 전부터 급격히 늘어났다. 그러나 호치민이나 하노이의 한식당은 정작 수요에 비해 너무 많다는 것이 일반적인 생각이다. 그 이유는 많은 사람들이 사업을 하기 위해 베트남에 오는데, 할 것이 마땅하지 않을 때 한국인은 누구나 한식을 만들어 팔 수 있다는 생각으로 식당을 만만하게 보고 시작하

---

[1] 호치민에서 14년을 산 K는 최근에 한국인들이 많이 들어와 푸미흥 지역에 식당을 개업했는데, 그곳에 있는 많은 한식당들이 월세를 내는 것도 힘들다고 한다. 그러나 식당마저 접으면 떠나야 하기 때문에 접지도 못하면서 영업을 하고 있다고 했다.

기 때문이다. 한국인이면, 특히 가족을 포함해 남을 위해 음식을 만들어본 한국여성은 누구든지 한식당을 낼 수 있다는 생각에서 한식당을 시작한다.

호치민에서 오랫동안 식당을 하는 사람들은 한국이 IMF 위기를 겪기 시작한 1996~1997년에 베트남으로 이주해 온 사람들이다. 그들은 한국에서 살기가 어려워 베트남으로 생계이주를 했다고 말한다. 그래서 식당 역시 생계형 영업이라고 불린다. 1990년대 후반, 그리고 2000년대 초반 한식당의 주 고객은 90% 이상이 한국인이었다. 그들은 주로 베트남에 비즈니스를 하러오는 사람이거나, 혹은 비즈니스를 하기 위해 주재원으로 와 있는 사람들이었다. 2000년대 이후 현재 한식당을 찾는 가장 많은 사람들 역시 한국인이다. 그들은 회사원이기도 하고 한국인 관광객들이기도 하다. 베트남 현지인들이 주 고객이 되는 한식당조차 그 비율은 30% 정도이다. 한식당 아리랑의 경영주는 현재 고객층이 70%가 베트남 현지인이라고 말한다. 그러나 그렇게 되려면 가격이나 메뉴 자체가 바뀌어야 한다는 평가가 있다. 예를 들어 호치민에서는 베트남인 고객을 위주로 하는 곳이 서울식당인데, 가격이 다소 저렴하고 메뉴의 수가 많은 편이다. 현지 조사 시에 만난 현지인들이 가장 많이 언급했던 한식당은 서울식당이었다. 그러나 한국인이나 한식당 경영주들은 서울식당을 한식당으로 크게 평가하지 않는다.

50대 한식당 경영주는 베트남인들은 한국인과 달리 옷이나 집에 큰 관심이 없는 반면에 음식에 대한 관심은 높다고 말하는데, 이는 옷이나 스타일, MP3나 컴퓨터에 관심이 있는 젊은 세대에게는 적용되지 않는 말이다. 베트남의 10대, 20대, 30대 특히 여성들은 한류의 영향을 많이 받고 있고, 한국식 패션, 액세서리, 화장품 등에 아주 관심이 많다. 특히 10대와 20대는 한국 드라마에 나오는 패션 스타일을 따라 하고, 드라마에 나온 김밥, 잡채, 파전 같은 음식들을 먹고자 한다.

일단 베트남인들에게 한식당은 '비싸다'고 인식된다. 물론 반찬의 수가 많고, 반찬이 무제한 '리필'되기 때문에 전체적으로 계산해보면 그렇게 비싼 편도 아니라고 이야기한다. 그러나 영어과를 나온 대학졸업생의 월급이 보통 250달러이고, 한국어과를 나온 대학졸업생의 월급이 200~150달러일 때 돼지갈비의 가격이 150,000동(9,000원), 감자탕이 100,000동(6,000원), 삼계탕이 12달러(14,400원), 다정백반이 220,000동(13,200원)인 것은 매우 고가이다. 물론 베트남에서는 수입과 소비가 일치하지는 않는다. 하노이의 대학교수 5년차에 월급이 300달러이지만 소비는 월급의 3~5배 정도라고 교민들은 말한다. 의과대학 졸업자가 국립병원을 갈 경우 월급이 200달러이지만, 그의 수입은 보통 1,000달러로 생각하면 된다는 것이다[2].

한식당 사장들의 입장에서 볼 때 한식 가격은 더 내릴 수 없다고 말한다. 수입 식자재 등을 사용하기 때문에 생산비가 비싼 것도 이유이고, 또 한국인들은 베트남에서 한국식으로 살아야 하기 때문에 한국적인 기준을 적용할 수밖에 없다고 말한다. 더욱이 베트남 사회가 전반적으로 인프라가 구축되어 있지 않기 때문에 한국식으로 살기 위해서는 직접 인프라를 만들면서 살아야 하기 때문에 돈이 많이 들어간다는 것이다. 이러한 것들도 생산비에 포함되어야 한다는 것이다.

(1) 한식당– '한국인이면 누구든지 한식당을 열 수 있다'

아리랑의 L사장은 한식당을 열기 위해서 가장 중요한 것은 한식이 무엇인지를 아는 것이라고 말한다. 한국인들은 단순히 한식을 만들 수 있는 것이 아니라 한식의 맛을 알 수 있어야 한다고 말한다. 그래서 한국에서 산 사람들은 그것이 무엇인지를 안다고 말한다. 한강 경영주는 식당이 성공하려면 주인이 직접 음식을 할 줄 알아야 한다고 말한다. 그러니까 식당에는 한식을 할 줄 아는 여자가 있어야 한다. 베트남이나 미얀마에서 한식당을 하고 있는 사람들은 대부분 여성이다. 남성이 식당의 경영주로 있을 때조차도 부엌에는 그들의 부인이 음식을 만들고 있다. 한국남성과 현지여성이 결혼한 사례조차 부엌에는 시어머니로부터 한식을 배운 부인이 음식을 만들고 있다(미얀마의 한강 사례).

호치민의 L사장은 한국에서의 생활이 어려워 생계를 위해 1998년에 베트남으로 이주했다. 한번도 식당운영을 해본 적이 없었지만, 집에서 음식을 해왔고 또 어머니가 음식을 잘 하시는 분이어서 다른 사업은 몰라도 식당운영은 할 수 있을 것 같았다고 한다. 인건비가 싸다고 하여 베트남에 와서 식당을 인수받았다. 현재 58세인 한강 L사장은 사업하는 남편을 따라 1996년에 베트남에 왔다. 남편은 중장비 사업을 하려고 들어왔지만, 사업이 잘 안 되어 생활이 너무 힘들었다. 너무 가난해서 남편이 호텔에서 일을 하다가 사망했고, 주위 사람들의 도움으로 2000년 12월부터 혼자 한식당을 하기 시작했다. 이는 주로 한국 주재원들을 위한 식당이었다. 한국인들을 위한 한강은 음식값이 비싸고, 또 베트남인들에게는 음

---

❷ 이 부분에 대해 베트남 지식인과 토론했는데, 추가 수입을 부정한 돈이라고 생각하지 않는다고 했다(Ngo Thi). 규정된 일 이외의 것에 대한 지급은 당연한 것이지 않냐고 물었다.

식이 낯설어서 현지인 고객은 주로 한국인이 데리고 오는 베트남인 정도였다.

호치민시의 다정 한식당 경영주는 1995년 대기업 주재원으로 왔다가 다른 사업을 시작했는데, 사업이 안 되었고 가진 것이 없어서 부인의 음식 솜씨에 의존하여 식당을 개업했다. 월세 2,000달러를 내고 있는데, 베트남에서 식당을 하기가 어려운 이유는 임대료 때문이라고 말한다. 베트남이 외식업 라이선스를 외국인에게 내주기 시작하여, 다정이 한국인 라이선스 1호이다. 이럴 경우 세금을 꼬박꼬박 내야 하지만, 직계가족의 비자문제가 해결되고, 동네 경찰들의 간섭이 약화되는 이점이 있다.

(2) 누가 한식을 먹는가

아리랑의 주요 고객은 여행사를 통해 오는 한국 관광객들과 베트남 현지인들이다. 2000년대 초반에는 일본인들이 많이 들어오기 시작했는데, 당시에는 일식집이 별로 없어서 대신 한식집에 왔고, 그 후에는 대만 사람들이 단골이 되기도 했다. 지금은 많은 일본인들이 베트남에 들어와 있고, 그들을 위한 일본 음식점이 많이 생겼다. 2000년대 초반에 한식은 베트남인들이 먹기에는 너무 비싼 음식이었고, 또 잘 모르는 음식이기도 했다. 지금은 인건비도 많이 올랐고, 베트남인들이 식당에서 생일잔치도 하며, 가족모임도 한식당에서 한다. 점점 늘어나서 현재는 70% 정도가 베트남인 고객들이라고 아리랑 L사장은 말하지만, 현지인 70%는 현지 조사 당시의 분위기로 봐서는 믿기 어려운 수치이다.

호치민의 한강이나 하노이의 다정 경영주는 현지인 고객층이 30% 정도라고 말한다. 한강의 L사장은 "입맛이 다르니까… 주재원, 회사원, 관광 온 한국인들이 주로 온다."고 말한다. 호치민 가이드 K는 "현지인에 맞는 한식당은 또 우리 입맛에 안 맞아요. 현지화되어 있는 한식당에는 한국인들이 안갑니다. 현지인 입맛에 맞추면, 한국인 입맛에는 안 맞아요."라고 말한다. 호치민의 서울식당이 바로 현지인들의 입맛에 맞지만 한국인들의 입맛에는 맞지 않는 식당이라고 말한다.

베트남인들은 한식을 좋아한다. 그것에 대해 베트남인들은 자국의 음식과 비슷하기 때문이라고 말한다. 한식을 좋아하는 베트남인은 한국에 관광을 갔다 왔거나 살다오거나 혹은 한국인과 함께 한식을 먹어본 사람들이다. 아리랑 L사장은 베트남인들이 음식에 대한 허세가 한국보다 훨씬 없다고 말한다. 그래서 분위기나 고급스러움보다 맛을 가장 중요하게 생각한다는 것이다. 그러나 이것은 아리랑 식당의 고객을 중심으로 한 의견이다. 베트남의 많은 푸디스들은 베트남인들이 한식을 그렇게 좋아하지 않는다고 말한다. 그래서 베트남에 한식의 맛을 알고 있는 소비층이 형성되지 않았다고 보는 것이다. 즉 김치찌개 맛을 알고 그것을 먹으러 가는 소비층이 없다는 것이다. 다정의 경영주는 한국에서 근로자로 5~6년 동안 일했던 베트남 부부가 김치찌개, 된장찌개를 단일화해서 하노이에 식당을 열었는데 베트남인도 안 가고 한국인도 안 가서 결국 망했다는 이야기를 했다.

다정의 경영주에 의하면 하노이에는 현지인 대상의 식당은 없다. 다정은 한국인을 대상으로 하는 식당이다. 베트남인들은 일식보다 한식을 좋아한다. 그런데 베트남인들과 한인들의 빈부격차가 크기 때문에 현재로는 외식을 하는 베트남인을 상대로 한식당을 운영하면 적자가 많이 날 수밖에 없다. 그러나 한국인 파트너와 함께 왔다가 나중에 베트남인들끼리 오는 경우도 많아지고 있다. 그래서 30% 정도의 고객이 만들어지는 것이다. 베트남에서는 작은 차를 타고 다녀도 굉장한 부자인데, 그 고객층은 보통 차를 가지고 오는 상류층에 속한다. 그러나 베트남 상류층을 상대로 식당을 경영할 수는 없다. 왜냐하면 한국주재원에 따르면, 베트남 상류층이 먹을 만한 한식이 별로 없다는 것이다. 또 다정의 경영주는 상류층으로 갈수록 집에서 자주 식사를 하기 때문에, 그들이 한식당의 주 고객이 될 수 없다고 지적한다. 사실 베트남에서 외식을 자주 사람들은 집에 주방시설이 없기 때문이라고 한다. 냉장고가 없는 집이 아직도 많기 때문에 외식 문화가 발달된 것이라고 말한다. 그런데 이들은 한식당의 음식을 먹을 수 있는 경제적 형편이 되지 않는다.

다정의 경영주나 한베문화교류센터 원장은 베트남인들이 한식을 "너무 좋다."라고 말해서 많은 한국인은 베트남인들이 한식을 좋아한다고 자부심을 가지는데, 그것은 베트남 문화에 대한 무지에서 나온 이해 방식이라고 지적한다. 베트남인들은 상대방에게 말을 조심하기 때문에, 또 상황적 진실이라는 측면에서 자신의 생각과는 다른 말을 하는 경우가 많은 것을 이해해야 할 필요가 있다.

한편 한식당의 음식 때문이 아니라 한국문화의 소비 차원에서 한식을 먹는 집단이 등장하고 있다. 이들은 한국에 갔다 왔거나, 한국에 갔다 온 사람들이 만드는 한식을 통해, 또 한국 드라마나 한국상품 등의 소비를 통해 한식을 접하는 사람들이다.

(3) 무엇이 한식인가, 무엇이 대표 음식이 되고 있는가

베트남에서 한식당을 하는데 가장 큰 문제는 식자재 조달이다. 아무리 한식에 대한 지식이 있더라도 식자재가 없으면 한식의 맛을 만들어낼 수가 없다. 식자재의 차이가 맛을 결정한다.

아리랑 L사장은 한식을 한식답게 만드는데 가장 중요한 것은 식자재라고 말한다. 그녀는 베트남에서 구할 수 있는 것은 현지에서 구하고, 구할 수 없는 식자재는 모두 한국에서 조달한다. L사장은 "마늘은 북부 베트남에서 생산되는 마늘이 수분이 많고 좋다. 한국 마늘은 수분이 적다. 한국의 배추는 단맛이 나지만, 베트남의 배추는 질기면서 두껍다. 이전에는 한국배추를 가져다가 김치를 했지만, 한국의 농학박사가 중부 고랭지에서 한국 배추를 재배하는데 성공한 후에는 김치할 때 고랭지에서 난 배추를 쓴다. 고춧가루는 한국산을 쓴다. 베트남에서 사면 중국산인 경우가 많은데, 그러면 맛이 달라진다. 고추장은 한국에서 보내온 순창고추장을 쓴다. 된장은 베트남 콩으로 현지에서 만든다. 하노이에서 생산되는 콩의 종류가 많다. 베트남에도 젓갈을 많이 쓰고, 또 액젓이 있다. 하선정보다 더 맛있는 액젓, 느억맘(nuoc mam)이라는 것이 있어서 그것을 김치에 사용한다. 한국인들이 베트남에서 새우젓이나 멸치젓 공장을 하고 있고, 그것을 한국으로 수출한다. 그것의 일부가 한식당으로 온다.[3]"라고 말한다.

한강의 경영주도 역시 "베트남은 땅이 좋다. 그래서 땅 속에서 나는 감자, 마늘, 양파 같은 식재료는 품질이 아주 좋다. 마늘은 한국에서 참마늘이라고 말하는 그런 게 많이 난다. 예전에는 베트남에서 한국으로 마늘을 많이 갖고 들어갔다. 한국의 고산지역처럼 시원한 달랏이라는 지역이 있는데, 농산물 품종 개발을 하는 교수님들이 거기서 여러 가지 농산물 개량 작업을 하고 있다. 거기서 나는 야채들이 좀 비싸지만, 그 야채들을 사용하고 있다. 베트남에서 생산되지 않는 식자재는 대부분 한국에서 수입해오는 것을 사다 쓴다. 김밥을 만

③ 베트남어로 느억맘(nuoc mam)이라는 젓갈은 베트남에서 보통 생선으로 만든다. 지방마다 좀 다르지만 중부 지방의 경우는 새우로 만든 젓갈이 유명하다. 베트남에서 젓갈은 보통 삶은 야채를 먹을 때 같이 먹는다. 베트남에서 끼니때마다 식탁 위에서 항상 볼 수 있는 음식 중의 하나가 삶은 야채이다. 삶은 야채를 보통 젓갈에다 찍어먹기 때문에, 삶은 야채는 한국 식탁에서 매일 볼 수 있는 김치의 위치와 같다고 볼 수 있다(히엔과의 개인적인 면접). 남부 지방에서는 생선이 많이 잡히면 젓갈을 만들어 저장했던 것이다(히에우와 개인적인 면접). 베트남 음식 중에서 야채를 발효시킨 김치와 유사한 음식은 즈어 무오이(dua muoi)나 까 무오이(ca muoi-열매김치)이다. 그러나 김치는 한국적인 음식이라고 베트남에서는 간주되는데, 그것은 한국의 김치는 소금과 고춧가루를 많이 넣어서 짜고 매운맛이므로 베트남에서는 볼 수 없는 음식이라고 이야기한다. 조리법인 발효보다는 맛이 그 음식을 특징짓는 방식이 되고 있다.

들때 단무지, 햄 등은 모두 한국산을 쓰고 시금치만 현지에서 조달한다. 현재는 한인이 운영하는 슈퍼마켓에서 한국산 식자재들을 다 팔고 있다."라고 말한다. 한강이나 아리랑을 비롯하여 대부분의 한식당 경영주들은 쓰고 있는 식자재가 한식의 맛을 내는 데 전혀 문제가 없음을 강조한다. 그러나 많은 경우 양념은 한국산을 사용한다. 한식의 맛을 내는데 가장 중요한 것은 양념이다. 한식이 맛이 없다면 그것은 양념을 충분히 사용하지 않기 때문이라고 아리랑 L사장은 말한다.

베트남인들 중에 한식당에서 일을 하다가 나중에 한식당을 개업하는 사람들이 있다. 베트남인들은 한식당이라고 말하지만, 한국인들은 그들이 만드는 음식이 한식인지 베트남 음식인지 구분을 할 수 없다고 말한다. 처음에는 겉으로나마 한식과 베트남식이 반반인데, 나중에 보면 베트남 음식으로 완전히 빠져버리는 것을 보게 된다고 말한다.

여기서 의미하는 한식인지 아닌지를 결정하는 가장 중요한 것은 어떤 맛의 경험을 갖고 있는 요리사가 요리를 하는지, 그리고 어떤 재료를 사용하는지에 달려있다는 점이다.

한식 중에서 가장 대표적이고, 유명한 음식은 김치이다. 베트남에서 사스(SARS : 중증 급성 호흡기 증후군)가 유행할 때 김치를 먹으면 사스에 대한 면역력이 생긴다고 이야기되면서 베트남인들에게 김치가 유명해지기 시작했다. 아리랑 식당에 베트남인들이 오기 시작한 것은 김치를 먹기 위해서였다. 식당에서 밥을 안 먹어도 김치를 따로 사러 오기 때문에 아리랑에서는 5가지- 갓, 배추, 무(총각), 물김치, 오이소박이- 김치를 만들어서 식당에서 제공하고, 또 따로 판매까지 하게 되었다.

그 다음으로 한식 중에서 베트남인들에게 가장 인기가 있는 것은 돼지고기이다. 돼지갈비, 삼겹살, 삼계탕이 대표적으로 인기가 있다. 돼지고기나 닭고기는 이미 베트남인들이 잘 먹는 음식이다. 그러나 아리랑에서 돼지 숯불갈비나 상추에 싸서 먹는 삼겹살, 베트남인들이 좋아하는 삼을 비롯하여 홍삼을 넣은 삼계탕은 한국적인 요리로 인기가 있다. 그러나 쇠고기는 베트남에서 별로 인기가 없다.

아리랑에서는 처음에 된장찌개, 김치찌개, 돼지갈비를 중점 메뉴로 했는데, 지금까지도 돼지갈비가 가장 인기 있는 메뉴라고 한다.

한국인들은 상대로 하는 한강에서 가장 많이 나가는 메뉴들은 감자탕, 순대국, 추어탕 등이다. 이러한 메뉴들은 사실 한강의 경영주가 개발한 것이 아니라, 손님들이 원하고 또 가르쳐 줘서 개발된 것이다. 순대는 베트남의 돼지고기로 하는데, 돼지고기 맛이 워낙 좋다.

한강에서 제일 잘하는 것은 된장찌개인데, 순창, 해찬들 등 한국에서 수입된 된장을 쓴다. 청국장도 유명한데, 현지인들은 전혀 안 먹고 한국인만 먹는다.

한강은 현재 한국자본으로 만든 4개의 백화점에 프랜차이즈로 나가 있다. 그곳에서는 김밥, 떡볶이, 불고기탕이 많이 인기있는 메뉴이다. 또 짜장면은 면 뽑기에는 시간이 너무 부족해서 짜파게티를 삶아 짜장 소스만 만들어 얹어주는데, 인기가 좋다고 한다. 많은 한식당이 짜파게티 혹은 짜장면을 파는데, 베트남인들이 짜장면을 찾아서 놀랐다. 김밥, 비빔밥은 이미 알려져 있어서 잘 팔리는 것인데, 짜파게티가 인기인 것은 한류 드라마가 만든 유행이다.

대부분의 한식당들은 거의 대부분 한식, 특히 밥상 중심의 음식을 제공한다. 베트남 현지의 영향을 받아 새로운 요리를 개발하는 사례는 드물다. 몇몇 한식당의 경영주들은 한식당은 현지화되지 않아야 된다고 주장한다. 아리랑의 L사장은 자신이 베트남 음식을 좋아하고, 베트남 요리에 관한 정보에도 관심이 있고, 가끔 나가서 베트남 음식을 먹기도 한다. 그래서 베트남 음식인 '껌승'(돼지고기를 숯불에서 구워서 계란과 야채를 얹어서 먹는 것)은 메뉴에 포함시켰고, 파파야 무침, 하노이[4] 등을 반찬에 포함시키고 있다.

반면에 한국인 고객 중심인 한강에는 베트남 현지음식의 영향을 받은 음식 메뉴는 거의 없다. 베트남보다 한국에서 어떤 반찬이 유행하는지에 대한 것이 한강의 경영주에게는 더 관심이다. 반찬을 매일 바꿔야 하니까 한국에 가거나 한국 요리책에 어떤 반찬이 소개되어 있는지를 보고 응용하려고 한다. 대신 손님들이 좋아하는 것이 어떤 것인지에 대해서는 신경을 쓴다. 짜파게티가 대표적인 예이다.

(4) 한류와 소비문화로서의 한식

지금 베트남의 많은 사람들은 전 지구적인 문화에 영향을 받고 있다. 특히 젊은이들은 월급이 150달러, 200달러, 300달러이어도 MP3를 다 가지고 있고, 인터넷을 통해 모든 정보에 노출되어 있으며, TV를 통해 한국 드라마가 보여주는 소비문화에 심취되어 있기도 하다. 따라서 소비욕망이 크고, 자신의 주체 위치가 가상적인 공간에 위치해 있기도 하다. 그것이 그들에게 혼란을 가져다주기도 한다.

---

[4] 한국의 고구마순 같은 베트남 채소인데 이름을 잘 몰라 하노이에서 온 종업원이 시장가서 그 재료를 사왔기 때문에 이름을 하노이라고 붙였다. 아리랑 L사장 인터뷰에서.

베트남 전체의 소비산업이 매우 발전하고 있기 때문에, 소비문화에 대한 안목이 매우 높아지고 있다. 음식문화에서 삼겹살을 구워서 먹는 식문화가 시작되고 있고, 상류층에서는 이제까지 별로 좋아하지 않았던 쇠고기와 생선회를 먹기 시작하고 있다.

베트남인들의 관심상품은 일본산 물건이라고 말한다. 그러나 일본산은 가격이 너무 비싸다. 그래서 중산층은 한국제품을 많이 산다. 한국제품은 품질도 좋고, 가격도 일본제품에 비해 저렴한 편이기 때문이다. 대학교수나 연구자들, 20~30대 여성들은 베트남에 한국의 영향이 많은 것을 드라마 때문이라고 말한다. 드라마를 통해 한국 상품에 대해 많이 알게 되고, 더 많이 소비하게 된다는 것이다. 한베문화교류센터 베트남측 대표인 응오 티 찐(Ngo thi Trinh)은 한국 드라마를 볼 때 자신은 내용보다는 한국산 상품을 본다고 했다. 패션 스타일, 화장품, 인테리어, 음식, 침실에 있는 이불, 베개를 보고 따라서 사게 된다는 것이다. 그녀는 일본은 베트남에 많이 투자하지만, 문화적인 차원에서 한국은 일본보다 더 베트남에 영향을 끼치고 있다고 말한다. 김치, 한국 드라마, 한국 화장품, 패션 스타일, 한식당, 그리고 한국동네인 코리아타운까지 생겼다는 것이다.

자신이 국제화되었다고 말하는 루 안 뚜엣(Luu Anh Tuyet) 박사는 한식당에 가서 삼계탕, 구이 음식, 생선회, 김밥 같은 것을 먹고, 일본 음식점에 가서 회를 먹는다. 그리고 프랑스 · 러시아 음식점에도 많이 간다. 그러나 자신의 딸은 한국의 패션 스타일과 화장품을 사용하고, 한국풍으로 산다고 말한다.

많은 사람들이 한식에 대해 관심이 있다고 말하지만, 대부분의 베트남인들이 가장 좋아하는 음식은 베트남 음식이다. 한식과 베트남 음식의 유사점은 밥을 먹고 밥과 함께 먹는 주 음식이 있다는 것이다. 그러나 조리법과 양념이 매우 달라서 낯설고, 또 한식이 맛있다고 느끼지 못하는 경우가 많다.

30대 여성이며 공무원인 히에우는 한식을 별로 좋아하지 않는다. 그리고 한식은 베트남 음식에 비해 마늘이나 양념 등이 약하다고 생각한다. 히에우는 친구들이 한두 달에 한번 정도 한식당에 간다. 더 자주 가게 되는 음식점은 중국 음식점인데, 대부분 베트남인들이 만드는 거니까 사실 베트남 음식이나 마찬가지라고 생각한다. 히에우가 가장 좋아하는 음식은 베트남 음식이다. 스프링롤, 신맛나는 국, 생선조림 등을 좋아한다. 아침에는 보통 쌀국수를 먹는다. 점심 때는 구내식당에서 먹고, 저녁에는 그냥 가볍게 먹는다. 주말에는 부모님 집에 가서 같이 식사한다. 아침에 먹는 쌀국수 가격은 식당에 따라서 다르지만, 25,000

동(1,500원)에서 30,000동 정도이다. 월급은 대기업에 다니는 친구들보다는 작은데 월 6,000,000동(300달러)이다. 친구 중에는 큰 기업에서 행정 관리 실장으로 일하는 친구가 있는데, 월급은 매월 1,000달러 정도 된다. 공무원의 월급은 적지만 사회보장제도가 잘 되어 있다. 히에우는 한식 중에서 삼계탕이 제일 인상적이었고, 가장 좋아하는 것은 김치이다. 그녀는 자신이 김치를 좋아하게 되는 이유가 베트남에서도 비슷한 발효식품이 있어서 좋아하게 된 것 같다고 말했다.

히에우는 저녁에 운동을 하는데, 달리기와 댄스 스포츠를 한다. 또 가끔은 실내에서 에어로빅을 한다. 또 환경이 많이 오염됐기 때문에 피부 관리를 한다. 피부 관리를 하는 곳에서 한국의 성형에 대해 많이 소개해준다. 한국에 가면 예뻐진다고 말하는 것이 일반적인 광고이다. 피부관리실에서도 진짜 한국에서 배웠는지는 모르겠지만 직원들이 한국에서 피부관리술을 배워왔다고 광고한다. 히에우씨는 한국산 화장품을 사용하는데, 팩, 비비크림, 메이크업베이스 등이다. 광고 때문만이 아니라 실제로 한국 화장품을 써보니 자신들에게 맞기 때문에 쓴다. 히에우의 친구들도 거의 모두 페이스샵이나 스킨푸드 등 한국 화장품을 쓴다. 30대는 주로 한국 화장품 등을 쓰지만, 10대나 20대 여성들은 모두 한국 연예인들처럼 옷을 입고 다닌다. 물론 직장인들도 한국풍을 따라가는데, 그것은 옷을 좀 더 우아하게 입을 줄 알게 되는 것을 의미한다.

히에우는 "패션이나 피부관리 등 한국을 따라하면서 음식 먹는 것도 따라하게 된다. 그런데 한국에 가봤더니 여기 음식은 한식과 좀 다른 것 같더라. 여기 한식은 너무 현지화되어 있는 것 같다."고 말한다. 여기에 대해 루 퀴 교수도 자신은 한국의 간장게장을 좋아하는데, 하노이에서는 간장게장을 잘 볼 수 없다고 했다. 소비의 욕망으로서 한국은 베트남의 한국이 아니라 진짜 한국에 있다는 느낌들을 갖고 있다. 한국 드라마의 한국인들은 정말 좋은 사람들인 것 같은데, 베트남에 와 있는 한국인은 한국인 같지 않다는 말을 하기도 한다.

마이는 현재 27세이고, 영국계 부동산회사에서 3개월째 일하고 있다. 마이는 한국 드라마를 매일 본다. 한국어는 3년 정도 배웠다. 한국어는 한국에서 일하고 돌아온 엄마가 고등학생 때 가르쳐주었다. 엄마는 1997년부터 4년 간 한국에서 일을 했는데, 당시 한국이 경제위기여서 엄마가 고생을 했으며 한국에 대해서는 엄마가 많이 알려주었다고 한다. 엄마가 한국을 다녀온 후에 집이 경제적으로 여유가 있게 되었고, 가족들의 생활이 좋아졌다. 한국을 다녀온 후 엄마가 한국식으로 일하고 생활하는 방식이 가족에게 영향을 많이 주었는데,

특히 시간을 잘 지키게 되고 패션 스타일의 변화가 생겼다고 한다. 또 엄마가 젊어 보이도록 옷을 입게 되었다고 말한다.

마이에 의하면, 젊은이들이 한식당에 많이 가게 된 것은 한국 드라마들을 많이 보게 되서 그렇다는 것이다. 젊은이들은 일본 음식점보다 한식당을 더 선호한다. 대부분 서울식당을 많이 가는데, 서울식당의 메뉴가 다양하기 때문이며, 한식 중에서 가장 맛있는 것은 김치이고, 삼겹살, 잡채도 선호한다고 말한다. 특히 삼겹살은 베트남 음식과 비슷하면서도 고기와 야채, 마늘을 같이 먹는 것은 특이하게 보인다고 한다.

마이는 자신에게 익숙한 베트남 음식을 좋아하는 편이며 한식이나 다른 외국 음식은 낯설고 새롭기 때문에 먹게 된다고 말한다. 또 친구들이 외국계 회사에서 일을 하기 때문에 그 친구들과 만나서 외국 음식점에 가서 그 식당에서 추천하는 음식을 먹는 것이 추세라고 한다. 마이가 외국 음식을 많이 먹어본 것은 회사에 들어오면서부터이며, 회사에 오기 전에는 엄마가 해주는 한식을 제외하고는 다른 나라 음식을 거의 먹어본 적이 없다고 한다. 가족이나 친구들과 외식하는 것과 달리 직장생활을 하면서부터는 파트너에 대해 좀 더 알고, 파트너와 관계를 맺기 위해서 식당에 가는 것이다. 먹기 위해서 가기 보다는 다른 비즈니스를 위해 가는 것이다. 따라서 어떤 식당을 갈 것인지를 결정하는 것은 파트너에 따라 달라진다.

한식에 가장 관심이 있는 베트남인들은 한국 드라마를 많이 보고, 또 한국 스타일의 유행을 따라가는 젊은이들, 특히 젊은 여성들이다. 그들이 가장 좋아하는 한식은 김밥, 잡채, 전이나 삼겹살 같은 것이다. 그들은 친구들과 함께 김밥이나 잡채, 전 등을 먹는데, 이들이 가장 많이 가본 식당은 – 대부분의 한식당 경영주가 자신들의 범주에 포함시키지 않고, 현지인 위주라고 범주화하는 – 서울식당이다.

사실 이들에게는 한식은 한국문화의 일부이고, 한식의 소비는 한국문화가 지시하는 새로움과 트랜드의 소비를 의미한다. 베트남인들에게 한식은 아직까지는 초청받아서 먹는 것이고, 또 과시하기 위해서 먹는 것이며, 직원들끼리 와서 한번 해보는 회식이다. 아직은 선물, 과시, 자존심의 메타포이다.

(5) '음식을 만드는' 식당과 외식업과의 차이 – 가정식 식당관리와 경영

베트남에서 외래음식으로서 한식은 한국문화의 근대성으로 접근되는 부분도 있다. 한식을 둘러싼 위생과 청결의 문제, 그리고 가격의 문제가 그렇다.

베트남에서 베트남 종업원들과 한국인 여자 경영주와의 가장 큰 갈등은 '청결'과 '위생'에 대한 관념이고, 실천이다. 대부분의 한국 경영주들은 "베트남 종업원들이 깨끗하지 않다. 이것을 변화시키기 위해 엄청난 노력을 한다. 땀이 많이 나는데, 목욕을 잘 안한다. 음식점인데 종업원들의 몸 냄새가 큰 문제이다."라고 말한다. 그리고 한 사장은 직원들한테 구충제를 먹인다고 했다. 균이 많은 야채를 생으로 많이 먹는데, 구충제를 먹을 생각을 하지 않아서 놀랐다고 했다.

응오 티 찐(Ngo Thi Trinh) 대표는 베트남인들이 한국 드라마를 보면서 생각하기에는 한국은 아시아에서 제일 위생적인 식생활을 한다고 했다. 그러면서 최근에 위생이 베트남에서 중요한 사회적인 관심이 되고 있다고 말했다. 예전에는 어떤 식당에 가서도 쌀국수를 먹을 수 있었지만, 이제는 깨끗하고 위생적인 식당을 선택하는 것이 이슈가 되고 있다. 많은 공무원들이 도시락을 싸서 먹는데, 경제적으로 어려워서가 아니라 위생문제 때문에 그렇다는 것이다.

한식이 현지인들과의 접촉이 많아지기 시작하면서, 또 현지에 살고 있는 한국인들의 수가 많아지기 시작하면서 한식의 가격 문제가 중요한 이슈가 되기 시작한다. 가장 중요한 문제는 한식이 너무 비싸다는 것이다. 이것은 현지인들뿐만이 아니라 베트남에 있는 한국인들로부터도 나오는 비판이다. 그러나 한식당 경영주들은 식자재를 비롯하여 자신들의 여기에 와서 노동하고 있는 것들을 계산할 때 가격을 내릴 수 없다고 말한다. 간혹은 반찬의 문제를 생각하면 비싼 것도 아니라는 말을 하기도 한다.

베트남에 있는 한식당 경영주들은 베트남에서 한국인의 지위는 사실 국제사회에서의 한국의 위상과 관련되어 있다고 본다. 베트남인들이 일본 · 한국 · 중국인들을 대우하는 방식은 그 국가의 경제발전의 수준과 관련되어 있다고 보는 것이다. 한국인들은 베트남에서 문제가 생기면 무조건 돈으로 해결한다. 한인회나 영사관이 해결해주지 않는다는 것을 경험으로 알고 있다.

바로 이런 이유로 아리랑 L사장은 가게를 크게 키울 수 없다고 한다. 개인이 감당할 수 있는 규모만큼만 키워야 한다는 것이다. 고급 식당을 만들고자 하면 베트남에서는 프랑스풍이 많아서 그릇이나 시설 등 비용이 너무 많이 들고 아리랑 스타일의 음식은 이 규모의 가게에 맞다고 아리랑 L사장은 생각한다. 시내에 큰 규모의 식당을 내는 것이 꿈이지만, 이제 나이가 66세여서 새롭게 시작할 수는 없으며 시골태생인 자신이 나이 50이 넘어서 베트남에서 식당을 할 수 있었던 이유는 바로 아리랑식당을 이용하는 사람들이 자신과 비슷한 또래의 사람들이었기 때문에 가능했다고 본다. 바로 시골의 음식이 먹혀 들어갈 수 있었던 역사적, 사회적 상황이 만들어졌기 때문이라는 것이다. 그녀는 젊은이들은 아리랑 음식을 안 좋아한다고 말한다.

아리랑 L사장은 자신이 여성이고, 또 나이든 여성이었기 때문에 성공했다고 평가한다. 젊은 여성이 왔으면 성공하지 못했을 것이고, 한식을 아는 나이에 왔기 때문에 가능했다는 것이다. 그녀는 "내가 한국에서 태어나고, 한식을 먹고 살아 왔다는 것이 나에게 돈이 되는 것이 좋고 놀랍다."라고 말한다.

한강의 L사장은 "여자는 음식하는 사람이니까, 여자가 식당을 하면 좀 봐주는데, 남자가 식당한다고 그러면 그 남자를 한 단계 낮게 본다."라고 말한다. 그래서 아들이 식당을 하겠다고했을 때 반대했다. 그러나 아들이 하겠다는 것이 식당이 아니라, 프랜차이즈사업을 하겠다고 하니까 괜찮다는 생각이 들었다고 했다. 프랜차이즈사업은 음식을 만드는 것이 아니라 일종의 '경영'이기 때문이다. 음식을 만들고, 홀에서 손님들과 부딪치는 것은 스트레스이고 또 남자로서 격이 낮은 일이라고 느꼈기 때문에, 가족들에게는 직접 식당을 하는 것을 권하고 싶진 않았다는 것이다. 한강의 L사장은 이제 한강이나 아리랑 방식으로 식당을 하는 것은 성공할 수 없다고 본다. 이제 베트남에서도 한식당은 대형화, 그리고 고급화 추세이고, 개인보다는 회사가 주관하여 프랜차이즈 방식으로 경영하는 것이 추세가 되고 있다. 그래서 여성이 사람들을 고용해서 한식을 만드는 식당 방식은 경쟁력이 없어질 것이라고 봤다. 한국에서 뚜레쥬르나 본죽 혹은 큰 규모의 고기 식당들이 들어오고 있는데, 옛날이니까 여성들이 하는 식당이 그나마 경쟁력이 있었다는 것이다. 이제 베트남어도 모르고, 자신이 직접 음식을 하면서 식당을 하는 그런 사업은 사양 추세이다. 그녀는 신세계나 이마트에서도 베트남 진출을 위한 시장조사가 끝났지만 오픈을 못하고 있는데, 그 이유가 베트남의 한식 시장이 너무 좁기 때문이라고 말했다. 한식을 사먹을 수 있는 계층이 아직 베트남에는 형성되지 않았다고 보는 것이다. 보통의 베트남인들은 한국 돈 10만원을 가지고 한달 생활을 하는데, 어떻게 메뉴 하나가 만원씩 하는 음식업을 베트남인 위주로 할 수 있겠냐고 말했다.

2) 미얀마에서의 현지 조사

(1) 교민의 눈으로 보는 미얀마

2007년 이후에 미얀마와 한국은 공식 외교관계를 재수립하였다. 1991년 부시 미국 행정부의 경제제재 조치 이후에 한국인들이 미얀마에서 사업하기는 어려웠다. 봉제 공장들이 많았는데 모두 철수했고, 소기업이나 개인사업자들이 많은 손해를 입었다. 여전히 북한과의 군사협조문제로 미얀마는 미국의 견제를 받고 있다. 현재 한국 교민은 1,000명 정도이고, 교민 수는 10년 간 동일하다.

미얀마에 있는 한국인들은 '막장인생'이라고 말한다. 한국인은 '한국말을 잘 하는 미얀마 사람'과 미얀마에 있는 '한국인들'을 조심해야 한다고 말한다. 한국인 이름으로 사업자 등록이 어려워 명의를 빌리는데, 그것 때문에 한 두번 망하지 않은 사람이 없다고 할 정도이며 이 때 한국인과 한국어를 잘 아는 미얀마인들이 개입한다. 미얀마에서 사업하기가 어렵기 때문에 교민들은 한국에서 온 사람들을 이용하는 경향이 있다는 것이다. 식당들 역시 미얀마인들로부터 돈을 벌지 못하고, 모두 한국인들을 대상으로 하여 돈을 벌 수밖에 없는 척박한 상황이라고 이야기한다.

(2) 미얀마의 외국 음식

미얀마는 중국, 태국과 경제적으로 사회적으로 깊은 관계를 맺고 있다. 음식 역시 중국 음식점, 태국 음식점이 많다. 고위직이나 돈 많은 사람들은 고급 중국 음식점을 많이 이용한다. 고위직 군인들은 일본 음식을 좋아하지 않는다. 주요 일본 음식인 날생선은 미얀마에서 10명 중 1명 정도가 선호하는 편이다.

한식당은 한국인들과 한국인들이 데리고 오는 현지인들이 많이 간다. 현지에 산지 오래되었고, 골프를 자주 치는 미얀마인들이 많이 가는 '한일관' 정도의 한식당 고객층 비율이 미얀마인과 한국인이 60:40 정도이다. 다른 한식당은 미얀마인들이 거의 없다.

(3) 누가 양곤에서 한식을 먹는가

비즈니스를 하는 한국인이 한식당을 이용한다. 한국 교민들이 얼마나 있는지, 비즈니스를 하는 한국인이 얼마나 되는지와 한식당의 존재는 밀접한 관련이 있다. 한국인들은 특히 현지 언어가 통하지 않아 사교나 음식접대를 위해 한식당에 가는 경우가 많다. 가족이 함께 있는 주재원이나, 돈이 좀 있는 한국인은 모두 집에 가정부가 있다. 그래서 가정부가 한식을 하기 때문에 식당에 갈 필요가 없어서 가족이 있는 한국인들은 가족을 모두 데리고 한식당을 찾는 일이 거의 없다. 그리고 이 가정부들이 나중에 한식당에서 한식을 만드는 주방장이 된다. 말레이시아 같은 나라에 이주하여 한식당에서 일하기도 한다.

미얀마에서 젊은 층에 속하는 사람들은 비빔밥과 김밥을 먹으러 '문 베이커리'나 '한강' 등에 간다. 동진해운 대표 T는 한국인하고 전혀 접한 적이 없는 사람은 한식을 먹지 않는다고 말한다.

(4) 한식에 대한 관심

미얀마인들의 한식에 대한 관심은 절대적으로 한국 드라마를 통해서이다. 한식당에 한 번도 가본 적이 없는 사람들조차 이미 한식에 대한 호기심과 지식, 욕망이 있으며, 한식을 먹고 싶어 한다. 그러나 가족 전체가 한식당에 가서 한식을 먹어볼 수 있는 소비수준은 아니다.

한 예로, 양곤에 사는 일반가족의 생활비가 한국 돈으로 30~35만원인데, 이것을 벌려면 두 딸이 5만원씩 벌어오고, 아버지가 15~20만원, 어머니가 7만 5천원 정도를 벌어야 하는 돈이다. 이 상황에서 한식당에 가서 1만원 x 4 = 40,000원 정도 되는 음식을 먹을 수 있는가?

(5) 드라마 – 한식에 대한 정보, 이미지, 발전에 대한 욕망의 기원

최초의 한국 드라마는 2002년 9월에 방영된 '맛있는 청혼'이다. 그 다음 방영된 '가을동화'가 대단한 히트를 기록했다. '가을동화' 3~4회부터 시청률 85%를 기록했는데, 드라마 방영 시간에는 양곤이 죽은 도시가 될 정도였다고 한다.

현재 2개의 미얀마 국영 TV에서 매일 저녁 7~8시, 9시 30분~10시 30분까지 두 시간씩 한국 드라마를 방영한다. 그 외 민간인 방송과 케이블에서도 계속 한국 드라마를 방송한다. 한국 드라마는 한국어로 방영되고 미얀마어가 자막(subtitle)으로 나온다[5]. 거의 모든 미얀마인들이 한국 드라마를 보며 좋아한다. 한국 드라마의 인기배경에 대해서는 연구대상자들은 다음과 같은 이유를 제시한다. 첫째, 이야기가 훌륭하다는 평가인데, 특이 미얀마 드라

[5] 반면에 베트남의 모든 외국 드라마는 일인성우가 거의 모든 배역을 소화하면서 해설한다.

마나 태국, 인도네시아 등의 드라마에 비해 내용이 좋다고 평가한다. 둘째, 부모님을 모시고 존경하는 문화가 미얀마와 비슷하다고 평가한다. 셋째는, 한국 드라마 특유의 메시지가 있다는 것이고, 넷째, 한국의 옷차림, 패션 스타일을 볼 수 있다는 것이다.

(6) 드라마 인기의 효과

드라마와 함께 K-pop, 영화에 이르기까지 광범위하게 한국 스타일에 대한 문화현상이 일어나면서 한국 상품 전체에 대한 관심으로 이어지고 있다. 드라마를 통해 소개된 한국풍 상품이 인기를 끌고, 그것이 곧 소비문화로 연결된다. 문제는 대부분의 여성들이 한국 상품을 소비하기에는 한국산 상품들이 너무 비싸다는 것이다. 화장품은 고급제품인 '코리아나'가 들어왔는데, 너무 비싸서 일반여성들은 쓰기 어렵다. 한 상류층 여성은 일본의 '시세이도'와 한국의 '코리아나'를 두고 고민하다가 '시세이도'를 구입했다.

(7) 한식에 대한 선호와 맛의 유사성

많은 사람들이 타자를 좋아하는 중요한 이유들 중의 하나는 '비슷하기' 때문이다. 많은 미얀마인은 한식과 미얀마 음식이 비슷하다고 말한다. 비빔밥, 김치찌개의 신맛, 김치 등에서 비슷한 맛을 느낀다는 것이다. 그냥 라면을 먹는 것보다 라면에 김치를 넣어서 먹는 것이 미얀마인들의 입맛에 더 맞다. 미얀마 김치인 '친팟' 때문에 미얀마인들은 거의 모두 한국의 김치를 좋아한다. 김치에 들어가는 고추의 맛에 차이가 있더라도 말이다.

(8) 한식당의 메뉴 구성은 어떻게 조정되나

미얀마인들이 식당에 가서 가장 많이 찾는 음식은 드라마에 나온 음식이다. 식당은 고객의 욕구를 피해갈 수 없다. 드라마에서 무엇을 먹는지에 따라 식당 메뉴가 달라진다. 드라마에서 짜장면을 먹으면 그 프로가 끝난 후 곧 짜장면을 찾게 되며, 식당들이 손님을 잃지 않기 위해서는 짜장면을 메뉴에 넣어야 한다. 드라마 '환상의 커플'에서 배우 한예슬이 짜장면을 먹는 장면이 방영된 후 거의 모든 미얀마 식당에 짜장면이 등장했다[6].

---

[6] 한식당 경영주들은 드라마 '커피 프린스', '대장금' 이후에 짜장면을 찾게 되었다고 말했지만, 미얀마 면접참여자들이 '환상의 커플'의 배우 한예슬과 짜장면을 함께 언급한다.

짜장면, 김치찌개, 미역국, 김밥 모두 처음에 드라마를 통해 미얀마에 한식으로 알려지게 되었다.

(9) 미얀마의 소비수준과 한식당의 한식

일반적으로 가족 전체가 한식당에 가는 경우는 그리 흔하지 않다. 동진해운 T대표 경우에도 가족회식은 중국 음식점에서 한다. 대부분 미얀마인들이 한식당에 가는 경우는 한국인 파트너들과 간다. 그럴 경우 삼겹살, 갈비 등을 제일 좋아한다. T대표가 부인과 한식당에 갔을 때는 비빔밥과 짜장면을 먹는다고 한다. T대표도 한식이 너무 비싸다고 했다.

한식당을 가장 많이 가는 사람들은 양곤 외국어대학 한국어과 졸업생들이다. 그들은 한식당에 자주 가지만 그것은 한국인들과 동행할 경우이며, 거의 대부분 비용을 한국인이 낸다. 한국인과 동행시에는 아리랑, 하나로, 한일관 등 비싼 한식당에 간다.

한국어-미얀마 통역자들의 월급은 동진해운의 경우 130~200달러이고, 대사관의 경우 300~400달러이다. 영어과를 나와 유럽이나 미국회사에 취직할 경우에는 800달러 정도를 받는다.

한국어과를 졸업한 이들끼리 한식당에 갈 때는 문 베이커리, 한강 등 현지화된 한식당을 찾는다. 이 식당의 가격은 현지 식당의 가격과 비슷하다. 그러나 빈부의 격차가 크고, 외국돈과 현지 화폐 간의 격차가 클 경우 소비는 꼭 자신들의 소득수준과 일치하지 않는다.

(10) 한식의 특징과 문제점

한식의 특징은 미얀마와 같이 밥과 반찬을 같이 먹는다는 것이다. 그러나 한식은 고추를 많이 써서 맵고, 가격이 너무 비싸다는 평가를 받는다.

양곤에 10개 정도의 한식당이 있는데, 교민 수에 비해 식당이 너무 많다고 이야기된다. 식당이 많은 이유 중 하나는 자신들이 알고 있는 지식으로 충분히 시도할 수 있은 사업이라고 간주하기 때문이다. 한식이 비싸다는 비판에 대해 한국인 경영주들은 비싸지 않다고 이야기하거나, 비싼 것에는 이유가 있다고 말한다. 이유는 다음과 같다.

1 한식이 비싸지만 나오는 반찬들을 다 계산하면 비싸지 않다.
2 야채들만 현지에서 조달하며 많은 식자재가 수입된다.

3 한국 쌀을 포함하여 야채까지 수입하는 식당도 있다.

4 양념을 중국산으로 하는 식당도 있지만 양념, 특히 된장을 한국에서 수입한다고 강조한다.

5 현지에서 구할 수도 있는 것이지만 국수나 된장은 한국산이다.

6 야채나 양념은 비자문제로 3개월에 한 번씩 방콕이나 서울을 갔다 와야 하는 조건과 맞물려서 직접 현지 조달을 한다.

7 보통 미얀마의 음식은 2,000~3,000차트인데 한가지 메뉴로만 밥을 먹을 수 없어서 다른 여러 가지 메뉴를 주문해야 한다. 반면에 한식은 7,000차트(약 8달러)로 비교적 비싸지만, 다양한 반찬이 나오고, 또 부족하면 더 준다. 태국 · 중국 음식은 5달러 정도이다.

(11) 한식은 어떻게 정의되는가

하나로, 한일관, 쿠스의 경영주는 한식은 한식 맛이 나야 한다고 주장한다. 맛이 현지화되는 것은 문제라고 본다. 그러면 더 이상 '한식당'이 아니라고 본다. 한식당에 오는 사람은 바로 '한국맛' 때문에 오는 것이다. 문 베이커리, 한강 경영주는 한식이 미얀마인들에게 수용되려면 현지화되어야 한다고 말한다. 가격도 현지에 맞춰야 한다. 다른 음식들과도 좀 같이 어울리는 것도 필요하다. 한강식당은 여러 음식을 동시에 파는데, 미얀마 음식이나 중국 음식을 먹던 고객들이 이들 음식을 함께 먹으면서 선호도가 점점 한식으로 이동하고 있는 것을 볼 수 있다고 한다.

H식당의 경우 비공식적인 숨어있는 중요한 메뉴로 보신탕을 들었다. 이는 한국인을 위한 메뉴인데, 개를 먹는 카렌족을 통해서 얻는다. 양곤에서 카렌족이 거주하는 곳이 있는데, 카렌족들은 몸이 아플 때 그곳에 가서 개고기를 먹는다. 한국인들 때문에 카렌족에게 새로운 직업이 생긴 것이다. 그들이 시골에서 키우는 개를 잡아서 조리할 수 있는 상태로 가져와 싸게 판매한다. 미얀마에서 돌아다니는 개를 먹으면 감옥에 가기 때문이다.

미얀마인들은 한식당에서 정의하는 것과 달리 한식은 한국을 연상시키거나, 한식 중 하나의 요소와 연관되면 한식이라고 간주한다.

(12) 한식당을 통해 볼 수 있는 사회변화

한식을 먹는 집단이 많아져야 한식이 소비문화의 한 항목이 될 수 있다. 한식당에서 가족끼리 식사하는 장면은 대부분 한국에서 돈을 벌어와 식구들을 데리고 와서 한식을 시식시키는 것이다.

미얀마 사회가 변화하고 있다. 여성들끼리 술집에 와서 소주를 먹는다. 새로운 것을 소비하고 경험해보는 것이 젊은이들에 소비문화의 한 부분이 되고 있다. 젊은이들이 소비하는 음식은 떡볶이, 김밥, 파전, 짜장면 등이다. 그러나 한식당의 한식을 일상적으로 소비할 수 있는 소득집단이 미얀마에 아직 형성되어 있지 않다. 미얀마의 대부분 한식당은 생계형 직업이다. 한식이 소비되기 위해서는 일정한 소득이 있어야 할 뿐만 아니라 한식에 대한 맛을 아는 사람들, 한식을 먹어본 사람들이 많아져야 한다. 음식이 싸다고 소비되는 것은 아니다.

그런 면에서 한식에 대한 한국인들의 민족중심적인 사고가 문제이다. 그 한 예로서 다음과 같은 사례가 있었다. 한식당을 하는 한 나이가 많은 경영주가 식당을 그만두는 여자 종업원에게 고추장, 멸치 등을 모두 줬다. 그 할머니는 귀한 것이기 때문에 보통 일을 할 때 못 먹게 했으니 얼마나 고추장이 먹고 싶었겠냐는 생각에서 준 것이다. 그런데 한식당에서 일을 한다고 다 한식을 좋아하거나 잘 아는 것이 아니다. 그 여성은 고추장이나 멸치를 좋아하지 않았으며 오히려 그 종업원에게는 고추장보다 단돈 3,000차트가 더 중요했다.

(13) 다양성의 부족

거의 모든 한식당이 음식의 종류나 맛이 비슷하다. 맛이나 종류가 한계가 있다. 사업을 하는 한 한인남성은 "여기 식당이 남편 밥 차려주다가 식당하는 거니까 다 그게 그거죠."라고 말한다. 집에서 먹을 수 있는 음식 이상을 할 수 있는 식당이 없다. 집에서 식탁에서 먹는 것이 전부인 한식을 다른 음식들과 경합할 수 있는 '세계음식'이라고 하기는 어렵다고 언급하는 한식당 고객도 있다. 양곤에서 최상층 한식당은 없다. 최상층과 최하층은 모두 중국음식을 하는 식당들이다.

3) 맺는말

〈한식 세계화를 위한 마케팅 전략(베트남)〉에서는 한식당의 수, 그리고 한식을 먹어본 사람들이 선호하는 것을 중심으로 마케팅전략을 제시했는데, 이 마케팅전략에서 보여주는 결과는 이 연구에서 한식당 경영주와 일반 여성들을 인터뷰한 내용과는 많은 차이를 보였다. 또한 자료 해석에 대해서도 많은 차이를 보였다. 가장 선호하는 음식이 김밥이고, 그 다음 비빔밥이다. 그러나 한식을 가장 많이 이용하는 사람들은 30~50대라고 나왔는데 이러한 자료들의 관계성이 전혀 설명되고 있지 않다. 40~50대가 비즈니스 관계에서 선물로 한식을 먹는 것과 젊은 층 혹은 나이든 세대가 간단한 방식이나 현지화된 한식당에서 김밥이나 비빔밥을 사서 먹는 경험의 차이들이 전혀 설명되고 있지 못하다. 한류의 영향으로 새로운 트렌드로 한식을 먹는 젊은이들은 김밥이나 비빔밥 혹은 잡채나 파전을 먹는다. 그리고 베트남인들은 돼지고기를 선호하고 삼겹살은 좋아한다. 이런 맥락에서 베트남인들이 쇠고기를 가장 선호하는 육류로 나왔다고 지적하는 것도 다른 자료들과 전혀 맞지 않는다. 불고기를 설명하기 위한 것이라고 하더라도 베트남에서 삼겹살과 돼지고기, 그리고 전통적인 돼지고기음식에 대한 선호 등을 이해하는 것이 필요할 것이다.

또 이 책은 무엇을 한식으로 정의할 것인지에 대해서도 7~9쪽에 걸쳐 설명하고 있다. 그러나 질적 조사를 통해 한식을 만드는 사람들을 만났을 때 그들에게 한식은 식자재만이 아니라 맛을 중요하게 여기고 있는 것이 드러났는데, 이 마케팅 조사에서는 이런 맥락들은 완전히 누락되었다. 음식을 만드는 여성들은 음식을 먹어본, 맛에 대한 누적된 경험이 한식의 맛을 재생산해내는 원천이라고 생각하고 있었다.

베트남이나 미얀마에서 한식의 소비에 대한 현지인들의 반응은 흔히 '첫째, 현지 음식과 비슷해서, 둘째, 현지 음식과 달라서, 셋째, 새로운 음식이기 때문에'라고 설명된다. 이 보고서에서는 한류의 영향으로 한식이 새로운 음식으로 소비되고 있다는 지적은 충분히 했다. 하지만 현지 음식과 비슷하다고 했을 경우 무엇이 비슷한 음식인지, 다르다고 할 때 무엇을 다른 것으로 지적하고 있는지 등에 대한 것은 담지 못했다.

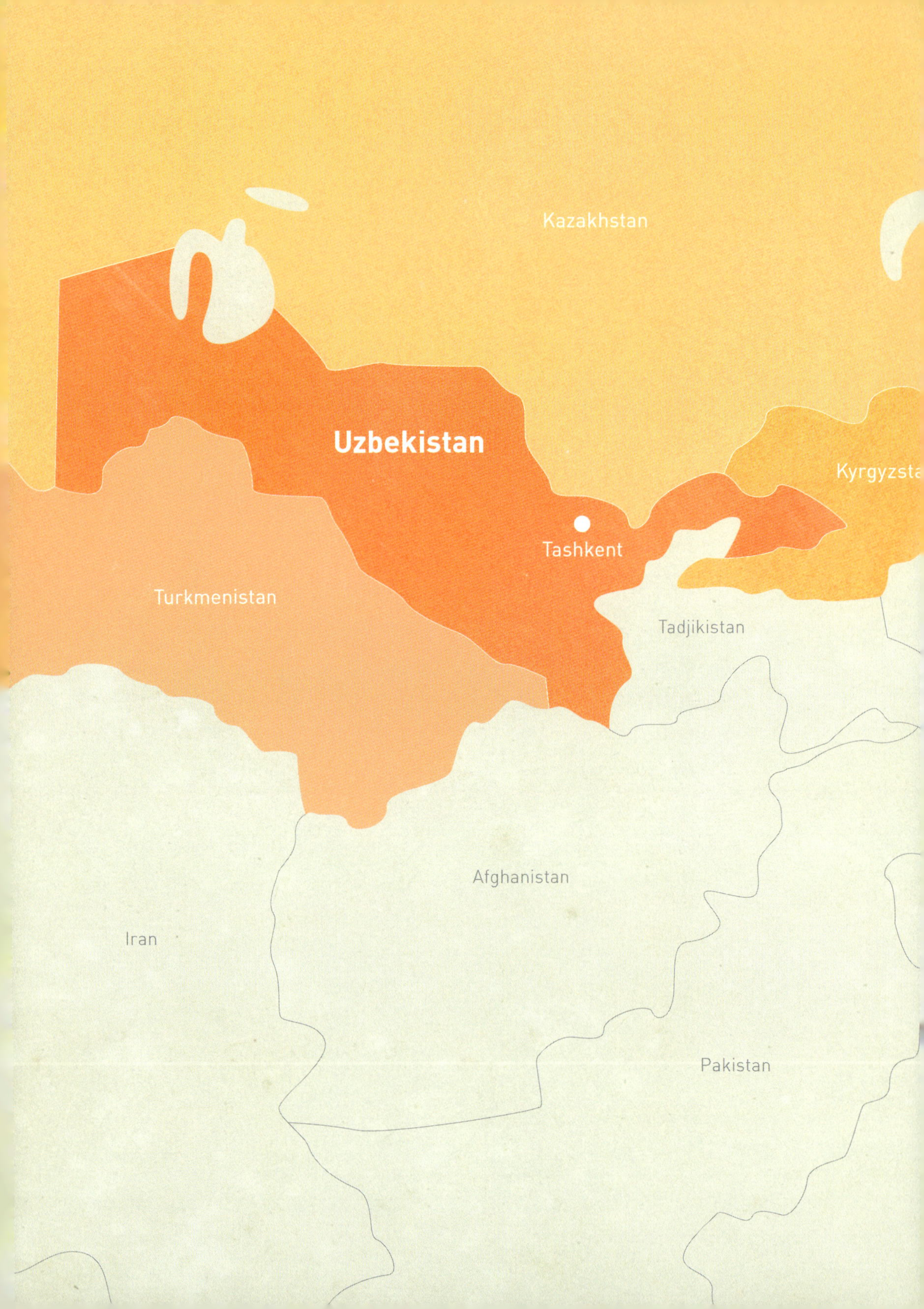
Kazakhstan
Uzbekistan
Kyrgyzsta
Tashkent
Turkmenistan
Tadjikistan
Afghanistan
Iran
Pakistan

CHAPTER

3

우즈베키스탄의 한식과 한식당

우리 문화가 상대적으로 덜 알려져 한류의 영향은 크지 않고 한국에서 일한 후 자국으로 돌아온 우즈베키스탄인들의 한식당 방문 횟수가 잦은 편이다.

우즈베키스탄 문화와 음식 이야기

Have a taste Korean Food in the World

경제와 소비로 알아보는 외식환경

최근 경제의 흐름과 전망

우즈베키스탄은 2004년 이후 높은 경제성장을 시현하였다. 2004년 이후 7% 이상, 2007년 9.5%, 2008년 9.0%의 높은 성장률을 보이면서, 경상수지 등에서도 상당한 성과를 보여 왔다. 2008년 산업생산은 약 179억 달러에 달해 2007년 대비 약 12.7% 증가하였으며 특히 석유·가스 등 에너지산업, 기계산업의 성장이 두드러졌다.

그러나 글로벌 금융위기에 따라 원자재 등 주요 수출품의 수요 감소, 해외근로자 송금 감소로 2009년에는 경제성장이 둔화되었다.

/ GDP 대비 경상수지 흑자폭의 축소 / 주요 수출제품 가격상승세 둔화·하락에 따라 주요 국제기구들의 2012년 우즈베키스탄 GDP 대비 경상수지 흑자 비율에 대한 합의는 11%로, 2011년 전망치 12.5%

에 비해 1.5% 정도 축소될 것으로 예상하고 있다.

아시아개발은행Asian Development Bank, ADB은 우즈베키스탄 정부의 각종 산업 현대화 계획과 인프라 확충 계획에 따라 주요 설비·자재·부품 등의 수입이 증가하여, 수입 증가세가 수출 증가세를 압도할 것으로 예상한다.

/ 고인플레이션의 지속 / 이코노미스트 인텔리전스유닛은 주재국 정부의 수출 촉진정책에 따라, 현재 1달러당 1,785숨에 달하는 공식 환율이 2013년 말에는 약 2,012숨에 달할 것으로 전망하면서, 이러한 평가절하는 수입물품 가격 상승을 유발하여 고인플레이션 압력으로 작용할 것으로 분석하였다.

1 | 주요 경제 지표

자료_ EIU(2010년 6월)

구분		2006년	2007년	2008년	2009년	2010년
GDP	전체(100만 달러)	17,022	22,298	28,586	32,792	38,956
	성장률(%)	7.3	9.5	9.0	8.1	8.5
	1인당GDP(달러)	642	823	1,011	1,171	1,367
인구(백만명)		26.5	27.1	27.6	28.0	28.5
소비자물가상승률(%)		11.4	11.9	13.7	10.6	16.0
연말기준 환율(1달러)		1,238	1,288	1,383	1,510	1,638
교역	전체(100만 달러)	9,456	14,367	19,575	19,758	20,040
	수출(100만 달러)	5,615	8,029	10,298	10,735	12,010
	수입(100만 달러)	3,841	6,338	9,277	9,023	8,030
	수지(100만 달러)	1,774	1,692	1,021	1,712	3,980
경상수지(100만 달러)		2,927	4,326	4,050	3,545	5,843
외환보유고(100만 달러)		4,459	7,413	10,150	9,000	9,800
국가외채(100만 달러)		4,032	3,931	3,995	3,843	3,884

우즈베키스탄 정부의 임금과 연금의 인상조치 및 전기·가스 등 낮은 공공요금의 급격한 현실화 정책이 2012년에도 지속될 것으로 예상된다.

/ 민간소비의 활성화 / 우즈베키스탄 정부는 외국인직접투자FDI, 우즈베키스탄재건개발펀드FRDU를 통한 재원 조달, 정부 예산 증대 등을 통해, 내년 중 고정 자본capital investment에 대한 투자를 2011년 대비 약 9.3% 제고할 계획이다.

러시아 중앙은행에 따르면, 2011년 2/4분기에 러시아에서 우즈베키스탄으로 송금액이 전년 동기대비 약 65.6% 증대한 11.41억 달러에 달하며, 주요 전문가들은 이러한 추세가 2012년에도 지속될 것으로 예상하고 있다. 우즈베키스탄의 최대 교역국인 러시아 경제의 호전에 따라 해외 근로자의 송금액 증대뿐만 아니라, 원면, 자동차 등 주요 수출품이 안정적으로 증가되어 우즈베키스탄 경제 성장에 플러스 요인으로 작용할 것이다.

특히, 우즈베키스탄 정부는 2011년을 '중소기업 육성'의 해로 지정하고, 각종 규제 완화 및 법인 설립기간 단축 등을 추진하였으며, 향후 이러한 시책들이 기업환경 개선이라는 소기의 성과를 달성하는 경우에는 경제성장의 주요 동력으로 작용할 것으로 전망된다.

또 2012년 예산안 논의기간 동안 우즈베키스탄 정부는 국민의 생활수준 향상을 위해 인플레이션율을 상회하는 정도로 임금과 사회 복지 혜택을 증대할 계획이라고 밝혔다.

이러한 해외 근로자의 송금 증대, 정부 주도의 임금 및 사회복지 향상 등은 민간소비의 증가를 이끌 것으로 전망되는데, 2011년 11월 우즈베키스탄을 방문한 IMF 대표단도 이러한 조치들이 향후 우즈베키스탄의 민간소비 활성화로 이어질 수 있다고 강조하였다.

최근 소비의 흐름

/ 전체 소비자의 특징과 성향 파악 / 우즈베키스탄 소비자들은 유행에 민감하며 유행을 좇으려는 성향이 강하고, 특히 젊은 이들의 경우에는 더 두드러진다. 이는 자기 만족보다는 남에게 보여주려는 과시성 소비를 하며 신제품을 선호하는 경향이 커진 것으로 보인다.

우즈베키스탄은 인구 약 3,000만 명의 중앙아시아 최대 시장이며, 잠재력이 무궁하고 전략적으로 중요한 국가이다. 2000년 글로벌 금융위기에도 8% 이상의 성장률을 기록한 안정적인 경제성장 기반 하에 국민의 소득이 꾸준히 증가하고 이에 따른 소비자들의 소비패턴이 점차 빠르게 선진국 소비를 모방하는 경향이 일부 젊은 층을 중심으로 생겨났다. 이에 따라 최근 우즈베키스탄의 소비시장 성장을 주도하는 젊은 층들의 소비패턴을 파악하고, 관련 제품뿐만 아니라 전반적인 소비재에 대한 진출 가능성을 모색하는 전략을 수립해야 한다.

/ 20~30대 소비자가 찾는 주요 히트상품과 유망상품 / 젊은 소비자들을 중심으로 피자, 햄버거, 샌드위치 등과 같은 패스트푸드의 소비가 늘어났다. 햄버거, 핫도그 등 패스트푸드가 우즈베키스탄에 소개된 것은 90년대 초이며, 당시에는 매장을 갖춘 식당이 아닌 간이식당에서 판매했고, 처음 패스트푸드가 선보일 당시, '케밥Kebab'과 같은 터키식 레시피를 변형하여 조리했으므로 현재에도 터키식 패스트푸드가 많다. 16~25세의 학생과 젊은 직장인들이 또래 친구들을 만나거나 간단하게 점심을 해결할 목적으로 방문한다. 한 끼 식사비용은 약 8000~10,000숨5.5달러이다.

젊은 소비자들이 패스트푸드를 즐겨 찾는 이유에는 기존 식당들과 비교하여 깨끗하고 편리한 매장, 학생들의 수준에 맞는 합리적인 가격, 다양한 메뉴와 빠른 서비스, 다른 길거리 음식과 비교해서 양질 음식 등이 있기 때문이다. 현재 사람들이 많이 찾는 패스트푸드 전문점으로는 'MirBurger', 'Golden Wing',

'Pizza New World', 'Dolce Vita', 'BigWay', 'Drujiba Burger', 'Angel's food' 등이 있다. 이러한 패스트푸드 전문점은 점차 시장점유율을 높여 'Samsa' 및 'Chebureki' 등 우즈베키스탄 현지음식점을 대신하고 있다.

이러한 패스트푸드 전문점은 큰 도로 주변에 위치하고 있으며 접근성이 용이하고 매장마다 주차장이 있으므로 차량이용 소비자들도 시간을 많이 들이지 않고 이용이 가능하다.

'Big way'와 같은 패스트푸드 전문점은 프랜차이즈 형태로 본사에서 재료를 공급하고 가맹점을 관리하는데, 표준화된 메뉴와 맛을 유지할 수 있는 프랜차이즈 형태도 점점 늘어나고 있다.

/ 소비자 구매방법의 변화 / 직접 상점에 가서 구매하는 방법이 아직까지 일반적이기는 하나 인터넷, 피라미드식 판매, 방문판매 등 새로운 유통채널도 꾸준히 늘어나고 있다. 가전제품, 꽃배달서비스, 식품·생활용품 등의 시장에서 인터넷 쇼핑몰들이 생겨났다. 시내 대형슈퍼마켓인 'Korzinka', 'Mir store', 'Turkuaz'의 경우, 온라인 쇼핑몰도 운영하므로 각 가정으로 배달해 주는 서비스를 제공하고 있다.

몇몇 외국기업이 피라미드식 판매 방법을 선보인다. 초기 스위스 회사, 말레이시아 기업인 'Quest.net'에서 이러한 유통방법을 이용했으나 현재 높은 관세로 어려움을 겪고 있으며, 현재 중국 기업인 'Tyansi'에서 피라미드식 판매를 하고 있다.

/ 소비 트렌드 /

트렌드팔로어 : 제품의 명성과 품질, 자신의 스타일을 추구하기보다는 현재 유행하는 제품과 광고하는 제품 구매를 더 선호하는 것을 트렌드팔로어 trend follower 라고 하며, 의류와 소가전기기 품목에서 이러한 현상이 더 두드러진다.

컨버전스 : 기계를 다루는데 능숙한 젊은 층은 다양한 기능convergence을 제공하는 제품을 선호한다. 예를 들어, MP3와 휴대폰의 중복구매를 피하기 위해 음악파일 재생기능이 있는 휴대폰을 구매하며 넷북은 휴대가 간편하면서 동시에 무선인터넷 이용과 문서편집이 가능하여 각광받고 있다.

가격 : 20대의 소비자들은 아직 학생 신분으로 경제력이 갖춰지지 않아 가격 또한 구매결정의 중요 요소이다. 고가 제품보다는 저렴하지만 핵심 기능을 갖춘 제품을 구매한다.

간편함 : 빠르고 간편한 것을 추구한다. 재래시장보다는 각종 상점이 모여 있는 대형 할인매장에서 주로 구매하며, 오래 기다려야 하는 일반 레스토랑보다는 빨리 주문한 음식을 먹을 수 있는 패스트푸드 전문점을 찾는다.

음식으로 맛보는 우즈베키스탄 문화

국토의 59%가 농·목축에 이용되며 대표적인 농산물은 경작지의 40% 이상을 차지하는 면화와 곡물30%, 과일11%, 채소4%로, 곡류는 시르다리야Syr Darya강 상류에서 고려인들이 재배하는 쌀과 밀, 보리, 콩, 담배를 들 수 있다. 과일도 다양하여 하미과, 수박, 포도, 각종 딸기가 있다. 채소류에도 당근, 호박 버섯류, 양파, 껍질콩, 가지, 고추 등과 견과류는 사마라칸트 같은 지역의 시장들에서 넘쳐난다.

목축업에서는 돼지를 빼고 양, 염소, 소, 말, 낙타, 닭 등이 주류이며 각각의 육가공 외에 유목민다운 전통적인 유제품의 종류가 많다. 여기에 고추, 정향, 마늘, 파, 생강, 계피 등은 물론 아랍계 특유의 각종 향신료가 풍부하여 음식 맛의 특징을 느낄 수 있게 한다.

이슬람교도가 88%라고는 하나 규율이 그리 엄하지 않은 수니파이며 세속주의적 무슬림의 형태가 식생활에서도 반영되어 동부에서는 돼지도 기르고 술도 비교적 자유롭게 섭취한다. 우즈베키스탄은 다수민족국으로 다수문화의 집합체라는 것은 식문화 면에서도 흥미로운 지역이다.

우즈베키스탄은 14세기 이후 몽골제국 후예에 의해 시작되어 기원은 유목국가로 보겠지만 전통적으로는 반유목사회이며, 오히려 타 중앙아시아 국가들과 달리 농경사회에 가깝다. 따라서 주식은 파스타와 밥[인디카], 즉 볶음밥인 필래프[pilaf, palov] 또는 오시[osh] 등이 있으며, 그 외에도 면과 만티[manti, 만두의 원류], 그리고 각종 만두류가 대표적이다.

또한 우즈베키스탄은 기후가 건조하여 일상적인 식사에는 수프류와 차가 필수이다. 육류로는 양 엉덩이에 있는 기름으로 만든 수프를 즐기며 케밥 샤실릭[kebab shashlik]은 빼놓을 수 없다. 그 재료도 다양하여 양, 돼지, 소, 닭고기와 내장류 그리고 각종 채소와 과일까지 무엇이든지 함께 구울 수 있다.

전통적인 유목민 식사의 특징은 각종 젖류와 가공품을 즐겨 먹는 것이다. 그 중에서 말·소·낙타젖을 발표시켜서 만든 쿠미스[kumis]와 요구르트, 치즈류, 반목반농을 나타내는 우유죽, 우유주스, 요구르트에 물과 다진 파슬리를 넣은 체럽[chalop] 등이 있다.

차는 현재 녹차와 홍차를 생산하고 있다. 차문화의 특징은 진하게 사모바르[samovar]에 끓여서 박하나 꿀, 설탕을 타거나, 마신 후 먹기도 한다. 차는 차이[choi]라고 부르는데, 17세기 중국의 차가 러시아에 전래되었다가 19세기 다시 남하하여 중앙아시아, 서아시아, 시베리아 남부 등지에 전해진 것으로 밝혀졌다. 그러므로 이때 러시아의 사모바르도 같이 전래된 것으로 추측된다. 덧붙여 중국 신강성의 우즈베크족은 유차[말·소·양젖 등]를 많이 마신다. 처음에는 약용으로 마시기 시작한 것이 지금은 일상음료가 되었다.

우즈베키스탄에서의 한식 이야기

Have a taste Korean Food in the World

먹고 싶어하는 한식 메뉴

우즈베키스탄인들이 먹어본 한식

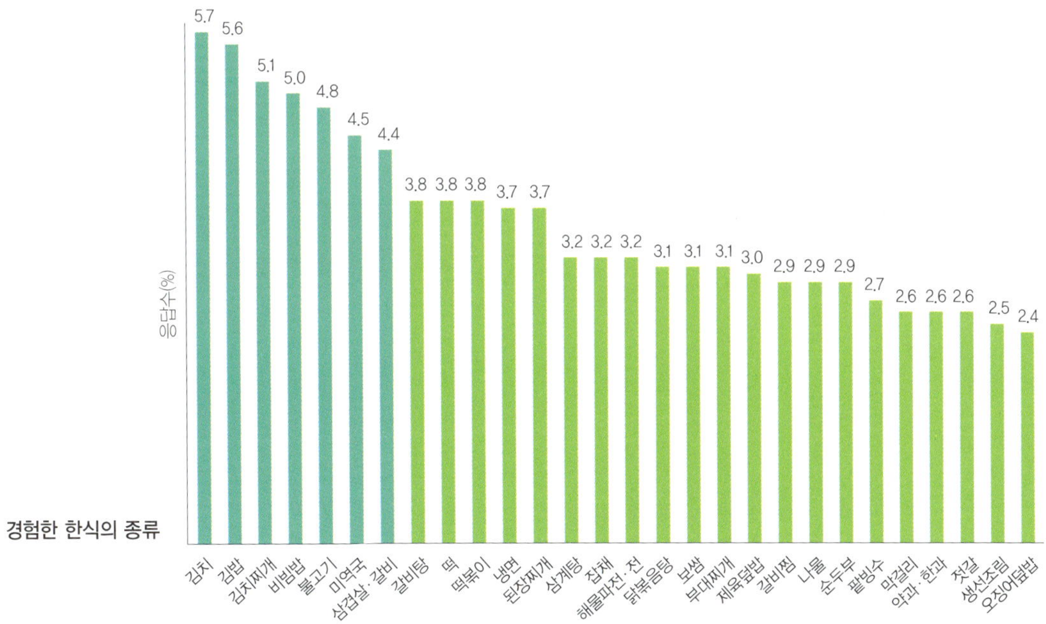

경험한 한식의 종류로는 김치, 김밥이 각각 5.7%, 5.6%로 나타났고, 김치찌개, 비빔밥이 각각 5.1%, 5%로 나타났다. 불고기, 미역국, 삼겹살·갈비는 각각 4.8%, 4.5%, 4.4%로 나타났다. 그 외에 갈비탕, 떡, 떡볶이, 냉면, 된장찌개, 삼계탕, 잡채, 해물파전·전, 닭볶음탕, 보쌈, 부대찌개, 제육덮밥, 갈비찜, 나물, 순두부, 팥빙수, 막걸리, 약과·한과, 젓갈, 생선조림, 오징어덮밥 순으로 음식을 접한 경험이 있는 것으로 나타났다.

우즈베키스탄인들이 좋아하는 한식

조사 대상자가 먹어본 한식 중 가장 맛있는 한식은 삼겹살·갈비가 6.8%로 가장 높게 나타났으며, 다음으로 불고기가 5.2%, 김밥과 보쌈이 각각 5%로 나타났다.

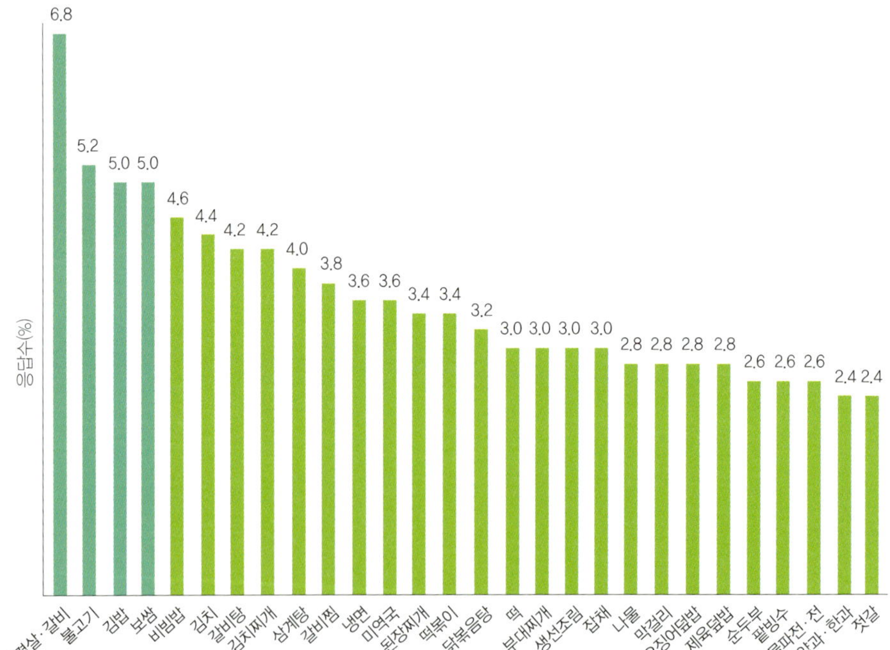

경험한 한식의 선호도

비빔밥 4.6%, 김치가 4.4%, 갈비탕과 김치찌개가 각각 4.2%로 나타났다. 그 외에 삼계탕, 갈비찜, 냉면, 미역국, 된장찌개, 떡볶이, 닭볶음탕, 떡, 부대찌개, 생선조림, 잡채, 나물, 막걸리, 오징어덮밥, 제육덮밥, 순두부, 팥빙수, 해물파전·전, 약과·한과, 젓갈 순으로 선호하는 것으로 나타났다. 육류음식을 좋아하는 대상자들이 많아 삼겹살·갈비, 불고기의 선호도가 높은 것으로 나타났으며, 김치와 김치찌개의 섭취 경험에 비해 선호도가 낮게 나타났다.

우즈베키스탄인들이 먹고 싶어하는 한식

향후에 먹어보고 싶은 음식으로는 갈비찜이 7.9%, 생선조림이 7.1%, 삼계탕 6.3%, 보쌈이 5.6%로 높게 나타났다. 다음으로 불고기, 삼겹살·갈비, 잡채, 제육

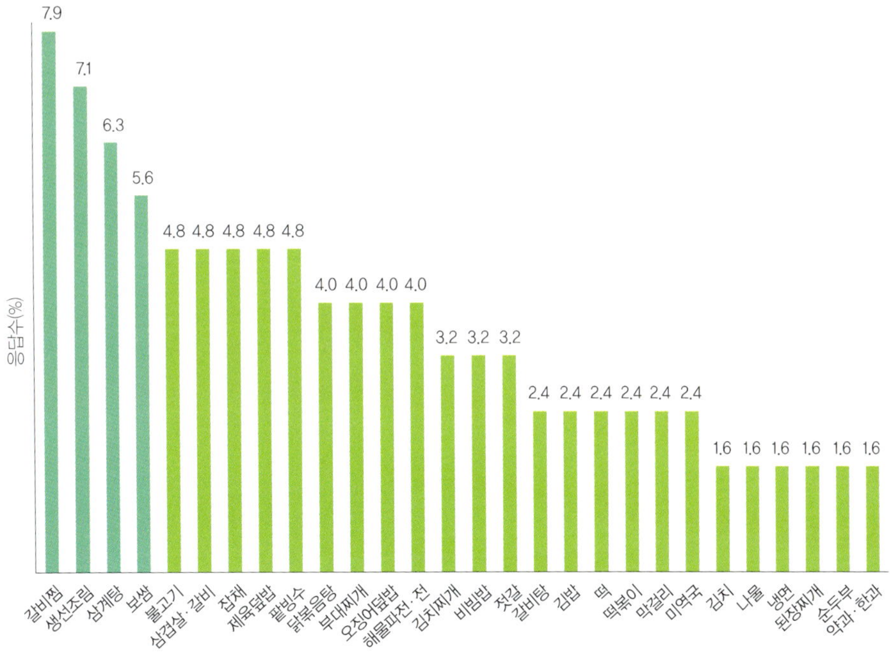

향후 경험하기를 원하는 한식

덮밥, 팥빙수가 각각 4.8%, 닭볶음탕, 부대찌개, 오징어덮밥, 해물파전·전이 각각 4%였다. 그 외에 김치찌개, 비빔밥, 젓갈, 갈비탕, 김밥, 떡, 떡볶이, 막걸리, 미역국, 김치, 나물, 냉면, 된장찌개, 순두부, 약과·한과 순으로 경험을 원하는 것으로 나타났다. 향후에 먹어보고 싶은 음식 역시 육류 요리를 경험하기를 원하는 사람이 많았으며, 김치, 김치찌개, 비빔밥 등은 경험이 많아 향후 경험을 원하는 음식으로는 순위가 낮게 나타났다.

한식에 대한 생각 엿보기

우즈베키스탄인들이 생각하는 한식의 특징

한식에 대한 인식도

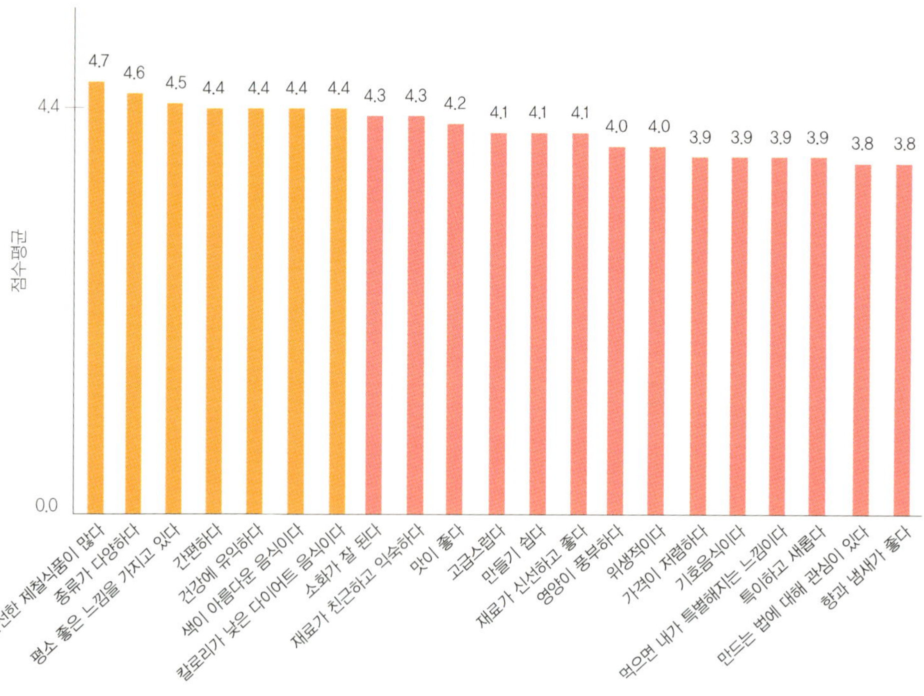

조사 대상자들의 한식에 대한 인식도를 점수로 나타내었을 때 신선한 제철식품이 많다는 답변이 4.7점으로 가장 높았으며 다음으로 종류가 다양하다 4.6점, 평소 좋은 느낌을 가지고 있다 4.5점, 간편하다, 건강에 유익하다, 색이 아름다운 음식이다, 칼로리가 낮은 다이어트 음식이다는 답변이 4.4점이었다. 한식을 신선식품으로 구입하는 경우가 많았기 때문에 한국의 신선한 계절식품이 많다는 답변에 점수가 높은 것으로 생각된다. 만드는 법에 대해 관심이 있다, 향과 냄새가 좋다는 항목은 3.8점으로 가장 낮게 나타났는데 조사 대상자들이 한식 중 발효식품에 익숙하지 않아 점수가 낮은 것으로 생각된다.

한식과 관련한 정보수집 경로

2 | 한식에 대한 정보수집 경로

내용	응답수	응답률(%)
인터넷	10	8.1
TV/영상정보(영화 등)	15	12.1
한식당	36	29.0
잡지, 책자	1	0.8
친구, 동료	44	35.5
기타	18	14.5
합계	124	100

한식에 관련된 정보를 수집하는 경로로는 친구·동료가 35.5%, 한식당이 29%로 높게 나타났으며, 영상정보가 12.1%, 인터넷과 잡지·책자는 각각 8.1%, 0.8%로 나타났다.

친구나 동료와 함께 한식을 경험한 사람이 많기 때문에 그들에게서 정보를 수집한 경우가 많았으며 영상정보 등 기타 매체에서 응답수가 적어 한식의 홍보와 정보 제공이 부족하였다.

한국산 식료품과 가공품의 구입 경험률

/ 한국산 식료품의 구입 경험 /

조사 대상자 중 한국산 식료품을 구입한 경험이 있다고 한 대답이 77.2%로 나타나 대부분 한국산 식료품을 구입한 경험이 있고, 조사 대상자들이 한국산 식료품을 접하기 쉽다는 것을 알 수 있다.

3 | 한국산 식료품의 구입 경험

내용	응답수	응답률(%)
없다	78	77.2
있다	23	22.8
합계	101	100

/ 구입한 식료품의 종류 / 구입한 식료품의 종류로는 양념, 소스류가 23.1%, 국수, 라면류가 22.1%, 원 식재료가 21.8%로 나타났으며, 과자류 17.9%, 음료 15.3%로 나타났다.

4 | 구입한 식료품의 종류

내용	응답수	응답률(%)
양념, 소스류	71	23.1
국수, 라면류	68	22.1
음료	47	15.3
과자류	55	17.9
원 식재료(채소, 과일, 해산물)	67	21.8
합계	308	100

/ 구입한 식료품 중 양념 종류 / 구입한 식료품 중에서 양념의 종류는 간장 25.8%, 된장 22%, 고추장 19.9%로 나타났으며, 참기름 15.7%, 쌈장 13.2%, 기타 3.5%로 나타났다. 조사 대상자가 선호하는 음식이 육류라서 선호도가 높은 편인 불고기의 조리에 필요한 간장의 구입이 많았으며, 발효식품인 된장과 고추장의 구입 경험도 비율이 높은 것으로 나타났다.

5 구입한 식료품 중 양념 종류

내용	응답수	응답률(%)
간장	74	25.8
된장	63	22.0
고추장	57	19.9
쌈장	38	13.2
참기름	45	15.7
기타	10	3.5
합계	287	100

/ 구입한 식료품의 가공 형태 / 조사 대상자가 구입한 식료품의 가공 형태는 신선식품의 형태가 49.1%로 가장 많았으며, 통조림과 냉동식품 형태가 각각 16%, 16.6%, 건조식품의 형태가 12%, 즉석식품의 형태가 6.3%로 나타났다.

6 구입한 식료품의 가공 형태

내용	응답수	응답률(%)
통조림	28	16.0
냉동식품	29	16.6
건조식품	21	12.0
신선식품	86	49.1
즉석식품(레토르트)	11	6.3
합계	175	100

/ 포장 김치류의 구입 경험 / 한국산 가공품 중 김치류를 구입한 경험은 61.2%로 절반 이상이 구입 경험이 있는 것으로 나타났다. 경험한 한식 중 김치의 순위가 높았고 선호도도 높은 편에 속하여 포장 김치

류를 구입한 경험이 많은 것으로 생각된다.

/ 포장 삼계탕의 구입 경험 / 한국산 가공품 중 포장 삼계탕의 구입 경험은 83.2%가 없다고 대답하였다. 육류음식을 좋아하므로 포장된 삼계탕을 쉽게 구매할 것으로 예상되며, 삼계탕은 향후에 경험하고 싶은 음식으로 높은 순위를 차지하고 있어서, 경험에 비해 선호도가 높은 편이므로 포장된 삼계탕의 구입이 쉬워진다면 구입량이 많아질 것이라고 생각된다.

7 | 포장 김치류의 구입 경험 ▶

내용	응답수	응답률(%)
없다	40	38.8
있다	63	61.2
합계	103	100

8 | 포장 삼계탕의 구입 경험 ▶▶

내용	응답수	응답률(%)
없다	79	83.2
있다	16	16.8
합계	95	100

/ 조미 김의 구입 경험 / 한국산 가공품 중 조미된 김을 구입한 경험이 있는 사람은 87.9%로 대부분이 구입 경험이 있는 것으로 나타났다.

/ 한국 술의 구입 경험 / 한국산 가공품 중 한국 술을 구입한 경험은 44%로 나타났다.

9 | 조미 김의 구입 경험 ▶

내용	응답수	응답률(%)
없다	12	12.1
있다	87	87.9
합계	99	100

10 | 한국 술의 구입 경험 ▶▶

내용	응답수	응답률(%)
없다	56	56.0
있다	44	44.0
합계	100	100

/ 구입한 술 종류 / 구입한 술의 종류로는 맥주가 28.4%로 가장 높았으며 다음으로 소주가 23.2%, 막걸리와 와인이 각각 18.9%, 전통주가 8.4%, 기타 2.1%로 나타났다.

11 | 구입한 술 종류

내용	응답수	응답률(%)
소주	22	23.2
맥주	27	28.4
막걸리	18	18.9
전통주	8	8.4
와인	18	18.9
기타	2	2.1
합계	95	100

현지인들이 말하는 한식의 매력

한식의 기호도를 점수로 보면 맵다는 답변이 4.3점, 양념 맛이 강하다, 온도가 뜨겁다는 답변이 각각 4.1점, 씹는 느낌이 좋다는 답변이 3.8점으로 나타났다. 그 외에 달다 3.7점, 짜다 3.5점, 냄새가 강하여 싫다 3.4점, 담백하다 3.4점, 특별한 맛이 없고 밍밍하다 3.4점, 시다 3.2점, 기름지고 느끼하다는 답변이 2.6점이었다.

한식에 관한 기호도 조사

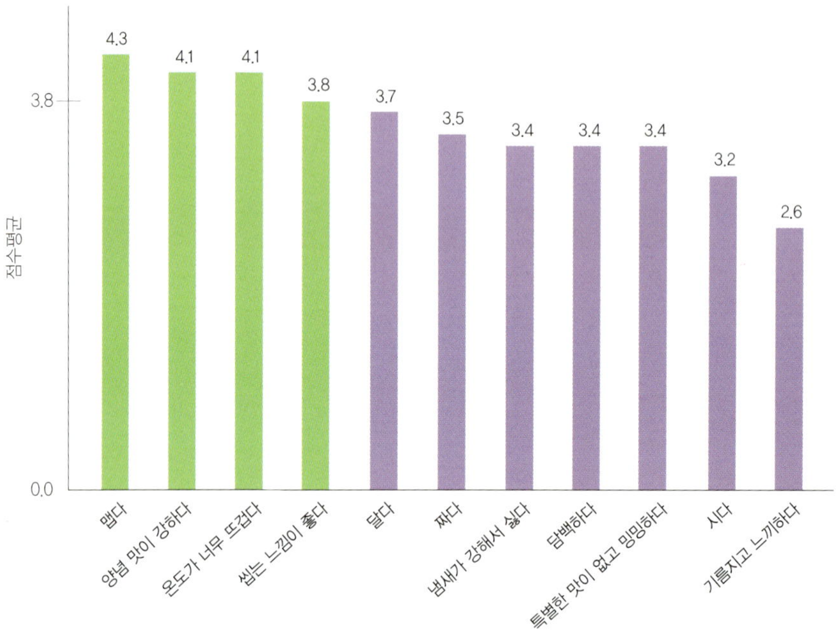

조사 대상자들이 김치와 비빔밥 등 고추가 들어간 양념을 이용한 음식을 많이 경험하여 맵다는 의견의 점수가 높은 것으로 나타났다.

우즈베키스탄에서의 한식당 이야기

Have a taste Korean Food in the World

타슈켄트에서 영업 중인 한식당

우즈베키스탄 타슈켄트의 한식당 현황 및 한식 선호도 조사는 2012년 7월 1일부터 7월 7일까지 실시하였다. 타슈켄트 시내에 약 20여 개의 한식당이 영업을 하고 있으며, 현재 영업하고 있는 한식당 23개를 직접 방문하여 경영주와 면담을 통하여 한식당의 운영현황, 재료수급, 선호 메뉴, 주 고객층, 경영상의 문제점 등에 대하여 조사하였다.

12 | 한식당의 영업 현황

국가	도시	한식당명
우즈베키스탄	타슈켄트	명가, 미가, 압구정, 김씨네, 미도리, 청기와, 가마솥, 한국관, 종가집, 우리집, 대장금, 마실, 만나, 해들이, 김삿갓, 알로카, 마루, 고구려, 아사찜, 브로드웨이(베이커리), 암브로사
	사마르칸트	식후경

타슈켄트의 주요 한식당

만나

◂ 한식당 '만나'
▾ '만나'의 메뉴

마루

◂ 한식당 '마루'
▾ '마루'의 메뉴

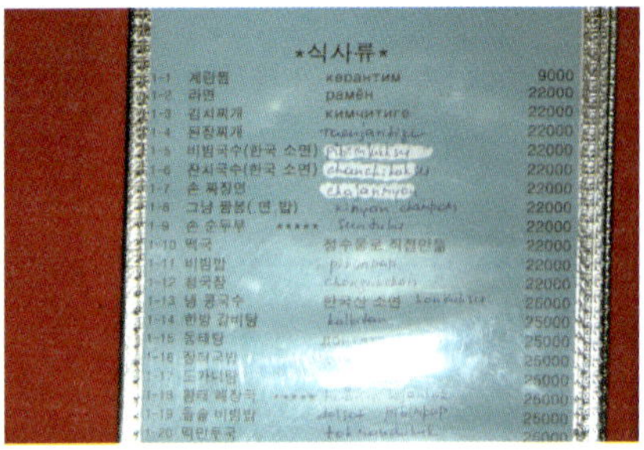

우즈베키스탄에서 영업 중인 한식당별 현황과 특성은 다음과 같다.

명가

일반 현황
+ 경영주(남, 45세)
+ 9년 전 이주
+ 영업기간 4년
+ La Grande Plaza 쇼핑센터 내 입점
+ 우즈베키스탄인 부인 명의로 운영

종업원/테이블수
+ 10명/120석
+ 우즈베키스탄, 고려인(요리사)
+ 종업원 월급 100달러

고객층
+ 한인교포

선호 메뉴
+ 일식 요리

재료 조달
+ 채소는 꾸일룩시장에서 구입
+ 육류는 전문 농장주에게 주문 조달

특징
+ 한식·일식 복합식당

식후경

일반 현황

+ 경영주가 석류 수출업 종사, 전직 농협 근무
+ 영업기간 1년
+ IMF 이후 한국에서 식당 운영 경험 있음
+ 사마르칸트에 위치

종업원/테이블수

+ 10명/100석

고객층

+ 우즈베키스탄인(70%), 한국인(30%)
+ 우즈베키스탄인과 한국인의 메뉴가격 다름(8,000숨-우즈베키스탄인, 14,000숨-한국인), 한국인은 반찬을 계속 리필하나, 우즈베키스탄인은 필요한 반찬만 주문하고 메인요리와 반찬 가격을 따로 받음
+ 한류의 영향이 있음, 우즈베키스탄인은 한국을 다녀간 경험이 있는 사람이 삼겹살이나 닭볶음탕을 먹고 매운맛 선호
+ 유럽인을 상대로 탕 종류의 메뉴 개발을 할 예정임

선호 메뉴

+ 삼겹살, 돈가스(쇠고기), 김밥, 불고기
+ 우즈베키스탄 고소득층은 인삼이 남성 몸에 좋다는 인식 있음
+ 김치(한국을 방문했던 근로자 선호)

재료 조달

+ 김치는 직접 담가 사용
+ 고춧가루는 타슈켄트의 한인 농부가 한국 종자로 재배한 것 구입
+ 젓갈, 고추장, 간장, 다시다 등은 한국에서 들여옴, 운송비가 너무 비쌈
+ 된장은 직접 담가 사용
+ 고려인에게 두부 공급을 받고 있으나 원활하지 않음

특징

+ 7가지 이상의 인허가 절차가 복잡하여 어려움이 있음
+ 삼겹살은 테이블 위에서 구워 먹는 매력 때문에 매출의 40% 차지
+ 비빔밥 소스를 다양화하기 위해 양념소스(양념간장) 준비
+ 한식 변형을 최소화하기 위해 토마토를 썰어 넣은 불고기 조리 요구를 거절
+ 술 주조 불법, 막걸리 수입 불법
+ 과거에 해물뚝배기, 해물찜 요리를 했으나 식재료의 조달이 어려워 직접 하지 않음

미가

일반 현황	+ 경영주(남, 50대 후반), 부인이 조리 담당 + 95년 이주 + 영업기간 7년
종업원/테이블수	+ 11명/100석
고객층	+ 우즈베키스탄인(20%), 한국인(60%), 일본·중국인(20%) + 대사관, 유명인사 등
선호 메뉴	+ 불고기, 고등어구이, 김밥, 갈비탕(맵지 않은 것), 라면(신라면 수출용, 약 2배 가격으로 판매, 한국에 방문 경험이 있는 사람 선호), 계란말이, 계란찜(멸치 육수로 만듦) + 과일샐러드(반찬)값을 따로 받지 않음
재료 조달	+ 간장·고추장·된장은 한국에서 직접 수입, 순창, 해찬들 제품 이용, 업소용이 따로 없어 가격이 3배 정도 비쌈 + 고춧가루는 한국종자로 재배한 것 구입 + 생선은 한국에서 냉동해서 공수, 블라디보스토크산 고등어는 맛이 없음
특징	+ 법적으로 현지인 사장을 별도로 고용해야 함 + 위생, 소방 검열 등에 300달러를 세금으로 냄 + 주류 판매 시 허가를 받아야 함, 막걸리나 소주 등 판매하다가 검열당함 + 현지인들이 일을 열심히 안함, 조리원(주방장) 등이 기구, 재료를 깨끗이 다루지 않음 + 대규모 생일 파티 등의 경우 우즈베키스탄인의 매출이 있음

압구정

일반 현황

+ 경영주(여, 58세, 대구 태생)
+ 가정과 졸업하여 평소 조리에 관심이 많았음
+ 트루베키스탄 대사관 행사 경험 있음
+ 영업기간 1년

종업원/테이블수

+ 15명/200석

고객층

+ 한국인(70%), 우즈베키스탄인(30%)
+ 대사관 손님 위주

선호 메뉴

+ 김치찌개, 된장찌개(한국에 대해 경험 있는 사람 선호)
+ 잡채, 돌솥비빔밥, 불고기(일본인 선호)
+ 해물파전(일본인, 중국인)
+ 돼지고기없는 음식을 선호함
+ 코스 요리 A- 5만숨, B- 3만숨
+ 매운맛을 싫어하는 현지인들은 백김치 제공

재료 조달

+ 주기적으로 한국을 방문하여 한국에서 공수
+ 고추장, 된장(500kg)을 직접 담가 사용
+ 고추는 현지에서 재배된 것 구입
+ 꽁치통조림을 제외하고는 인스턴트류 사용하지 않음
+ 조미료는 일체 사용하지 않음
+ 갈치는 냉동보관한 것을 구입

특징

+ 위생 점검 등 허가절차, 세금 문제로 1년치 지불함
+ 조리원들의 위생 훈련을 위해 행주 삶는 법 등을 지도

김씨네

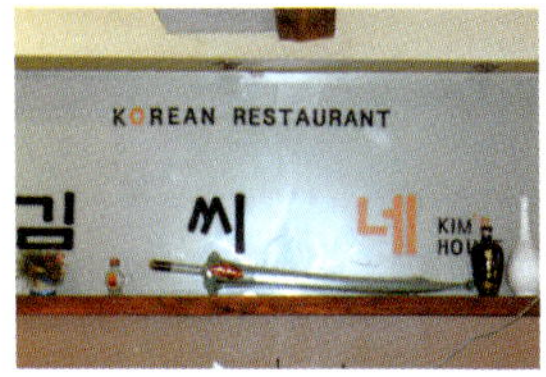

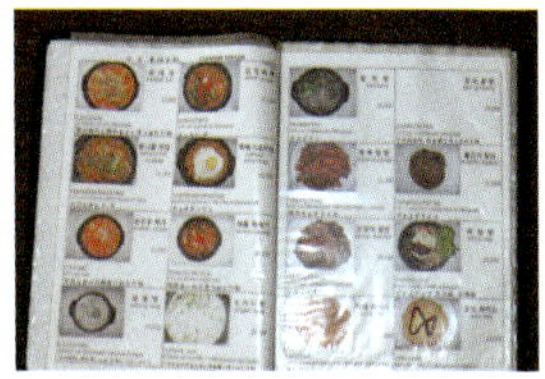

일반 현황	+ 경영주(남, 48세, 전주 태생) + 매출 1,500달러 + 영업기간 8년
종업원/테이블수	+ 15명/100석
고객층	+ 한국인(70%), 우즈베키스탄인(30%)
선호 메뉴	+ 불고기, 차돌박이, 삼겹살, 갈비탕, 육개장(재료공급이 어려움), 비빔밥, 고등어구이
재료 조달	+ 채소류(배추, 무, 콩나물), 쌀은 고려인 농부에게서 조달, 나머지 재료는 한 달에 2번 부인이 한국에서 공수, 친척이 미리 재료 구입하고 다음날 비행기로 가져옴 + 노르웨이산 고등어 구입 + 김치는 직접 담가 사용 + 간장·고추장·된장은 해찬들 제품 이용, 업소용이 따로 없어 재료값이 높아짐, 3통을 2달 동안 이용하여 보관하기 쉽지 않음
특징	+ 식당 협의회 등을 구성해서 공동구매 등을 시도했으나, 우즈베키스탄의 컨테이너 통관이 매우 어렵기 때문에, 통관시일을 장담할 수 없어 개개인이 보따리 장사처럼 재료를 사오며 개별적으로 세금(벌금) 등을 징수함 + 관세가 매우 높음 + 2년 전부터 라면이 수입되어 들어옴(우즈베키스탄인이 라면을 밀수하다가 적발된 사례도 있음)

미도리

일반 현황	+ 경영주(고려인 부부), 부인(42세)이 조리 담당 + 한국인이 사장인 가게 1달 전에 인수
종업원/테이블수	+ 10명/90석
고객층	+ 한국인(20%), 현지인(80%) + 우즈베키스탄, 고려인, 일본, 중국인 중 특히 중국인이 주 고객층임
선호 메뉴	+ 불고기, 일식메뉴(고급 음식으로 인지, 롤을 선호함)
재료 조달	+ 러시아산 생선 구입 + 한국식품점에서 된장, 고추장 등 구입
특징	+ 한식, 일식 복합 식당 + 드라마의 영향이 고려인 3세들에게 약간 있음 + 서비스, 조리 교육이 대사관에서 9월경에 있을 예정이라서 기대하고 있음

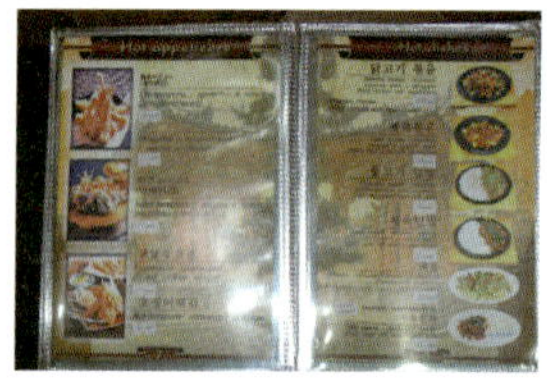

세계의 한식을 맛보다

(주)교 문 사

청기와

일반 현황
- 경영주(남, 61세, 서산 태생)
- 영업기간 1년, 다른 사업체도 운영
- 고려인 주방장, 우즈베키스탄인 매니저 종사

종업원/테이블수
- 8명/80석

고객층
- 우즈베키스탄(70%), 중국인

선호 메뉴
- 불고기, 제육볶음, 설렁탕, 도가니탕, 라면, 김밥, 비빔밥(18,000숨)

재료 조달
- 고추장, 된장은 2달에 한번 한국 방문시 공수
- 김치는 직접 담가 사용

특징
- 한국인과 현지인용 메뉴판 2개 운영, 중국인과 현지인들에게 10% 정도 싼 가격으로 제공
- 중국인 매상이 높음, 중국인 손님 10명이 오면 1일 매상 달성
- 우즈베키스탄인 고객은 상류층(20%)임, 생일 파티 등을 성대하게 하는 경우 있음
- 물류가 비싸서 통관이 어려워 식재료 구입이 어려움
- 전문 조리교육이 필요함, 완전히 현지인에게 맡기기는 어려움

가마솥

일반 현황
+ 경영주(여, 52세, 안동 태생), 남편은 전직 갑을방적 근무, 섬유업 종사
+ 전직 주재원으로 2000년 이주
+ 영업기간 5년

종업원/테이블수
+ 10명/100석

고객층
+ 한국인(80%), 우즈베키스탄인(20%)

선호 메뉴
+ 김치찌개(한국에 가본 경험 있는 사람 선호)
+ 된장찌개(우즈베키스탄인 선호)
+ 한방 족발
+ 막걸리(일본인 선호)

재료 조달
+ 김치는 직접 담가 사용
+ 된장(350kg), 고추장 직접 담가 사용
+ 대부분 재료는 한국에서 부부가 번갈아 공수, 해산물은 냉동 보관함
+ 막걸리 직접 담가 사용(사돈에게서 전수받음, 누룩은 한국에서 가져옴)
+ 일본인들이 막걸리를 선호함

특징
+ 얼마 전까지 콩국수를 했으나 지금은 안함
+ 저녁에는 예약손님을 받음
+ 재료 통관이 어려움

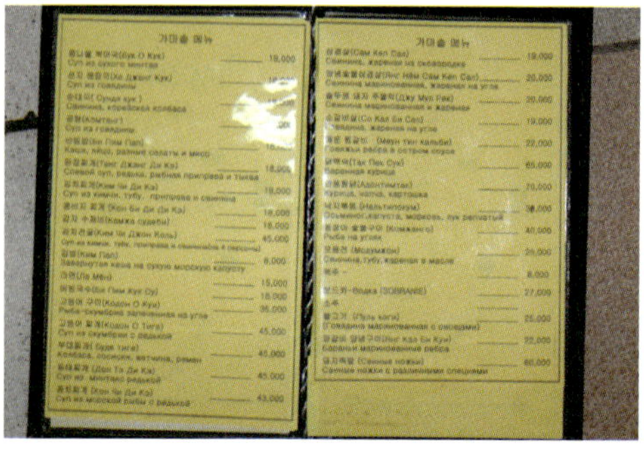

한국관

일반 현황	+ 경영주(여, 64세, 서울 태생, 조리 담당), 남편은 재료 조달함 + 92년 이주 + 영업기간 15년(우즈베키스탄에서 가장 오랜 기간 운영함)
종업원/테이블수	+ 15명/120석
고객층	+ 우즈베키스탄인, 외국인 손님 다수
선호 메뉴	+ 불고기, 비빔밥, 갈비, 사시미, 스시, 생선롤(우즈베키스탄인 선호) + 제육볶음(독일인 선호)
재료 조달	+ 컨테이너 수입, 생선은 1달에 2~3번 카고를 통해 들여옴 + 된장, 간장은 한국식품점에서 구입 + 김치는 직접 담가 사용, + 30분 거리에 있는 배추농장 운영, 채소농장에서 상추, 치커리, 쑥갓 재배, 겨울에는 고려인들에게 저장용 배추, 무 구입
특징	+ 오랜 기간 운영되어서 홍보가 잘되어 있음 + 직원은 유니폼(개량한복) 착의, 테이블클로스 등 깔끔한 분위기임 + 물류업자가 없어 컨테이너 수입이 어려움 있음 + 관련법이나 세금, 검열 때문에 어려움 있음 + 관심있는 자녀들에게 요리를 전수할 예정임

종가집

일반 현황

+ 경영주(남, 34세/여, 31세, 러시아계 우즈베키스탄인)
+ 타 사업하다가 한식당 인수 개업
+ 영업기간 4년

종업원/테이블수

+ 10명/80석

고객층

+ 우즈베키스탄인

선호 메뉴

+ 불고기, 갈비탕
+ 떡볶이, 김치찌개(고려인 선호)
+ 간장게장(한국인 선호)
+ 삼겹살, 김치볶음밥, 알밥, 돌솥비빔밥(고려인 > 일본인 > 중국인 선호)

재료 조달

+ 고추장, 된장은 한국에서 공수, 간장, 액젓, 고추장 등 업소용이 따로 없어 가격이 비쌈, 한국에서 가져오기 힘듦
+ 장어, 갈치는 한국에서 수입
+ 나머지 재료는 현지에서 조달
+ 김치는 직접 담가 사용
+ 겨울에는 재료를 비싼 가격에 구입

특징

+ 금요일에는 삼겹살 메뉴 50% 할인 행사 있음
+ 남편이 해들이 경영주에게 조리비법을 전수받아 가게를 인수함
+ 예전보다 맛이 떨어졌다는 소문 있음

우리집

일반 현황	+ 경영주(남, 50세) + 영업기간 13년 + 한국에서 식당 운영 경험 있음 + 한국에 귀국하고 싶어함
종업원/테이블수	+ 7명/70석
고객층	+ 한국인(80%), 현지 중국인(20%)
선호 메뉴	+ 소금구이(고객들이 단맛을 좋아하지 않아 불고기보다 선호), 삼겹살
재료 조달	+ 대부분 한국식품점에서 구입 + 러시아산 생선 현지 구입
특징	+ 대사관 옆에서 식당 운영, 대사관 행사를 다수 진행함 + 현지 중국인들은 메뉴를 풍성하게 주문하고 덜 까다로움 + 다양한 8가지 반찬 제공 + 종업원 관리 시 언어소통의 어려움 있음

대장금

일반 현황
- 경영주(남, 40세), 부인(고려인)이 직접 조리함
- 영업기간 3년

종업원/테이블수
- 7명/160석

고객층
- 한국인(50%), 우즈베키스탄인(50%)
- 젊은 층 우즈베키스탄인의 방문이 많음

선호 메뉴
- 김치찌개, 삼겹살, 냉면(한국인 선호), 국시(고려인 선호), 김밥

재료 조달
- 대부분 재료는 한국에서 공수
- 닭, 채소류는 현지 조달

특징
- 치킨 배달을 함

마실

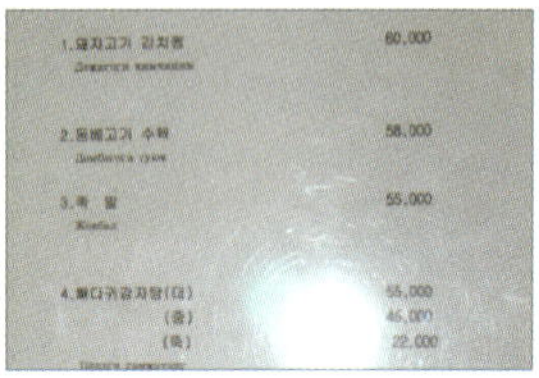

일반 현황
- 경영주(남, 45세), 부인이 요리함
- 영업기간 2.5년
- 자녀의 음악공부를 위해 10년 예정으로 정착

종업원/테이블수
- 13명/80석

고객층
- 한국인과 현지 중국인

선호 메뉴
- 돼지고기 또는 쇠고기 김치찜, 돌솥비빔밥, 불고기
- 돼지고기(한국에 대한 경험이 있는 사람 선호), 신라면(한국 근로자 출신 선호)

재료 조달
- 1년에 2번 정도 식재료 컨테이너 통관

특징
- 고정 수입 확보, 주변 회사의 점심식사 유치
- 관련법이 수시로 변경됨
- 세금 문제 있음

오아시스

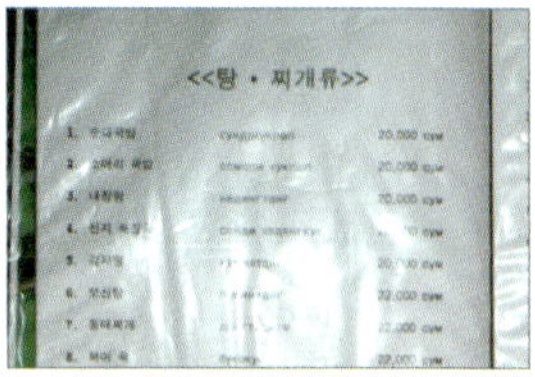

일반 현황

+ 경영주(여, 53세), 부인이 직접 조리
+ 영업기간 14년(현 위치에서 2년)
+ 3년 예정하고 17년 전 이주
+ 입대 중, 모스크바 유학 중인 아들 2명 있음
+ 시댁 음식솜씨가 좋아 남편이 메뉴 개발함

종업원/테이블수

+ 9명/100석

고객층

+ 한국인(50%), 우즈베키스탄인(50%)

선호 메뉴

+ 삼겹살, 김치찌개, 갈비탕

재료 조달

+ 한국에서 직접 북어 공수
+ 된장은 직접 만들어 파는 아주머니에게 조달
+ 김치는 직접 담가 사용
+ 채소는 현지산으로 조달

특징

+ 외진 곳에 있는 선술집 분위기임
+ 북한인에게 순대 조리법을 직접 배워 순대국 메뉴 있음
+ 24시간 영업

브로드웨이 베이커리

일반 현황
+ 경영주(남, 56세)
+ 11년 영업한 가게(80세 한국 여성이 사장이었음) 인수
+ 영업기간 1년

종업원/테이블수
+ 14명/130석

고객층
+ 우즈베키스탄인과 현지인

선호 메뉴
+ 햄버거, 김치찌개
+ 팥빙수(한국인 대상)

재료 조달
+ 현지 조달, 한국식품점에서 양념류 구입

특징
+ 종업원들이 일을 열심히 안하고 스스로 하지 않음

암브로사

일반 현황
+ 매니저(여)
+ 영업기간 12년
+ 고려인, 우즈베키스탄인, 러시아인 등이 조리원임

종업원/테이블수
+ 18명/100석

고객층
+ 한국인(70%), 미국·일본·우즈베키스탄인(30%)
+ 주말(50인~100인), 평일(20인)

선호 메뉴
+ 불고기(맵지 않은 것), 삼겹살, 비빔밥, 갈비탕

재료 조달
+ 회사(골프클럽)에서 된장 등 컨테이너 통관 수입

특징
+ 골프클럽 내 위치

만나

일반 현황	+ 경영주(남, 35세) + 영업기간 10년(5년 전 아버지가 돌아가신 후 아들이 영업 중임) + 경영주, 부인, 고려인 종업원이 조리를 담당함
종업원/테이블수	+ 13명/80석
고객층	+ 한국인(50%), 우즈베키스탄인(50%)
선호 메뉴	+ 고기류, 찌개류
재료 조달	+ 김치는 직접 담가 사용
특징	+ 반찬을 무한 리필하여 손님들이 선호함 + 냉면, 갈비탕은 직접 경영주가 조리, 부재 시에는 조리하지 않음 + 경영주(아들) 운영 후 손님이 많아짐, 입소문과 교민일보 홍보 + 담음새 등을 신경 써서 제공

해들이

일반 현황

+ 경영주(여, 51세, 양평 태생), 직접 조리함(고려인 보조)
+ 영업기간 6개월(2006년 이주 후 4년 간 종가집 운영)

종업원/테이블수

+ 15명/150석

고객층

+ 한국인(30%), 현지인(70%)
+ 주상사, 주재원

선호 메뉴

+ 제육덮밥, 비빔밥, 고등어, 삼겹살, 오삼불고기, 육개장, 김치찌개, 된장찌개, 불고기, 소갈비, 닭볶음탕, 라면, 김밥, 잡채, 냉면, 열무국수(현지인 찬 음식 비선호), 김치(우즈베키스탄인 선호)
+ 보신탕(하얗게 끓여서 소스를 선택해서 찍어 먹음, 양고기 선호)
+ 국수(30분간 담가 건져서 만드는 국수를 고려인 선호)

신메뉴 개발

+ 두루치기(닭갈비 팬에 삼겹살로 이용, 닭갈비와 유사하게 만듦)
+ 동태 두부찜(현지인 선호)
+ 매운 소갈비찜(해물 소갈비찜, 콩나물찜처럼 만듦)

재료 조달

+ 된장, 간장 등은 한국식품점에서 구입
+ 김치는 직접 담가 사용
+ 어묵, 쫄면, 회 등은 비행기로 공수

특징

+ 현지인들은 물, 반찬(과일샐러드)을 다 제공하고 추가로 주는 서비스 선호
+ 한국을 다녀온 현지인들이 맛있다고 함
+ 12~13가지 다양한 반찬 제공
+ 복날, 설날 등에 주재원 대접
+ 고객 맞춤 음식 제공, 우즈베키스탄인들에게 덜 자극적인 맛으로 조리
+ 관련법에 따라 법인사업을 승인해야 식당업을 할 수 있음, 개업과 폐업 시의 어려움 있음
+ 종업원수가 테이블수에 따라 정해져 있음
+ 메뉴가 너무 많아 재료수급이 어려워 이익이 남지 않음

김삿갓

일반 현황	+ 경영주(여, 60세/ 고려인 아들, 30세 인수) + 영업기간 1년(다른 곳에서 16년 영업) + 고려인 주방장이 조리 담당
종업원/테이블수	+ 12명/100석
고객층	+ 한국 교포는 거의 오지 않음 + 우즈베키스탄인(50%), 고려·러시아인 등(50%)
선호 메뉴	+ 갈비구이 등 고기요리 + 우즈베키스탄인은 초밥을 한식이라고 생각함
재료 조달	+ 한국식품점에서 구입
특징	+ 20%의 서비스요금 부가

알로카

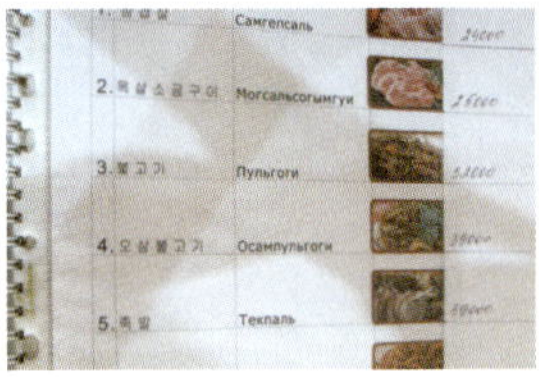

일반 현황

+ 경영주(고려인 부부, 고려인 2세대), 아내(53세)가 조리 담당
+ 영업기간 11년(식당명이 연결이라는 뜻임)
+ 한식에 관심이 많아 전 사장에게 한식조리 배움
+ 손님들 조언에 따라 조리기술 발전함

종업원/테이블수

+ 5명/50석

고객층

+ 한국인(30%), 우즈베키스탄인(70%)

선호 메뉴

+ 보신전골(한국인 선호)
+ 삼겹살, 김치찌개(한국 다녀온 경험 있는 고려인 선호)
+ 족발, 삼겹살, 목살, 비빔국수(현지 고려인 선호)
+ 계란찜(돌솥에 참기름, 마늘을 함께 넣어 조리)
+ 오므라이스(한국인 자녀 선호)

재료 조달

+ 간장은 지인을 통해서 구입
+ 나머지 식재료는 마트에서 구입
+ 된장은 직접 담가서 사용

특징

+ 고기의 단맛을 좋아하지 않아 갈비찜 등에 설탕을 쓰지 않음
+ 케이크, 초콜릿 등의 단맛은 좋아함
+ 32세, 27세 아들(대졸)이 한식당 운영에 관심 있음
+ 영업을 계속 할 계획이며, 야외 확장 등 계획이 있음
+ 남편은 한국에 가본 경험이 있으나 부인은 없음
+ 가격이 저렴한 편임
+ 단속시 수수료를 제공해야 함

마루

일반 현황	+ 경영주(남, 55세), 18년 전 주재원으로 이주 + 영업기간 4년 + 1년 전부터 경영주의 누이가 1년 전부터 운영, 홍대에서 식당 운영 경력 있음 + 부인은 페리카나 호텔 옆에서 한식당 운영, 인근회사 직원식당으로 운영
종업원/테이블수	+ 10명/200석
고객층	+ 한국인(70%), 우즈베키스탄 부유층(30%)
선호 메뉴	+ 불고기, 비빔밥, 갈비탕, 해물뚝배기
재료 조달	+ 해물은 비행기로 직접 공수 + 된장, 고추장은 담가서 일부 양산품과 섞어 사용
특징	+ 사업기반이 오래 되어서 규제 등 제한을 별로 받지 않는 편임 + 한식당 홍보의 어려움 있음, 전시회 등을 통해 현지인에게 알릴 필요 있음 + 아들이 대학 축제 때 김밥을 홍보 및 판매함

고구려

일반 현황

+ 경영주(여, 39세, 국문과 졸업)
+ 10년 전 남편 직장 때문에 이주
+ 영업기간 10개월
+ 10년 경력의 고려인 주방장 종사
+ 드라마 '주몽' 방영 후 고구려라고 개명
+ 현지인 거주지에 위치함

종업원/테이블수

+ 10명/100석

고객층

+ 한국인(50%), 우즈베키스탄인(50%)
+ 한국에 다녀온 경험이 있는 손님들이 방문함

선호 메뉴

+ 족발냉채, 육개장, 갈비탕, 치킨가스, 닭갈비, 김치(현지인 선호)
+ 우즈베키스탄인들은 돼지고기를 못 먹으니, 쇠고기로 넣어달라고 요구함
+ 현지인들이 퓨전화를 싫어함
+ 8~10가지 다양한 밑반찬 제공
+ 매주 토요일은 짜장면 메뉴 있음

재료 조달

+ 현지 한국식품점에서 구입
+ 러시아산 동태, 도미 구입
+ 고추장은 한국인 아주머니가 담가 제공
+ 김치는 직접 담가(100kg) 사용

아사찜

일반 현황	+ 경영주(남, 30세, 고려인) + 영업기간 6개월(다른 지역에서 2년 운영)
종업원/테이블수	+ 25명 교대근무/100석
고객층	+ 한국인(20%), 현지인(80%) + 현지인(유럽계 외국인 선호) + 가족 외식 시에 많이 이용
선호 메뉴	+ 불고기, 목살구이 + 김치찌개(16,000숨)
재료 조달	+ 현지 조달
특징	+ 한식보다는 동양음식을 먹으러 오고 한식과 일식(스시)을 구분 못함 + 탕 먹는 것을 신기해 함 + 밥을 따로 주문하여 매출 있음 + 입소문으로만 홍보가 된다는 단점 있음

우즈베키스탄 한식당 경영주가 말하는 성공 전략

해외 시장 개척 시의 어려움

대부분의 한식당이 전문인에 의한 식당운영이 이루어지지 않고 있고, 사업상으로 오거나 주재원으로 파견되어 우즈베키스탄에 온 이후 식당을 창업한 경우가 다수를 차지하고 있다. 한국관, 만나식당의 경우는 10~15년 간 운영하였으나, 식당들은 창업 5년 미만인 경우가 대다수로, 최근 타슈켄트에서는 한식당 창업이 급격히 증가하였다. 또한 현지 조리원들이 재료 개량, 조리법은 물론 위생개념이 없어 영업의 어려움이 있었다. 한류의 영향은 크지 않으며, 젊은 고려인들에게는 인기가 있는데, 우리 문화가 상대적으로 덜 알려져 있었다. 한국 취업 후 귀국한 우즈베키스탄인들이 한식에 대한 인지도가 있었으며, 한식당 방문 횟수가 잦은 편이다. 대부분 한식당을 방문하는 우즈베키스탄인들은 한국에 대한 경험이 있거나, 한국기업과의 사업 등의 관계가 있는 경우가 다수이며, 대부분이 현지 상류층이다.

한식당의 성공 노하우

우즈베키스탄에 위치한 한식당은 주 고객층이 현지인인 한식당과 한인교포인 한식당을 나눌 수 있으며 또 현지인이 방문하는 한식당을 경영주에 따라서 현지인인 한식당과 한국인인 한식당으로 나눌 수 있다.

/ 배달 시스템의 도입 / 경영주가 고려인이거나 우즈베키스탄 현지인인 한식당은 미도리, 대장금, 김삿갓, 알로카, 아사찜이다. 아사찜의 경우에는 내부가 아주 세련된 인테리어로 장식되어 있으며, 현지인과 외국인들이 주 고객층이다. 미도리, 김삿갓, 아사찜의 경우에는 스시를 같이 판매하고 있는데, 현지인 고객들은 스시를 한식으로 오인하고 있는 상황이다. 대장금은 한

국인 남성이 대표이지만, 고려인 부인이 직접 조리를 하고 있으며, 상대적으로 저렴한 가격으로 현지 젊은 계층이 주로 이용하는 곳이다. 특별히 한식 메뉴와 치킨을 인근 지역에 배달하는 시스템을 도입하고 있는데, 우즈베키스탄에서는 매우 색다른 영업 방식이다.

/ 손님에 따라 가격이 다른 메뉴판 제공 / 경영주가 한국인인 한식당은 한국관과 만나, 종가집, 청기와, 식후경, 고구려, 브로드웨이이다. 만나와 한국관의 주 고객은 현지인과 한국인인데, 이 2곳은 타슈켄트에서 가장 오래된 식당이며, 현지인들에게도 인지도가 높은 곳이다. 한국관은 여사장이 직접 조리하고 있으며, 실내 환경이 청결하였다. 만나식당은 대를 이어 운영하는 곳으로 맛을 중요시하고, 반찬 서비스를 계속 제공하여 현지인들의 반응이 좋은 곳이다. 종가집, 청기와식당은 저렴한 가격으로 한식을 제공하고 있어 현지인들의 방문이 빈번한 곳이다.

식후경은 사마르칸트에 위치하고 있으므로 관광객을 타깃으로 영업하고 있다. 한국인과 현지인들에게 각기 다른 메뉴판을 제시하고 있는데, 현지인들에게는 밑반찬을 원하는 것만 주문받아 음식값을 낮추었다. 그 외에도 현지인이 주로 살고 있는 동네에 위치한 고구려가 있으며, 브로드웨이 베이커리에서는 김치찌개 등 한식 메뉴 일부를 판매하고 있다.

/ 고객 입맛에 맞춰 양념 조절 / 주 고객층이 한인교포인 식당은 명가, 미가, 압구정, 김씨네, 가마솥, 우리집, 마실, 해들이, 마루, 오아시스와 골프클럽 내 식당인 암브로사 등이 있다. 해들이 경영주는 한국에서 4년 간 한식당을 운영하다가 우즈베키스탄으로 이주하여 6개월째 영업 중이다. 한국 주재원들이 주 고객층인데, 우즈베키스탄인뿐만 아니라 외국인 고객층도 확보하고 있는 중이며, 우즈베키스탄인들이 덜 자극적인 맛을 요구할 때에는 매운맛 또는 짠맛을 감해서 조리해준다.

Venezuela
Colombia
Peru
Brazil
Bolivia
Brasilia
Paraguay
Argentina
Uruguay
Chile

CHAPTER

4

브라질의 한식과 한식당

육류를 선호하고 주로 전통 육류 요리인 슈하스코(churrasco)를 먹는 음식 문화가 있기 때문에 브라질인은 불고기와 갈비를 좋아하고 거부감이 없다.

브라질 문화와 음식 이야기

Have a taste Korean Food in the World

자연과 역사로 살펴보는 음식문화

브라질의 자연환경

브라질은 남미의 절반을 차지하며 세계에서 다섯 번째로 넓은 나라이다. 브라질은 북쪽을 넓고 남쪽은 좁은 삼각형 모양이다. 북부 지역은 세계 최대의 아마존 정글과 아마조니아 계곡지역으로 '녹색의 지옥'이라고 불릴 정도로 습지와 늪이 많다. 중부 지역은 낮에는 덥고 밤에는 서늘한 대륙성 기후 지역으로 세계 최대의 커피, 코코아, 목화 등이 재배된다. 남부 지역은 온대 기후로 해안지역을 중심으로 도시가 발달하였는데 리우데자네이루와 상파울루가 여기에 속한다. 열대성 정글, 비옥한 평야지역까지 포함하는 크고 넓은 영토뿐만 아니라 다양한 기후는 식재료를 풍성하게 하여 브라질의 다양한 음식문화가 형성될 수 있는 기반이 되었다.

농업 강국 브라질의 주요 농산물은 수출용 커피, 코코아, 목화, 오렌지, 담배, 사탕수수, 그리고 국내 공급용 옥수수, 쌀, 밀 등이 있다. 브라질의 농산물 중에서 가장 중요한 것은 커피이며, 식민지 시대의 사탕수수를 대신하여 19세기 이래 경

1 | 브라질 주요 식재료와 식생활 문화

식재료	식생활 문화
카사바(cassava)	인디오 원주민의 끼니로 이용. 껍질이 검으며 연하거나 무르지 않고 감자와 비슷함. 잘게 으깨어 낸 가루로 죽을 만들어 먹거나 갈아서 즙을 내 쓰기도 하며, 대개 빵이나 음료에 이용
덴데유 (dende oil or red palm oil)	흑인이 브라질 이주 당시 유입됨. 덴데라는 식물을 짜서 만든 기름으로, 끓이면 특별히 다른 향내가 남
투쿠피(tucupi)	마니오카에서 추출한 노란색 소스. 거의 모든 음식에 쓰임
야자나무심	야자나무의 심은 원통형의 흰색모양임. 식감은 죽순과 비슷하며, 생으로 이용
카챠카(cachaca)	사탕수수를 증류시켜 만든 민속주 핑가(pinga)라고도 불림. 고추를 절이거나 고기나 생선을 조리하기 전에 맛을 들이거나 부드럽게 하기 위해 이용
코코넛(coconut)	열매를 짜낸 코코넛 밀크(coconut milk)를 음식에 사용. 단단해진 과육을 깎아서 말린 코프라(copra)는 과자 재료나 술안주에 좋음. 섬유질과 비타민, 무기질이 풍부하여 훌륭한 영양공급원으로 애용되고 있음
라임(lime)	레몬과 비슷한 열매로 과즙이 많고 신맛 나고 향이 강함. 날것으로 먹거나 주스, 구연산의 원료로 쓰임

제의 바탕을 이루고 있고 전체 커피 생산량의 절반가량을 차지하는 세계 최대의 커피 생산국으로 손꼽힌다. 소, 돼지고기 생산량도 모두 세계 3위에 해당하는 목축국가이다.

브라질의 역사

브라질 지역은 1500년에 포르투갈인에게 발견되었다. 그 후 16세기경 대규모의 설탕농장에서 사탕수수를 심고 가꾸게 하려고 아프리카 흑인노예들을 대거 이주시켰다. 18세기에 이르러 유럽이 쇠퇴하여 전보다 못하자 독일·이탈리아 등의 유

2 브라질의 음식문화 형성 요인

분류	특징
인디오 원주민의 음식문화	브라질 도시에서 멀리 떨어진 대륙 내부의 오지대인 북부 및 북동부 지역에서 주로 발달 넉넉한 천연자원의 채집, 사냥만으로 생활 기능 자연 그대로 섭취, 끼니 대용으로 충분함 바나나를 주로 섭취, 굽거나 파이를 만들어 먹음 카사바가 널리 이용 피렁(생선에 가루 묻혀 튀겨내 고추기름 발라 먹음)을 만들어 먹음 필요에 따라 허브류 식물을 쓰기도 하고 사탕수수의 즙액으로 단맛을 내기도 함
아프리카 흑인의 음식문화	음식에 맵거나 향기로운 맛을 더하는 조미료, 향신료 등을 소개 노동 중 땀으로 배출되는 염분을 보충하기 위해 소금을 즐겨 섭취 장티푸스 발병을 막기 위해 마늘을 자주 섭취함 격심한 노동 때문에 덴데유를 이용한 고지방성분 음식 섭취 끓이거나 찌는 조리법 발달 대표적으로 페이조아다(feijoada), 쿠스쿠스(couscous) 발달
유럽인의 음식문화	유럽인들이 이주해오며 원주민의 음식문화에 유럽 음식문화가 더해짐 특히 남부 지방에서 유럽 문화가 깊이 정착함 스파게티, 버터, 치즈 등 발달

럽인들이 멕시코로 이주하게 되면서 유럽인, 아프리카 흑인, 인디오 원주민의 문화가 어우러져 독특한 문화를 형성하고 있다. 현재 국제적·국내적인 여러 가지 경제 활동 분야는 대개 유럽계 현지인들이 뚜렷하게 주도권을 차지하고 있으나, 브라질의 전통적인 문화 분야는 보통 흑인문화에서 영향을 받은 것이 많다.

경제와 소비로 알아보는 외식환경

최근 경제의 흐름과 전망

브라질의 국토는 남미대륙 전체의 47.3%를 차지하고 인구는 약 1억 9천만 명으로 각각 5위를 차지하는데, 브라질은 방대한 국토와 풍부한 노동력이 있는 거대 시장이다. 또한 국토의 60% 이상이 정글·산림으로 덮여 있어 임산자원과 지하자원이 막대하므로 경제성장 잠재력이 있다.

/ 신 경제 모델 형성 / 1964년 군사혁명 이후 정치적 안정과 더불어 풍부한 노동력, 부존자원을 바탕으로 공업화를 적극 추진하여 중남미 제1의 공업국으로 발전하였다. 특히 1979년대에는 경제성장 정책에 따라 제1차 석유파동 이후 세계 경기의 침체에도 불구하고 연평균 7%가 넘는 경제성장률을 지속하였다.

그러나 1970년대의 무리한 고도 경제성장정책과 원유의 대외의존도 증대에 따른 인플레이션, 국제수지 적자, 대외채무누증, 이로 인한 과도한 원리금 상환부담

3 | 주요 경제 지표
자료_ 브라질 중앙은행(BCB), 브라질통계청(IBGE)
*는 추정치

구분	단위	2004년	2005년	2006년	2007년	2008년	2009년	2010년	2011년(*)
총 GDP	1억 달러	6,637	8,824	10,888	13,665	16,507	15,984	20,898	25,179
1인당 GDP	1억 달러	3,665	4,812	5,867	7,283	8,707	8,490	11,094	
경제성장률	%	5.7	3.2	4.0	6.1	5.2	−0.3	7.5	3.0
물가상승률	%	7.6	5.69	3.14	4.46	5.9	4.31	5.91	6.5
실업률(연말)	%	9.6	8.3	8.4	7.4	6.8	6.8	5.3	5.2
기준금리(연말)	%	17.75	18.5	13.25	11.25	13.66	8.75	10.75	11.0
수출	1억 달러	964.8	1,183.1	1,374.7	1,606	1,979	1,530	2,019	2,560
수입	1억 달러	627.8	735.3	913.9	1,206	1,730	1,277	1,818	2,262
무역수지	1억 달러	337.0	447.8	460.7	400	249	253	201	298
외국인 직접투자	100만 달러	18,166	15,193	18,822	34,585	45,058	25,949	48,506	66,660
외환보유고	1억 달러	529.4	538.0	858.4	1,803.3	2,068.1	2,390.5	2,886	3,520
외채	1억 달러	2,149.3	2,021.9	1,694.0	1,932	1,983	1,982	2,568	2,973
환율(연말)	달러=헤알	2.6544	2.3407	2.138	1.7713	2.337	1.7412	1.6662	1.8758

등으로 경제사정이 악화되어 연평균 1천 % 이상의 인플레이션을 기록하였다.

1990년 콜로르Collor 정부이래 시작된 개방화 및 민영화 정책은 1992년 말 취임한 이타마르Itamar 정부 아래에서도 계속 되었으며 1995년 카르도주Cardoso 대통령 취임, 메르코수르Mercosur의 출범과 WTO 체제 출범을 계기로 더욱 가속화되었다.

카르도주 대통령은 이타마르Itamar 정부에서 재무장관직 수행시 자신이 채택한 경제안정책Real Plan을 실시하여 인플레 억제 및 경제 안정에 일단 성공하고 재임기간동안 물가가 안정되었으나 중임이후 경제침체 현상이 지속되었다.

2003년 취임한 룰라Lula 대통령은 그간 높은 해외자본에 의존해온 브라질의 경제모델이 경제의 저성장, 실업 및 빈곤 등 구조적인 문제점을 가져온 것으로 평가하고 국내 저축의 증가를 통한 생산확대 및 고용을 창출하는 새로운 경제 모델 형성을 추진하였다.

/ 소득계층의 변화 / 브라질은 소득계층을 A, B, C, D, E계층의 5단계로 분류하며 A, B계층은 부유층, C는 중산층, D, E는 저소득층이다. 최근 5년 간 브라질 인구 중 약 1,900만 명이 D, E계층에서 C계층으로 이동하여 중산층이 많아졌으며 약 1,200만 명이 C계층에서 상위 A, B계층으로 이동하였다. C계층은 2005년 34%, 2009년 49%로 꾸준히 증가하여 2010년 전체 인구 1억 9160만 명 중 절반 이상인 53%를 차지한 것으로 나타났다. 전체 인구에서 D, E계층 인구비중은 2005년은 51%, 2009년 35%, 2010년 25%를 차지하여 전체 인구에서 이 계층이 차지하는 비중이 점차 감소하는 것으로 나타났다. C계층의 유입으로 인하여 A, B계층은 2005년 15%, 2009년 16%, 2010년에는 21%를 차지하여 지속적으로 증가하였다.

총소득에서 필요한 지출을 뺀 나머지인 잉여소득도 계층별로 골고루 증가하였으며, 특히 저소득층의 잉여소득이 가장 증가한 것으로 나타났다. 2010년 기준 브라질 소비자들의 월평균 잉여소득은 전년 대비 60% 정도 증가한 368헤알이고,

(단위: 백만)

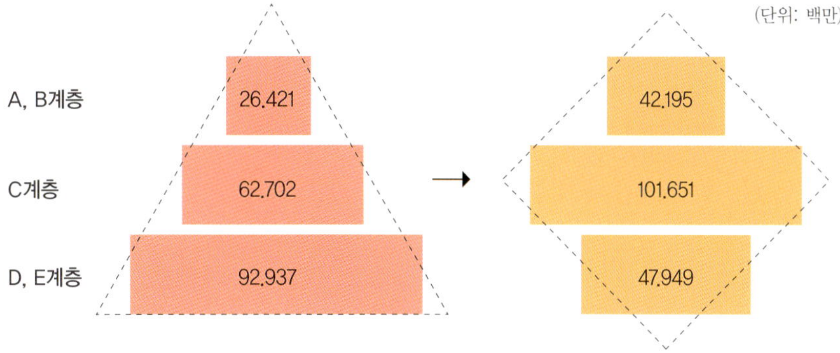

계층별 인구 피라미드
자료_KOTRA

D, E계층의 2010년 잉여소득은 전년 대비 70%가 상승한 104헤알이다.

2005년 D, E계층의 잉여소득은 기본 소비만 하기에도 현저하게 부족한 금액인 −17헤알이었지만 D, E계층의 2010년 총소득은 가장 높은 잉여소득인 14억 헤알으로 늘어나 급격한 소득 변화를 보여주었다. A, B계층은 D, E계층 다음으로 높은 잉여소득 증가율을 보였으며, 2010년 A, B계층 잉여소득은 전년 대비 46%가 증가한 991헤알이다. C계층은 가장 적은 잉여소득 증가율을 보였으며 2009~2010년 사이에 204헤알에서 243헤알 정도로 19%가 증가하였다.

Cetelem BGN의 조사에 의하면 소득 증가와 계층의 수직이동에 따라 전 계층의 소비 의지가 매우 높아진 것으로 나타났으며, 브라질 정부가 인플레이션 상승을 견제하기 위한 대책의 일환으로 각종 소비억제 정책을 시행하지만 사회계층 전반에 걸쳐 소비 증가가 계속되는 것으로 나타났다.

4 | 브라질 인구의 잉여 소득
자료_Cetelem BGN & IPSOS Public Affairs(2011)

사회계층	2009년	2010년	2009년 대비 증감률
A, B계층	680헤알	991헤알	46%
C계층	204헤알	243헤알	19%
D, E계층	61헤알	104헤알	70%
월 평균	230헤알	368헤알	60%

최근 소비의 흐름

/ 시장의 변화 / 브라질은 고용 증가, 개인신용 확대, 가계소득 개선 등으로 경제가 활성화되면서 거대 소비계층이 형성되고 있다. 베인앤컴퍼니Bain & Company와 유로모니터 인터내셔널Euromonitor International의 조사에 따르면, 브라질 연간 소비규모는 2007년 7,800억 달러에서 2012년 1조 달러에 달할 전망이며, 이 중 소득 수준이 중간에 해당되는 C계층의 성장이 두드러질 것으로 분석하고 있다.

또한, 출산율 감소와 평균수명 연장으로 브라질 인구 중 성인 비중이 증가하고 있으며, 15세에서 64세까지의 인구가 전체 2/3를 차지하게 된다. 출산율 감소로 부양가족이 줄어들면서 가계의 소비수준이 높아지고 자신에 대한 투자도 증가하는 경향이 있으며 인구 노령화로 여가와 관광과 같은 서비스 산업에 대한 수요가 크게 증가하고 있다.

앞에서 언급한 인구의 노령화와 독신가구·딩크족의 증가뿐만 아니라 여성의 사회진출 확대, 중년층의 소비력 확대 등이 이루어지고 있으므로 이들은 브라질의 소비 트렌드를 이끌고 있는 주요 계층이다.

/ 외식 소비율의 증가 / 브라질국립지리통계원IBGE에 따르면 브라질 총 인구의 32%에 해당하는 6,000만 명이 외식을 즐기는 것으로 조사되었으며 브라질 외식산업 규모는 일일 4억 2000만 헤알, 연간 220억 헤알에 이르는 것으로 조사되었다. 또한 브라질식품산업협회BFIA 자료에 따르면 브라질에서 외식을 즐기는 인구는 2010년 5,700만 명으로 추정되고 있으며 동 수치는 2014년까지 약 8,300만 명으로 약 68%가 증가할 것으로 전망되고 있다. 브라질 고소득층인 A, B계층의 소비자는 1인당 1회 외식비로 평균 약 25~40헤알[1달러=1.77헤알]을 지출하는 것으로 나타났으며 중산층인 C계층의 소비자의 경우 평균 9헤알을 지출하는 것으로 파악되고 있다[BFIA 2010].

음식으로 맛보는 브라질 문화

음 식 문 화 의 특 징

인디오 원주민과 흑인, 그리고 유럽 이주민들의 음식문화가 서로 융합되어 발달하였다. 브라질 오지인 북부와 북동부 지역에 거주하는 토착민 인디오의 음식은 식재료를 자연 그대로 먹거나 또는 삶거나 구워 먹었다. 주로 카사바만디오카, 옥수수, 열대과일, 감자와 아마존강 유역의 생선을 즐겨 먹었다. 브라질 남부 지역은 주로 유럽인의 음식문화에 영향을 받아 브라질 음식문화는 다양하게 발달하였다.

다양한 음식문화의 영향을 받은 브라질 음식은 지역의 자연환경과 결합하여 고유한 지역 음식을 발달시켰다. 상파울루São Paulo는 19세기 후반에 커피 재배가 활발해지면서 대도시로 발전하게 되었다. 포르투갈계·에스파냐계·독일계·이탈리아계·동 유럽계·아프리카계·일본계 등 세계 각지에서 모여든 인종이 거주하며 다양한 음식문화를 형성하고 있다. 전통음식으로는 파이의 일종인 엠파나다empada, 호박파이 및 브라질식 칠면조 요리 등이 있다.

리우데자네이루Rio de Janeiro는 브라질 남동부 대서양 연안에 자리한 도시로 대구와 새우를 재료로 하는 요리가 대표적이다. 바이아Bahia라는 옛 이름으로도 유명한 사우바도르Salvador는 포르투갈인에 의해 사탕수수가 재배된 곳으로, 다른 지역과는 다르게 고된 노동을 했던 아프리카 흑인 문화의 영향을 많이 받고 있다. 사우바도르의 음식은 밀가루가 귀중했던 당시 만디오카나 코코넛·해산물 등의 지역산물을 많이 사용하였으므로 덴데유와 코코넛가루로 독특한 맛을 낸다. 더불어 넓은 초원에 서식하는 짐승들을 잡아 육류는 넉넉하였으며, 각종 채소와 과일 등을 재료로 만드는 다채로운 음식문화가 발달되었다. 주로 케이크의 일종인 아카라제acaraje와 스튜의 일종인 바타파vatapa를 즐겨 먹는다.

아마조나스Amazonas는 적도 바로 아래의 조밀한 열대우림 아마존 지역이다. 유럽인들의 침범을 피해 인디오 원주민들이 머물러 지내온 곳으로, 브라질 원주민의 음식문화가 잘 보존되어 있는 곳이다. 야자수 부리치buriti의 열매에서 나오는 기름으로 요리도 하고 사탕을 만들어 먹거나, 발효시켜 술을 만들어 먹기도 한다. 식자원이 풍부하여 과일 요리와 생선 요리가 발달되어 있으며, 대표적인 음식으로는 파투누투쿠피pato no tucupi가 있다.

미나스제라이스Minas Gerais는 각종 광물자원이 매우 풍부하다. 따라서 브라질에서 광석들을 캐내던 포르투갈인들의 영향을 받아 포르투갈 음식문화가 브라질의 음식문화와 조화를 이루거나 섞여 있다. 이곳은 활짝 트인 아주 넓은 들판으로 이뤄진 지형에서 목축업을 하는 이들이 많아 채소 및 육류 요리가 함께 발달하였다. 대표적인 요리로는 키아부 닭고기 요리를 들 수 있다.

에스닉 푸드의 특징

브라질은 국토가 넓어서 지역별 음식이 특징적으로 구분되며 여러 문화의 영향을 받았다. 아프리카 흑인들이 가져온 덴데유야자수 기름를 많이 사용하기도 하고 유럽인의 영향으로 버터, 치즈와 같은 유가공 식품을 요리에 많이 이용한다. 또 레몬 대신 라임을 사용한다.

브라질인은 아침은 우유나 커피에 빵 등으로 가볍게 먹고 점심, 저녁을 여유 있게 즐기며 늦은 밤까지 파티를 즐기기도 한다.

슈하스코

/ 슈하스코 / 원래 남부 지역 팜파스에 사는 가우초들의 음식이었던 슈하스코churrasco는 오늘날 브라질 전역에서 즐겨 먹는 음식이 되었다. 브라질식 숯불구이로 긴 꼬챙이에 길게 썬 고기를 끼워 굵은 소금을 뿌려가며 숯불에 굽는다. 가금류의 고기는

브라질
음식문화 특징

•• 만디오카와 원주민 음식

오늘날 브라질 북부에 주로 거주하는 원주민들은 과거 조상들이 즐겨 먹던 만디오카와 더불어 얌, 땅콩, 야자 같은 열대 과일과 갓 잡은 생선, 사냥한 동물고기 등을 먹었다. 대표적인 요리로는 만디오카가루를 묻혀 튀긴 후 고추기름에 발라먹는 피렁과 만디오카가루에 말린 새우와 고추를 넣고 끓이는 타카카와 훈제한 소혀, 돼지머리, 순대, 햄 등을 만디오카국물에 넣고 장시간에 걸쳐 끓이는 마니소바 등이 있다.

•• 아프리카의 흑인 음식문화 유입

주로 서아프리카에서 온 흑인들은 브라질에서도 그들 고유의 식품에 대한 금기와 식문화를 간직하였다. 바나나, 코코넛, 얌, 각종 두류, 말라구에타라는 작고 매운 고추, 향신료 등 아프리카에서 가져온 식품에 브라질에서 획득할 수 있는 식품을 적절하게 배합, 이용하며 그들만의 독특한 음식문화를 유지하였다. 아프리카산 팜에서 추출하는 덴데유는 향이 강한 진한 황색의 기름으로 음식의 색을 노랗고 향기롭게 만드는데, 아프리카 스타일의 음식에 사용되어 특징적인 향과 색을 제공한다.

•• 포르투갈 등 유럽인의 음식문화 영향

1500년 포르투갈인에 의해 발견된 브라질은 다른 남미국가와는 달리 공식적인 언어로 포르투갈어를 사용하고 있으며, 인구의 55% 이상이 포르투갈을 비롯하여 이탈리아와 독일 등 유럽계이며 38% 가량은 혼혈이다. 브라질 음식문화는 유럽의 영향을 받아 파스타나 소시지 같은 유럽의 음식이나 버터, 치즈 등 유제품의 이용이 많다. 특히 처음으로 브라질에 이주해 온 포르투갈인들의 영향으로 포르투갈의 대표 요리인 염장하여 말린 대구(bacalhau)를 이용한 음식은 브라질에서도 즐겨 먹는 대표적인 음식이며, 포도주 문화도 발달했다. 유럽 스타일의 음식은 특히 남부 지방에서 많이 찾아 볼 수 있다.

•• 육류 음식의 선호

브라질은 국토의 20%가 초원지대로 남부를 중심으로 발달한 축산업은 아르헨티나를 능가한다. 소, 돼지, 양, 닭과 칠면조 등이 사육되지만 특히 선호하는 것은 쇠고기이다. 대표적인 육류 음식은 브라질식 바비큐인 슈하스코(churrasco)이다.

마늘과 라임주스, 소금 등에 재워 두었다가 익히고 붉은 살코기는 소금양념만 해서 익힌다.

/ **쿠스쿠스** / 아프리카의 이집트와 모로코에서 즐겨 먹는 쿠스쿠스couscous는 밀가루나 보릿가루로 만들어 먹은 음식이다. 그러나 브라질에서는 옥수수를 찧어 가루를 내어 반죽한 후 소금을 친 다음 삶아서 야자수 기름을 발라 먹는다. 옛날에는 주로 흑인 노예들이 가정에서 만들어 먹었지만 지금은 브라질 빵공장에서 대량으로 만들어 파는 인기 있는 브라질의 서민적인 음식이다. 아침 식사에 커피나 우유와 함께 곁들기도 하며 가벼운 저녁 식사를 할 때에도 많이 먹는다.

쿠스쿠스

/ **페이조아다 콤플레타** / 사탕수수 농장의 노예로 끌려온 흑인들은 아프리카의 재료와 음식을 가져와 브라질의 산물을 이용한 독특한 음식으로 발전시켰다. 백인 농장주들이 먹고 남은 고기부산물을 이용하여 새로운 음식을 만들어 내기도 하였는데, 페이조아다 콤플레타feijoada completa는 페이종이라는 콩에 고기를 넣어 요리한 것이다. 지역에 따라 조금씩 다르지만 가장 대표적인 페이종 쁘레또라고 하는 팥보다 약간 큰 까만 콩으로 만든다. 불린 콩을 삶는 도중에 소와 돼지의 뼈에 붙은 고기, 까르네 쎄카소금에 절인 고기, 링귀사, 베이컨 등이나 기호에 따라 돼지의 코와 귀까지 넣어 푹 끓인 음식으로 밥이나 만디오카 가루를 곁들여 먹는다.

페이조아다 콤플레타

바칼라우

/ 바칼라우 / 유럽의 이민자들이 즐겨 먹던 바칼라우bacalhau는 조개류 및 각종 해산물에 감자, 양파, 마늘, 당근, 회향풀, 올리브, 포도주 등을 대구와 함께 넣고 찜통에 쪄낸 포르투갈의 전통적인 음식이다.

엠파나다

/ 엠파나다 / 파이의 일종인 엠파나다는 밀가루 반죽을 익혀 토마토, 야자수열매, 양파, 파슬리, 올리브 등을 넣고 찐 것이다. 토마토 대신 호박을 넣은 호박파이도 즐겨 먹는다.

브라질에서의 한식 이야기

Have a taste Korean Food in the World

먹고 싶어하는 한식 메뉴

브라질인들이 먹어본 한식

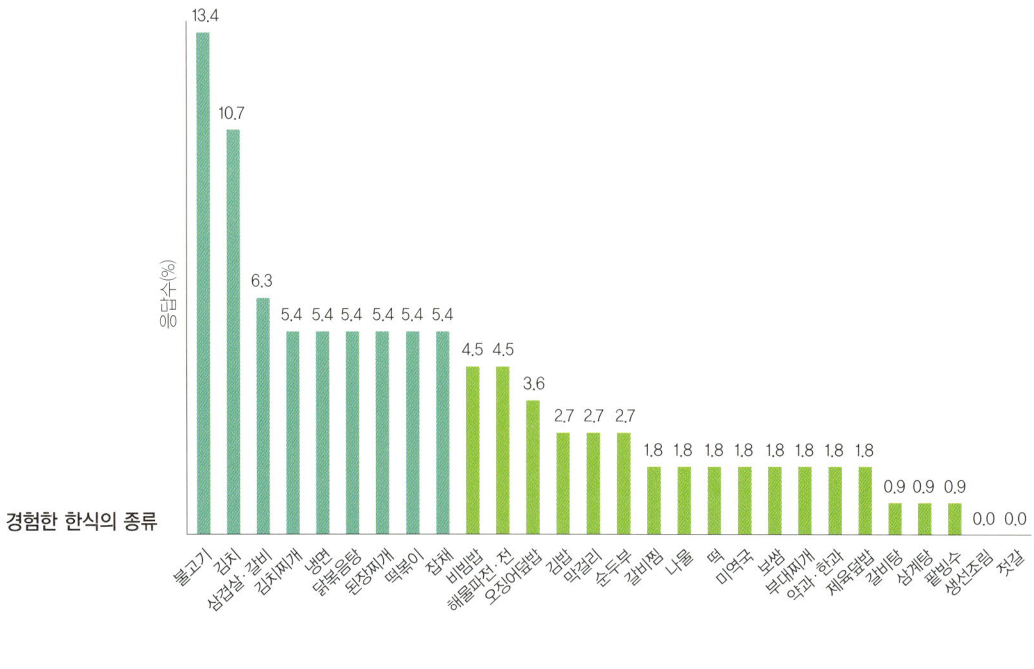

경험한 한식의 종류로는 불고기 13.4%, 김치 10.7%, 삼겹살·갈비 6.3%, 김치찌개, 냉면, 닭볶음탕, 된장찌개, 떡볶이, 잡채가 각각 5.4%, 비빔밥, 해물파전·전이 각각 4.5%, 오징어덮밥이 3.6%, 김밥, 막걸리, 순두부가 각각 2.7%, 갈비찜, 나물, 떡, 미역국, 보쌈, 부대찌개, 약과·한과, 제육덮밥이 각각 1.8%, 갈비탕, 삼계탕, 팥빙수가 각각 0.9%로 나타났다. 다른 나라에서 김치나 비빔밥의 경험이 많았던 것과 비교하여 불고기, 삼겹살·갈비와 같이 육류의 경험이 높은 것으로 나타났다.

브라질인들이 좋아하는 한식

조사 대상자가 먹어본 한식 중 가장 맛있는 한식은 김치찌개, 불고기, 삼겹살·갈비가 각각 13.3%로 가장 높았으며, 김치, 떡볶이, 오징어덮밥이 각각 10%, 냉면, 비빔밥이 각각 6.7%, 갈비찜, 부대찌개, 생선조림, 잡채, 제육덮밥이 각각 3.3%로 나타났다. 한식 중 삼겹살·갈비와 불고기는 경험횟수가 많았던 것과 비례하여 선

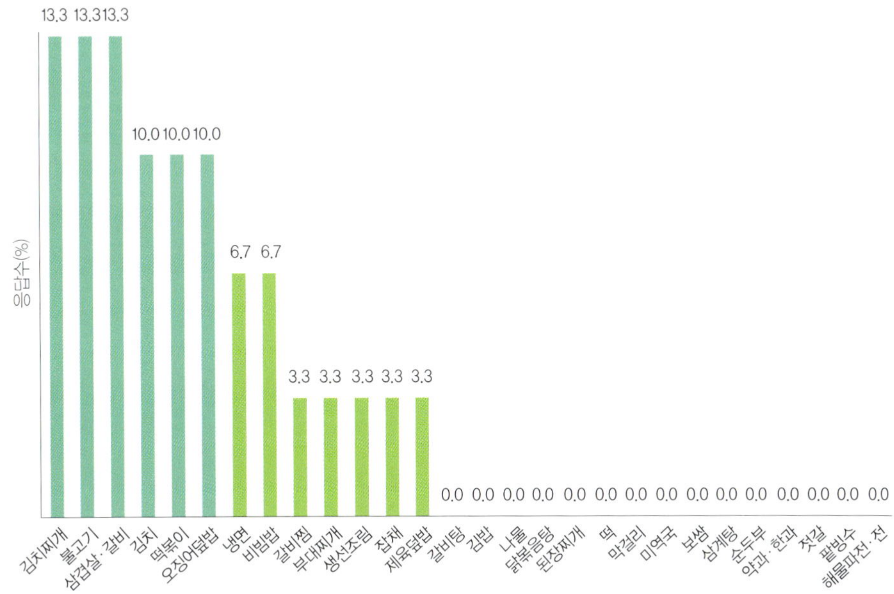

경험한 한식의 선호도

호도도 높았으며 이는 조사 대상자들이 좋아하는 음식 중 육류가 가장 높았던 것과 일치한다.

브라질인들이 먹고 싶어하는 한식

향후에 먹어보고 싶은 음식으로는 비빔밥이 15.5%로 가장 높았으며, 바로 다음으로 불고기가 11.7%, 생선조림이 7.8%, 약과·한과 6.8%, 김치, 냉면, 닭볶음탕, 삼겹살·갈비가 각각 4.9%, 나물, 된장찌개, 떡, 떡볶이, 보쌈, 해물파전·전이 각각 2.9%, 그 밖에 갈비찜, 갈비탕, 김치찌개, 미역국, 삼계탕, 순두부, 오징어덮밥, 잡채, 제육덮밥이 각각 1.9%, 김밥, 막걸리, 부대찌개, 팥빙수가 각각 1%로 나타났

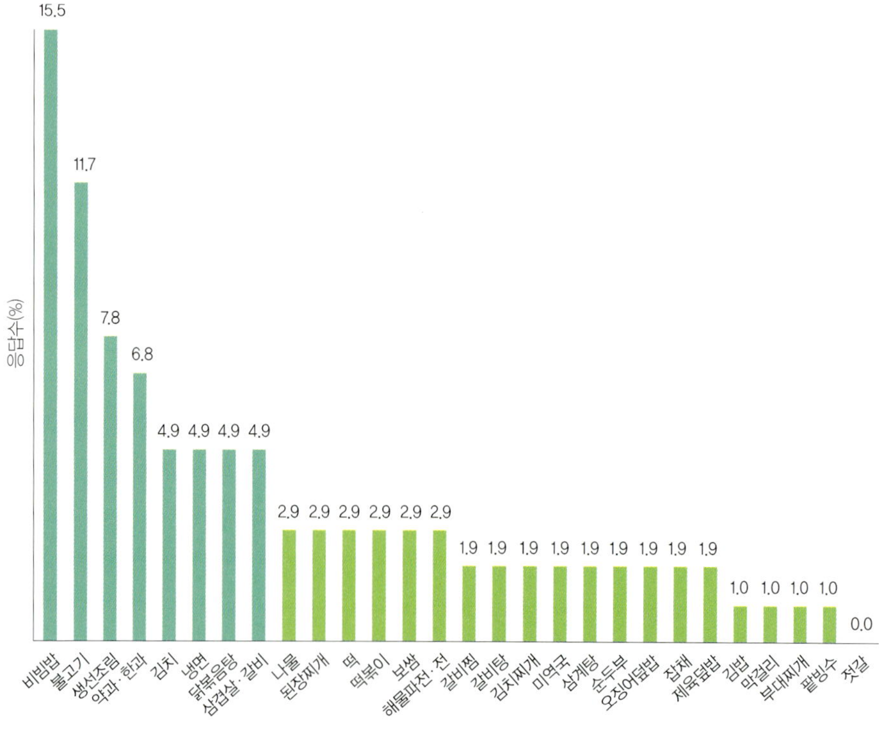

향후 경험하기를 원하는 한식

다. 한식의 대표로 생각되는 비빔밥을 경험해보고 싶어 하는 사람이 가장 많았으며, 향후 먹어보고 싶은 음식 역시 불고기, 삼겹살·갈비, 닭볶음탕 등 육류 음식을 가장 경험하고 싶어 하였다. 가장 선호도가 낮은 음식 종류였던 국·탕·찌개는 경험하고 싶은 음식에서도 낮은 순위를 나타내었다.

한식에 대한 생각 엿보기

브라질인들이 생각하는 한식의 특징

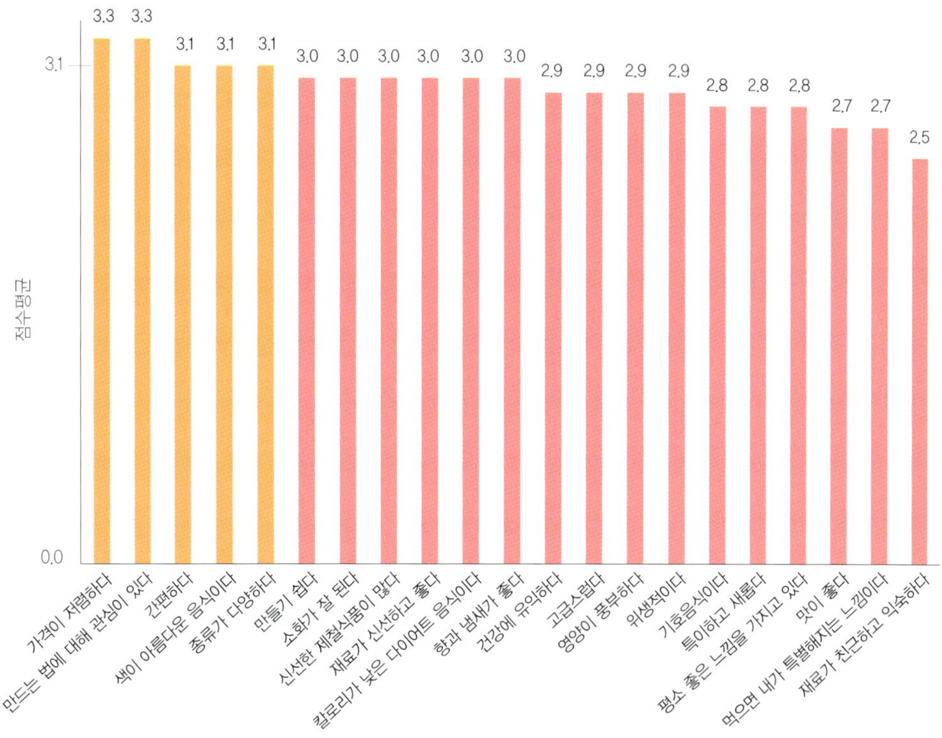

한식에 대한 인식도

조사 대상자들의 한식에 대한 인식도를 점수로 나타내었을 때 가격은 저렴하다, 만드는 법에 관심이 있다는 답변이 3.3점으로 가장 높았으며, 간편하다, 색이 아름다운 음식이다, 종류가 다양하다는 답변이 3.1점으로 나타났다. 그 외에 만들기 쉽다, 소화가 잘 된다, 신선한 제철식품이 많다, 재료가 신선하고 좋다, 칼로리가 낮은 다이어트 음식이다, 향과 냄새가 좋다는 답변이 각각 3점, 건강에 유익하다, 고급스럽다, 영양이 풍부하다, 위생적이다는 답변이 각각 2.9점, 기호음식이다, 특이하고 새롭다, 평소 좋은 느낌을 가지고 있다는 의견이 각각 2.8점, 먹으면 맛이 좋다, 내가 특별해지는 느낌이라는 답변이 각각 2.7점, 재료가 친근하고 익숙하다는 답변이 2.5점으로 나타났다. 한식을 만드는 법에 관심이 많아, 한식에 대한 관심도 있을 것으로 생각된다. 조사 대상자들이 음식을 선택할 때 중요시 하는 것이 음식의 맛과 영양·건강성인데, 이들 항목의 점수는 낮게 나와 한식의 맛을 현지인에게 맞게 제공하고, 한식의 영양·건강성을 알리는 등의 개선이 필요한 것으로 생각된다.

한식과 관련한 정보수집 경로

5 | 한식에 대한 정보수집 경로

내용	응답수	응답률(%)
인터넷	24	29.6
TV/영상정보(영화 등)	5	6.2
한식당	21	25.9
잡지, 책자	3	3.7
친구, 동료	13	16.0
기타	15	18.5
합계	81	100

한식에 관련된 정보를 수집하는 경로로는 인터넷과 한식당이 각각 29.6%와 25.9%로 높았으며, 친구, 동료를 통해서 정보를 얻는다는 답변이 16%, 영상정보와 잡지, 책자를 통해 정보를 수집한다는 답변은 각각 6.2%, 3.7%로 낮게 나타났다. 나머지 기타 답변은 18.5%로 나타났다. 한식당에서 한식을 접한 경험이 많아 정보 수집 역시 한식당에서 가장 많이 이루어진 것으로 보인다. 또한 한식을 함께 먹은 사람의 순위가 친구였다는 대답이 절반 이상을 차지하여 한식에 대한 정보 또한 공유한 것으로 생각된다. 한국 드라마와 영화를 경험한 사람이 적어 영상정보를 통한 정보 수집은 어려웠을 것으로 보이며, 한국을 방문한 사람의 수가 적어 직접적으로 정보를 수집하기에는 어려웠기 때문에 인터넷을 통한 정보 수집의 비율이 높은 것으로 생각된다.

한국산 식료품과 가공품의 구입 경험률

/ 한국산 식료품의 구입 경험 / 조사 대상자 중 한국산 식료품을 구입한 경험이 있다고 한 대답이 43.2%, 없다고 답한 사람이 56.8%로 한국산 식료품 구입 경험자가 절반 정도인 것으로 나타났다.

6 | 한국산 식료품의 구입 경험

내용	응답수	응답률(%)
없다	35	56.8
있다	46	43.2
합계	81	100

/ 구입한 식료품의 종류 / 구입한 식료품의 종류로는 국수, 라면류가 39.4%, 양념, 소스류가 31%로 높게 나타났으며, 음료가 12.7%, 원 식재료가 9.9%, 과자류가 7%로 나타났다.

7 | 구입한 식료품의 종류

내용	응답수	응답률(%)
양념, 소스류	22	31.0
국수, 라면류	28	39.4
음료	9	12.7
과자류	5	7.0
원 식재료(채소, 과일, 해산물)	7	9.9
합계	71	100

/ **구입한 식료품 중 양념 종류** / 구입한 식료품 중에서 양념류는 참기름 38.3%, 간장 31.7%로 두 종류가 대부분을 차지하였으며, 고추장 18.3%, 된장 5%, 쌈장 1.7%, 기타 5%로 나타났다. 불고기의 경험이 많고 선호도도 높았으며, 짭짤한 맛을 선호하는 사람이 많아 간장의 구입 경험이 많은 것으로 생각된다.

8 | 구입한 식료품 중 양념 종류

내용	응답수	응답률(%)
간장	19	31.7
된장	3	5.0
고추장	11	18.3
쌈장	1	1.7
참기름	23	38.3
기타	3	5.0
합계	60	100

/ **구입한 식료품의 가공 형태** / 조사 대상자가 구입한 식료품의 가공 형태는 통조림 형태가 35.3%로 가장 높게 나타났으며, 냉

동식품이 23.5%, 신선식품과 즉석식품이 각각 20.6%로 나타났다. 구입한 식료품이 원재료보다는 가공식품 종류가 많아 통조림 종류의 식료품 구입이 많았던 것으로 보인다.

9 | 구입한 식료품의 가공 형태

내용	응답수	응답률(%)
통조림	12	35.3
냉동식품	8	23.5
건조식품	0	0.0
신선식품	7	20.6
즉석식품(레토르트)	7	20.6
합계	34	100

/ 포장 김치류의 구입 경험 / 한국산 가공품 중 김치류를 구입한 경험은 85.9%가 없는 것으로 나타났다. 경험한 한식 중 김치의 순위가 높았으나 포장된 김치류를 구입한 경험이 적어 한식당에서 많이 경험한 것으로 생각된다.

/ 포장 삼계탕의 구입 경험 / 한국산 가공품 중 포장 삼계탕의 구입 경험은 87.8%가 없었다. 브라질 대상자가 삼계탕을 경험한 순위가 낮아 구입 경험 또한 낮았다.

10 | 포장 김치류의 구입 경험 ▶

11 | 포장 삼계탕의 구입 경험 ▶▶

내용	응답수	응답률(%)
없다	61	85.9
있다	10	14.1
합계	71	100

내용	응답수	응답률(%)
없다	65	87.8
있다	9	12.2
합계	74	100

/ 조미 김의 구입 경험 / 한국산 가공품 중 조미된 김을 구입한 경험이 있는 사람은 31.6%로 포장된 김치와 삼계탕의 구입 경험보다는 높은 것으로 나타났다.

/ 한국 술의 구입 경험 / 한국산 가공품 중 한국 술을 구입한 경험은 21.9%로 나타났다.

12 | 조미 김의 구입 경험 ▶

13 | 한국 술의 구입 경험 ▶▶

내용	응답수	응답률(%)
없다	52	68.4
있다	24	31.6
합계	76	100

내용	응답수	응답률(%)
없다	57	78.1
있다	16	21.9
합계	73	100

/ 구입한 술 종류 / 구입한 술의 종류로는 소주가 55%로 가장 높은 비율을 차지하였으며, 전통주 10%, 맥주와 와인이 각각 5%, 기타 25%로 나타났다.

14 | 구입한 술 종류

내용	응답수	응답률(%)
소주	11	55.0
맥주	1	5.0
막걸리	0	0.0
전통주	2	10.0
와인	1	5.0
기타	5	25.0
합계	20	100

현지인들이 말하는 한식의 매력

한식의 기호도는 시다는 의견이 3.6점으로 가장 높게 나타났으며 다음으로 냄새가 강하여 싫다, 특별한 맛이 없고 밍밍하다가 각각 3.5점으로 나타났는데, 이는 한식 중 발효음식이 많아 발효하면서 생긴 산과 특유의 향에 대한 거부감이라고 생각된다. 다음으로는 기름지고 느끼하다, 온도가 너무 뜨겁다는 답변이 3.3점이었으며, 한식에는 참기름과 들기름의 사용이 잦고, 국·탕·찌개 요리가 많아서 나타난 결과로 생각된다. 그 외에 달다, 짜다가 각각 3.2점, 담백하다 3.1점, 씹는 느낌이 좋다 2.9점, 맵다, 양념 맛이 강하다가 각각 2.6점으로 나타났다.

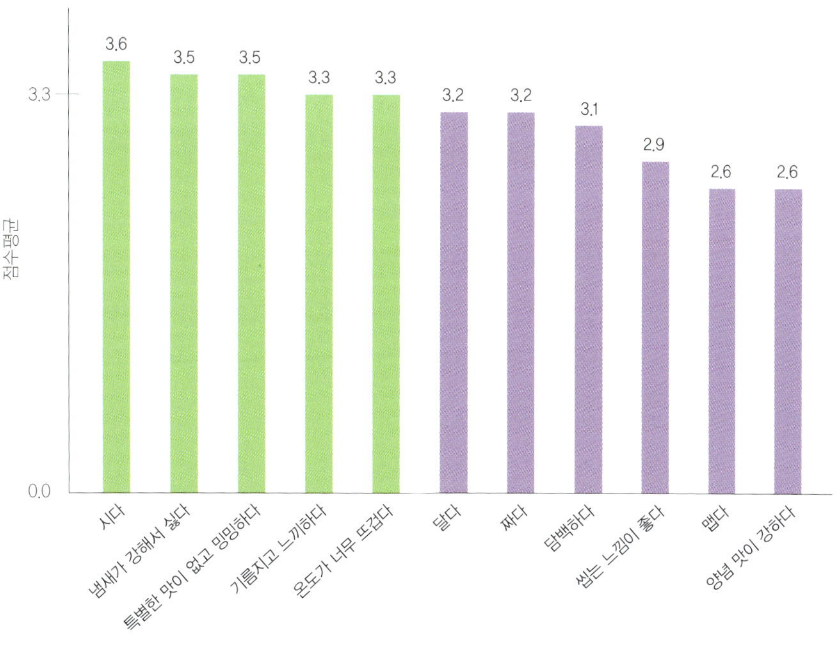

한식에 관한
기호도 조사

브라질에서의 한식당 이야기

Have a taste Korean Food in the World

상파울루에서 영업 중인 한식당

브라질의 상파울루시에서 한인이 운영하는 업체는 한인 잡지 등에 실린 광고수를 집계한 결과에 따르면 2011년에 약 70~100여 개가 있는 것으로 추정되고 있으며, 한식당은 여러 업체가 수시로 개·폐업을 하고 있어 정확한 수치를 파악하기는 힘들었다. 대략 한식당은 46개이며, 한인이 경영하는 뷔페식당 1개, 일식당 1개, 중식당 1개, 제과점 3개, 식품점 18개, 김치판매점 3개, 건강원 9개, 주점 4개, 떡집(방앗간) 6개, 기타 1개소 등이었다. 그 중 대다수가 한인 타운인 봉헤치로 지역에 밀집되어 있다. 특히 이 지역에는 한인들이 주요 고객층인 영세한 한식당들이 위치하고 있는데, 경쟁력이 매우 약하고 한인사회의 경기가 침체되어 경영의 어려움을 겪는 식당이 다수였다.

상파울루시의 한식당 분포는 크게 4개 지역으로 나눌 수 있으며, 각 지역은 거주자, 상업 형태에 따라 뚜렷한 특징이 있다. 각 지역에서 입소문이 난 대표 한식당과 비교적 현지인 고객들이 많다고 알려진 곳을 방문하여 경영주들을 심층 면

15 | 한식당의 지역별 분포 현황

지역		한식당명
상파울루	봉헤치로	석정, 함지박, 서울관, 원두막, 바다횟집
	리베르다지	갈봉부에노, 대문, 한국관
	아크리마송	해운대, 조선옥, 월궁, 빛고을
	모룸비	홍가네

담하였으며 식당 운영의 일반 현황과 한식 세계화에 대한 주제를 가지고 인터뷰하였다. 4개 지역별로 본 대표적인 한식당 현황은 표 15와 같다.

상파울루의 주요 한식당

석정

◀ 한식당 '석정'
▼ '석정'의 메뉴

상파울루 한식당의 종합적인 운영 실태

상파울루 봉헤치로에서 영업 중인 한식당별 현황과 특성은 다음과 같다.

석정

일반 현황	+ 경영주(70세)가 직접 조리, 주방장 일식경력(12년)
종업원/테이블수	+ 10명/50석
고객층	+ 평일 – 한국인, 브라질인 다수(밑반찬이 많아서 선호) + 주말 – 중국계, 일본계 손님 다수
선호 메뉴	+ 불고기정식, 삼겹살, 갈비구이(슈하스코와 유사), 돌솥비빔밥 + 회덮밥(한국인 선호)
재료 조달	+ 된장은 시골에서 직접 담가 파는 할머니에게 구입, 콩의 품질이 좋아 된장맛이 좋음 + 고추장은 직접 담가 사용, 순창고추장 등은 가격이 비싸서 사용하기 곤란함
특징	+ 직화구이는 옷에 냄새가 배므로 상에서 직접 굽지 않음

함지박

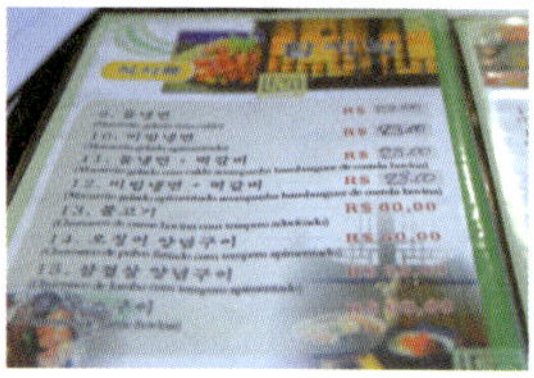

일반 현황
+ 한인타운에 위치함

종업원/테이블수
+ 3명/7석

고객층
+ 한국인과 브라질인(경영주와 친분이 있는 경우임)

선호 메뉴
+ 뚝배기염소탕, 불고기(단맛↑, 참기름↓), 염소탕·전골, 된장보리밥(한인 선호), 염소구이(브라질인 선호)

재료 조달
+ 일본계 축산 농장으로부터 육재료 구입

특징
+ 비빔밥 메뉴 없음
+ 손님의 특성에 따라 양념양을 조정

서울관

일반 현황
+ 한국에서 요식업 운영 경험 있음
+ 부인이 직접 조리함

종업원/테이블수
+ 8명/50석

고객층
+ 한인 교포

선호 메뉴
+ 불고기, 비빔밥 등

재료 조달
+ 일본계 채소상으로부터 채소 재료 구입

특징
+ 의류업체에 배달 영업

원두막

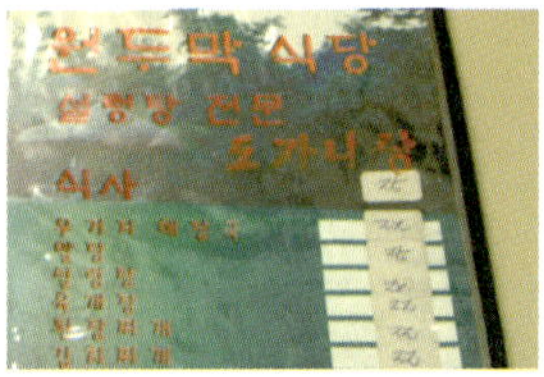

일반 현황	+ 인근 한인타운과 한인이 운영하는 의류업 관계자들이 주 고객임
종업원/테이블수	+ 4명/9석
고객층	+ 한국인, 브라질인 일부(한국인과 같이 오는 경우임)
선호 메뉴	+ 불고기, 김치쌈, 생선구이, 돈가스, 비프커틀릿
재료 조달	+ 현지 5일장(삐라)에서 구입함 + 채소와 쇠고기 등 재료가 비싼 편임 + 된장은 집에서 납품하시는 할머니로부터 구입
특징	+ 언어소통, 현지 노동법, 보증제도 등 어려움이 있음

바다횟집

일반 현황	+ 경영주가 대사관의 주방장으로 일한 경력 있음
종업원/테이블수	+ 20명/110석
고객층	+ 한국인
선호 메뉴	+ 회덮밥, 회, 설렁탕, 육개장
재료 조달	+ 현지 조달
특징	+ 규모가 큰 대형식당임

상파울루 리베르다지에서 영업 중인 한식당별 현황과 특성은 다음과 같다.

갈봉부에노

일반 현황	+ 뷔페 스타일의 식당
종업원/테이블수	+ 20명/200석
고객층	+ 중국계(90%), 한국인(10%)
선호 메뉴	+ 중국 > 일식 > 한식 뷔페 + 7~8가지 육류 선호, 생선류와 삼겹살 선호
재료 조달	+ 현지 조달
특징	+ 나무목재 인테리어 때문에 바퀴벌레가 생김 + 한국인 고객은 까다롭고 항의가 많음 + 현지인 고객은 빨리 먹고 빨리 이동함 + 중국인 고객은 싸고 맛있는 메뉴 선호

한국관

일반 현황	+ 영업기간 40년으로 상파울루에서 가장 오래된 식당, 후손이 대를 이어 친척들과 식당업을 하고 있음
종업원/테이블수	+ 20명/150석
고객층	+ 일본계(80%), 중국계, 한국교포(20%)
선호 메뉴	+ 불고기, 찌개
재료 조달	+ 현지 조달
특징	+ 현지화된 대표적인 식당임 + 브라질인, 일본계 브라질인들이 불고기 등을 먹으러 많이 오고 있으며, 일본인타운의 가장 번화한 지역에 있음

대문

일반 현황	+ 경영주(여, 한국무용 전공)
종업원/테이블수	+ 15명/100석
고객층	+ 일본계, 한국인
선호 메뉴	+ 한정식
재료 조달	+ 현지 조달
특징	+ 한국적인 인테리어 구성 + 전략적으로 일본타운에 위치하여 일본인 관광객 및 일식당 고객들을 겨냥한 성공적 사례

상파울루 아크리마송에서 영업 중인 한식당별 현황과 특성은 다음과 같다.

해운대

일반 현황	+ 부인이 직접 조리함
종업원/테이블수	+ 12명/300석
고객층	+ 한국인(90%), 중국계(3.5%), 일본계(3.5%), 현지인(3%) + 한국에 거주경험이 있는 일본계 브라질인이 맛있다고 함, 중국계 브라질인 손님이 많으면 영업에 지장이 있음
선호 메뉴	+ 불고기, 김치찌개, 해장국, 돌솥비빔밥
재료 조달	+ 재료, 양념을 직접 구매함
특징	+ 가족 잔치 개최 가능 + 현지에서 유명하여 프랜차이즈 제의 있었음 + 돌솥을 직접 한국에서 가져와 영업하여 유명세를 얻음 + TV에서 순두부찌개가 보도된 후 가스레인지로 요리하여 판매함 + 잡지(Veza)에 홍보했으나 브라질 광고는 내지 않고 있음

월궁

일반 현황	+ 주방장이 브라질인임, 한국인 고객을 위한 밑반찬은 경영주 부인이 따로 공급
종업원/테이블수	+ 20명/200석
고객층	+ 중국계(40%), 브라질 현지인(30%), 일본계(20%), 한국 교포(10%) + 브라질인은 주로 저녁 늦은 시간 8시 이후에 오고 한국인은 이른 저녁에 옴
선호 메뉴	+ 불고기, 돌솥비빔밥, 김치
재료 조달	+ 현지 조달(일본계 농장에서 구입), 된장과 고추장은 직접 담가 제공
특징	+ 현지화된 식당이라서 한국사람 입맛에는 맞지 않음 + 붉은 피망으로 매운맛 조절한 맵지 않은 김치 메뉴, 미소된장을 혼합한 쌈장 등 현지화된 메뉴 있음 + 냄새가 나지 않는 특수 화로를 한국에서 구입함 + 100대 유명 식당에 뽑힘 + 브라질대학 식품계열학과 학생들이 방문하여 실습함

빛고을

일반 현황
+ 치안이 좋은 부유층 주택가에 위치함

종업원/테이블수
+ 18명/200석

고객층
+ 일본계와 중국계를 포함한 브라질인(40%), 한국인(60%)

선호 메뉴
+ 불고기, 삼겹살, 파전, 비빔밥(고추장 양념 또는 간장 양념 선택가능), 낙지돌솥비빔밥(브라질 식당 중 유일한 메뉴, 인기 있음)

재료 조달
+ 현지 조달

특징
+ 경영주 남편(건축가)이 지원·관리하여 유지·보수가 잘되어 깨끗함
+ 주재원, 영사관 등의 고객이 많음
+ 대리주차 서비스가 있어 주차가 편리함
+ 현지 방송에서 불고기를 취재해 감
+ 옷에 냄새가 배지 않도록 주방에서 숯불로 직접 구어 제공

조선옥

일반 현황
+ 경영주(부부, 남편이 브라질 음식점 20년 운영함)

종업원/테이블수
+ 15명/100석

고객층
+ 현지인, 중국계, 일본계 브라질인, 한인 교포 2세의 현지인 친구들 일부 있음

선호 메뉴
+ 언양불고기(중국계 브라질인 선호), 녹두빈대떡, 새우전, 생선전 등 다양한 지지미, 삼계탕, 냉면(일본계 브라질인 선호), 비빔밥, 오징어볶음

재료 조달
+ 고춧가루, 고등어, 꽁치, 새우젓 등은 한국산을 사용
+ 하나로유통, 한국식품점(오뚜기식품) 등에서 구입

특징
+ 세련된 인테리어를 갖춤(전 경영주가 해놓은 인테리어임)

상파울루 모룸비에서 영업 중인 한식당별 현황과 특성은 다음과 같다.

홍가네

일반 현황
+ 전직 L사 주재원이 운영함

종업원/테이블수
+ 7명/100석

고객층
+ 한국인(주재원), 중국계(중국 회사 회식)

선호 메뉴
+ 비빔밥, 불고기, 갈비, 순두부찌개, 육개장

재료 조달
+ 현지 조달

특징
+ 2달에 1번씩 광고를 함

브라질 한식당 경영주가 말하는 성공 전략

해외 시장 개척 시의 어려움

대부분의 한식당은 전문인에 의한 경영이 이루어지지 않고 창업·폐업이 빈번하게 발생하며, 현지 조리원들이 재료 개량, 조리법 등을 제대로 숙지하지 못하는 상태라서 운영의 어려움이 많았다. 중남미 국가 중 유일하게 포르투갈어를 쓰고 있는 브라질은 인근 칠레, 페루 등의 국가와 비교하였을 때 한류 열풍이 상대적으로 덜 하였고, 한국을 '2002한일월드컵'으로 기억하는 사람들이 많았으며 한국과 한국문화에 대해서 비교적 낮은 인지도를 보였다. 그래서 브라질 내에도 한식에 대해 아직 무지하여 최근 위생국의 일시 점검 등이 실시되었을 때 발효음식인 김치, 고추장, 된장에 대한 안정성을 규명할 수 없다는 이유로 법률적 불이익을 받았다고 하였다. 따라서 전통 된장, 고추장을 사용하고 싶어도 검열에 걸리기 때문에 사용이 어려워 안타까움을 토로하였다.

또한 대부분의 한식당은 식재료 조달의 어려움을 겪고 있었다. 한국산 식재료는 가격이 비싸고, 통관이 어렵기 때문에 음식가격이 높아지는 원인이 되고 있었다. 된장, 고추장과 같은 양념류는 대부분 한인교포가 집에서 담가 파는 것을 납품받아 사용하고 있으며, 채소는 일본인이 경작하는 농장 제품을 제공받고 있거나 5일장인 뻬라에서 구입하는데 가격이 비싸다.

한식당의 성공 노하우

상파울루시의 한식당 분포는 크게 봉헤치로, 리베르다지, 아크리마송, 모룸비 4개 지역으로 나눌 수 있다. 한인타운으로 공식 명명된 봉헤치로Bom Retiro는 한인교포들이 의류업을 종사하는 지역이다. 많은 한인이 거주하여 한식당 및 한국 식품점

70~80여 개가 밀집되어 있으며, 이들 식당의 주 고객은 한인교포들인데, 한인들과의 사업상 교류가 있는 브라질인도 일부 있다.

／ 인기 있는 육류 메뉴 ／ 브라질인이 선호하는 메뉴는 불고기와 갈비가 단연 우세한데, 육류 선호 경향과 함께 슈하스코churrasco라는 전통 육류 요리를 주로 먹는 음식문화가 비슷하기 때문에 거부감이 없다.

석정식당의 경우 옷에 냄새가 배는 것을 방지하기 위하여 고기를 테이블에서 직접 굽지 않고, 주방에서 꼬챙이에 꿰어 구워서 뜨거운 철판에 제공하였다. 평일에 오는 주요 고객층은 한국인과 브라질인이며 주말 손님은 중국계와 일본계 고객들이 다수를 차지하였다. 그리고 시간이 지나면서 한국계 이외의 손님이 증가하였다. 한국계와 브라질인들은 특히 불고기와 삼겹살, 갈비구이 등 주로 육류 음식을 선호하며 밑반찬이 많아서 매우 좋아하였고 돌솥비빔밥도 인기가 있었다. 함지박식당은 한국인과 브라질인들이 주요 고객인데, 염소탕, 염소 전골 등의 국물 음식은 한국인이 선호하며, 구이류는 브라질인들이 선호하였다. 불고기는 한국에서 보다 단맛은 조금 더 강하게, 참기름은 적게 넣는 것이 맛의 비법이었다. 메뉴 중 특별 건강식으로 된장 보리밥이 있어서 한국인들에게 인기가 있었다.

서울관식당은 불고기와 비빔밥이 주 메뉴이고 한국 교포들이 주 고객층이었으며 의류업체 등의 업장에 배달 영업을 주로 하고 있었다. 한국에서 요식업 운영경험이 있는 부인이 직접 조리를 하였다. 원두막식당도 불고기와 김치쌈, 생선구이, 돈가스, 비프커틀릿 등이 주 메뉴이고 한국인들을 주 고객이며 10~20%는 한국인과 함께 오는 브라질인들이다.

/ 경영주와 친분 있는 고객 유치 / 함지박식당은 한국인과 브라질인들이 주요 고객인데, 주로 경영주와 친분이 있는 단골 고객들이 많았다. 바다횟집의 경영주도 대사관에서 주방장으로 일한 경력이 있어 인맥이 넓으므로 저녁 회식 등을 치르는 단체 손님이 많았다. 110여석을 갖춘 대형 식당인 바다횟집은 한국인을 주 고객으로 하는 곳이며 회덮밥, 회, 설렁탕, 육개장 등이 주 메뉴이다.

일본인 부촌마을로 알려진 리베르다지Liberdade는 일본인 거주자, 일본인 관광객이 많은 지역이다. 이 지역의 한식당은 일본계 브라질인들과 일본 관광객들이 주 고객층이다.

/ 일본계 현지 고객층의 확보 / 갈봉부에노는 한국 전통 음식만이 아닌 중식, 일식, 한식 등 동양 음식이 메뉴로 구성된 뷔페식당이며 중국계 브라질인들이 주 고객층을 이루었다. 이민 2세가 운영하고 있으며 한식 메뉴 중에서는 불고기와 삼겹살이 가장 인기가 있었다. 중국계 브라질인들은 저가에 푸짐한 양의 음식을 선호하는데, 실제 경영주 입장에서도 한국인 고객들은 까다롭고 항의가 많아 힘들고 중국인 고객들이 식비 지출에 인색하지 않아 좋다고 하였다.

한국관은 지역적인 위치 특성상 일본계 브라질인들이 고객의 80% 이상을 차지하고 있으며, 기타 한국계 교포나 중국계 브라질인들이 20%를 차지하였다. 40년 역사를 가진 상파울루에서 가장 오래된 한식당이며, 대를 이어 운영되는 곳이다. 가장 일반적인 한식인 김치찌개, 순두부찌개 등이 있으며 불고기가 가장 인기 있는 메뉴였다.

대문식당은 여성 경영주에 의해 전략적으로 일본인 타운에 위치하여 일본인 관광객과 타운 내 고객들을 타깃으로 운영되는 대표적인 성공 사례라고 할 수 있다. 깔끔한 주방과 한국 도자기 식기, 그리고 한국적 소품으로 꾸며져 있는 실내 인테리어는 돋보였으며, 고객층 역시 일본인뿐만 아니라 현지 브라질인으로 확대되고 있는 추세였다.

상파울루의 고급 주택지역인 아크리마송aclimacao에는 해운대, 조선옥, 월궁, 빛고을 등의 한식당이 위치하고 있다.

/ 한식 맛의 현지화 / 월궁식당은 브라질인 고객이 주를 이루는데, 브라질 '100대 유명 식당'으로 뽑혔으며 브라질대학교 식품계열학과의 학생들이 방문하여 실습을 할 정도로 현지화에 성공한 곳이었다. 현지인들의 입맛에 맞춘 피망을 이용한 배추김치, 미소된장을 혼합한 쌈장 등을 개발하여 한식 맛의 현지화를 시도하고 있었다. 냄새가 나지 않는 특수 화로를 한국에서 직접 제작해왔고, 냉장 시스템이 잘 갖춰져 있었다. 인기 있는 메뉴는 불고기, 돌솥비빔밥, 김치 등이었으며 여러 책자, 신문 등에 적극적인 홍보를 하여 현지인들 사이에서는 인기가 높았다. 하지만 현지 한인들 사이에서는 한국인의 입맛에 맞지 않는다는 평판이 있어 추천되지 못하였다.

규모가 큰 식당인 빛고을에서도 불고기, 삼겹살, 파전, 낙지돌솥비빔밥 등이 인기 있는 메뉴인데, 낙지돌솥비빔밥 메뉴는 브라질 한식당 중에서 유일하여 인기를 얻게 되었다. 비빔밥의 양념을 고추장과 간장 양념 중 입맛에 맞게 선택할 수 있어서 고객들의 반응이 좋았다. 갈비구이는 주방 숯불에서 직접 구어서 제공하여 옷에 냄새가 배지 않게 하였으며, 불고기는 현지 방송에서 취재할 정도로 브라질인 고객들에게 인기가 좋다. 브라질인 고객40%과 주재원, 영사관 등의 한국 손님60%이 많았으며, 고객들을 위해 대리주차 서비스를 실시한다.

/ 전통적인 한국식 인테리어 / 봉헤치로 지역의 한식당과는 차별화된 분위를 보여주는 곳으로는 조선옥과 빛고을식당이 있다. 빛고을식당은 정원이 있으며 한국 전통적인 실내 인테리어가 고급스러웠고 조선옥의 경우에는 세련된 인테리어와 전통적인 한국식 정원을 갖추고 도자기 식기를 사용하였다. 조선옥은 일본계·중국계 브라질인 젊은 층이 주 고객인데, 중국계 브라질인들은 언양 불고기를 선호하며 일본계 브라질인들은 전류와 삼계탕을 가장 선호하는 인기메뉴로 꼽았다.

/ 한국적인 맛의 유지 / 해운대식당은 한국인 고객이 90% 이상을 차지하는 곳으로 이민 1세대가 운영하였다. 종업원에게 모든 음식의 조리를 맡기지 않고 경영주의 아내가 직접 조리를 하였으며 재료에서 양념까지 모두 직접 구매하였다. 돌솥을 한국에서 직접 구입하여 돌솥밥을 제공하고 있으며 가장 한국적인 맛을 내기 위해 노력한다는 경영 철학과 자부심이 있었다. 300석 규모의 좌석에 12명의 종업원이 있었으며 한인교포들의 가족 행사를 많이 진행하였다. 현지인에게 알려져 프랜차이즈 제의를 받기도 했지만 경영주의 나이가 많아서 진행하기에는 힘들었다.

상파울루 남부에 위치하는 모룸비[Morumbi]는 고급 주택가와 고층 빌딩들이 자리하고 있는 부촌이다. 모룸비 지역에 위치한 홍가네 한식당은 상사주재원 출신의 경영주가 운영하고 있으며 주로 한국 주재원들과 중국계 회사원들의 저녁 회식 장소로 이용되고 있다. 주 메뉴는 불고기, 갈비, 삼겹살 등이고 육개장, 순두부찌개, 비빔밥 등이 있다.

/ 다양한 인종과 지형에 따른 맞춤형 레시피 / 브라질은 아메리카 원주민, 유럽 정착민, 아프리카 노예의 후손 등 인종이 다양하다. 포르투갈, 독일, 이탈리아, 스페인, 폴란드 이민자의 후손을 포함, 인구의 50% 이상이 백인이며, 종족 간의 결혼이 광범위하게 이루어졌기 때문에 인구의 40% 이상이 혼혈인종이다. 흑인들은 전 인구의 5% 정도이며, 일본인, 아메리카 원주민 같은 소수인종이 1% 미만을 차지한다. 시리아, 레바논 같은 중동 이민자들은 19세기와 20세기에 걸쳐 브라질로 건너왔고, 1908년 이후에는 커피 재배를 위해 일본에서도 많은 이들이 브라질로 향했다. 상파울루에는 니케이라고 불리는 약 75만 명의 일본계 브라질인이 거주하고 있어 가장 큰 일본인 해외공동체를 형성하고 있다[이 2009]. 따라서 넓은 영토와 다양한 인종들에 따라 선호하는 맛이 다르기 때문에 브라질인들의 입맛을 공략할 맞춤형 레시피 개발이 필요하다. 예를 들어 북부 지방의 사람은 매운맛을 선호하는 반면, 남부 지방은 매운맛을 좋아하지 않는 경향이 있다. 또한 참기름의 강한 향을 싫어하는 경우도 있으므로, 한국인의 입맛에 익숙한 맛보다는 현지인들의 다양한 입맛에 맞춘 현지화된 개발 메뉴가 필요할 것으로 보인다.

/ 식재료 조달의 어려움 극복과 현지화 전략 / 전통 한식을 만들 때에 가장 선행되어야 하는 것이 한국산 식재료의 공급이다. 하지만 브라질의 경우, 한국과의 지리적 거리로 인해 한식재료 조달 비용이 미국, 캐나다 등 북미 지역에 비해 상당히 높은 편이었으며, 기후와 토양의 조건도 달라 현지에서 재배하는 것 역시 쉽지 않았다. 또한 브라질 정부의 행정 관료주의, 통관지연 등으로 비용 절감도 어려운 상황이었다. 최근 H자동차 등 한국 제조업체들의 연이은 브라질 진출로 인해 제조 공장 내 자체 한식당을 운영하면서 한국 요리사들을 한국에서 채용해 오는 경우가 증가하는 것은 매우 바람직한

현상이다. 그러나 한국인 요리사들은 현지 요리사 및 보조조리원들과의 언어적, 문화적 갈등으로 적응하지 못하고 귀국한 사례가 많았다. 이렇게 한국인 요리사들의 언어적, 문화적 이질성도 전통 한식을 생산하는데 어려움을 더하여 주었다. 우수한 한국인 요리사와 한국산 식재료의 부재는 브라질에서 한식의 질적 수준 저하를 가져오게 되었고 한식에 대한 개발과 재창조의 한계를 야기시켰다. 생계형 경영주들이 한인들을 대상으로 소규모로 운영하는 한식당은 손맛과 고향의 맛을 그리워하며 기억 속 과거의 한식을 머물러 있게 하였다.

하지만 몇몇 경영주의 사례들에서 보았듯이 현지 식재료를 활용하여 한국 전통문화의 상징성과 조리법을 가미한 한식을 새롭게 재탄생시켰다. 또한, 현지인 조리원을 채용하여 한식조리 교육을 하고 나아가 현지인 조리원이 가지고 있는 문화적 특성을 한식에 새롭게 접목하여 현지인들의 입맛에 맞게 재창조한 성공 사례를 볼 수 있었다.

/ 한식 인지도를 바꿀 적극적 홍보 전략 / 브라질에서 한식에 대한 인지도는 상대적으로 낮은 것으로 확인되었다. 하지만 일본음식의 경우, 일본교포의 오랜 이민역사 및 브라질 사회에 대한 적극적인 융합으로 인해 현지인들에게 매우 친숙한 음식이었으며, 중국 음식도 최근 중국, 브라질 간의 급속한 관계증진 및 중국계의 이민 증가로 저변을 넓혀가고 있었다.

남미의 최대 산업지역이자 교통·산업 및 금융 중심지인 상파울루는 포르투갈계를 비롯한 이탈리아계, 독일계, 일본계 등의 다양한 민족이 공동체를 형성한 다민족사회이므로 외국의 문화 및 음식에 대한 거부감이 거의 없는 조건임에도 불구하고 한식에 대한 인지도는 매우 낮은 실정이었다. 한식당은 시설 등이 매우 낙후되어 있어 현지인과 외국인의 방문이 쉽지 않은 실정이었다. 심지어 한식에 대한 까다로운 위생 점검 중 직접 담가 사용하는 김치, 고추장, 된장 등의 유통기간 표시 불분명 등으로 인해 부패 음식으로 판정을 받아 벌금 등의 조치를 받은 경우도 있었다. 또한 일부 식당에서 보신탕을 판매하여 위생국에서 개고기 일제 검열을 실시하고 냉장육 조사가 이루어졌는데, 이 사건이 뉴스 등에 보도되어 한식당의 이미지가 실추된 사례도 있었다.

그러나 한국·브라질 양국간 자원 및 통상교류 협력이 크게 증가함에 따른 한국 문화 전파의 잠재력이 증가되고 있다. 특히 농업부문의 경우 중남미 최대의 농산물 수출·생산국인 브라질과의 농식품 유통, 기술 교류, 식품품질 관리 등 다양한 분야에서의 협력 잠재력이 큰 상황으로 분석된다. 또한 우리나라 기업의 진출이 활발하고 한국 업체들의 투자가 급증하고 있으며, 특히 대기업 진출이 활발하여 한국에 대한 인지도가 높아지거나 현지 법인에 브라질인 채용이 급증하여 한국에 대한 문화가 서서히 전파될 것으로 예상된다. 최근 K-pop 열풍과 함께 한류 문화의 진출도 한몫을 하고 있어 브라질에서의 한식 진출은 매우 가능성이 높다고 할 수 있겠다.

음식문화의 공통점을 활용한 인지도 회복은 브라질인들의 육류 음식을 선호하는 기본 경향을 파악하여 갈비, 불고기, 제육볶음 등 육류 음식의 장점을 충분히 알리고 육류 메뉴를 다양화해서 현지화한 후 전략적으로 접근해야 한다. 또한 경제 성장과 함께 브라질에서도 건강을 중요시하는 경향이 있으므로 이에 맞춰 건강한식 이미지 홍보를 강화하는 등 차별화된 한식의 홍보 전략이 있다면 브라질에서 한식의 진출 전망은 밝다고 할 수 있다.

푸디스가 인식한 한식의 특징

한식의 특징을 묻는 질문에서는 '매운맛', '건강식', '발효음식', '달콤한 고기' 등을 특징으로 손꼽았다. 가장 많은 사람은 매운맛을 이야기하였다. 한식의 매운맛은 입맛을 당기게 하며, 양념 맛이 독특하다고 답하였다. 중국 음식은 기름이 많아 느끼한데 반해 한식은 고추를 많이 사용하여 매운맛이 특징이며 기름지지 않아 좋다고 하였다. 또한 한식은 채소가 많아 건강에 좋고, 섭취 후에도 소화가 쉽고 개운한 느낌이 든다는 영양적인 우수성과 체험을 이야기하였다.

한식에서 또한 빼놓을 수 없는 것이 발효된 식재료의 특이함이었다. 된장, 고추장, 젓갈, 간장 등 발효된 식재료의 독특한 맛과 향이 있다고 답하였다. 이런 독특한 향이 한국적이라며 좋아하는 사람이 있는 반면, 냄새가 강해서 싫다는 사람도 다수 있었다. 시각적으로는 예쁘고 화려하고 멋스러워 음식을 보면 먹고 싶다고 하였다.

한식에서 가장 인기가 있는 것은 불고기와 갈비 등 달콤한 고기였다. 달콤한 고기와 채소를 함께 구워 채소의 맛과 향이 어우러지는 것이 새롭고 좋다고 답하였다. 브라질인들은 고기를 좋아하기 때문에 육류 음식이 접근하기 쉽고 좋다고 하였다. 또한 잡채는 브라질의 마카호나다라는 면과 야채로 요리하는 음식과 비슷하고, 맵지 않아서 처음 접하는 사람들은 쉽게 접근할 수 있을 것이라고 생각하였다.

조리상의 특징으로는 발효식재료 준비의 어려움을 호소하였고, 조리 시간과 순서 등 조리 과정의 복잡함을 이야기하였다. 한식 중 간단하게 할 수 있는 음식이 좋다고 답한 사람도 있었다. 발효음식의 특징으로 보관이 길어 좋다는 장점도 이야기하였다.

푸디스의 한식 현지화를 위한 전략

/ 자국의 식문화가 반영된 현지화 / 브라질인들은 육류를 선호한다. 현지에서 인기 있는 음식도 불고기 등의 육류 음식이다. 따라서 육류 음식이 더욱 다양해진다면 한식을 접하는 빈도가 더욱 높아질 것으로 생각된다. 브라질인들은 지역별로 입맛이 다르다. 북부는 매운맛을 선호하며, 남부는 맵지 않은 맛을 선호하기 때문에 지역별 입맛이 고려된 다양한 고기 양념을 제공해야 한다.

브라질의 음식문화와 비슷한 한식문화도 적극적으로 활용할 필요가 있다. 예를 들어, 잡채는 면과 야채를 이용하여 만드는 마카호나다 음식과 비슷하므로 브라질인들에게 거부감 없이 다가갈 수 있다. 따라서 현지음식과 비슷한 음식을 활용한 접근이 필요하다.

/ 한국전통 음식문화의 특성 반영 / 브라질에서는 매운맛과 달콤한 고기 등 한식문화의 다양한 맛을 접하는 것을 선호하였다. 또한 한식이라는 새로운 음식문화를 접하는 것이 이색적이므로 흥미를 느꼈다. 한식뿐만이 아니라 한국 고유의 식기와 인테리어 등에서 한국 고유문화의 반영을 통한 한식 문화 체험에 대한 관심도가 높았다. 이와 같이 한식의 다양한 맛을 체험할 수 있고 더불어 한식 문화를 체험할 수 있도록 식기, 인테리어 등 다방면에서 한국 문화를 적용하는 노력이 필요하다.

/ 적극적 홍보를 통한 대중화 / 한식은 조리 과정이 복잡하다는 의견이 많기 때문에 조리 과정을 단순화, 간편화하여 자주 접할 수 있도록 하며, 브라질인이 거부감 없이 한식을 접할 수 있도록 퓨전음식 등의 개발을 통하여 한식을 알리고, 좀 더 다양한 사람들이 한식을 먹을 수 있도록 해야 한다. 이러한 노력과 다양한 광고를 통한 홍보는 한식에 관한 지식과 관심이

높아질 수 있게 한다.

/ 고객 배려 서비스의 증대 / 한식은 브라질인에게는 낯선 음식이다. 따라서 음식에 대한 정보가 부족하여 음식의 이해와 선택 등에 어려움이 있다. 따라서 고객을 배려하여 메뉴에 대한 설명과 음식 재료, 스토리, 건강성과 음식 섭취 방법 등을 설명해주는 서비스가 필요하다. 또한 젓가락질이 서툴고 개인 접시 사용이 익숙한 브라질인들에게 개인 접시 등을 준비해주며, 음식의 정갈한 담음새, 식탁의 깨끗한 차림새 등은 고객들에게 한층 배려받는 느낌을 줄 수 있다. 마지막으로 각각의 고객들에게 맞춰 서빙한다면 한식에 대한 이미지를 향상시킬 수 있을 것이다.

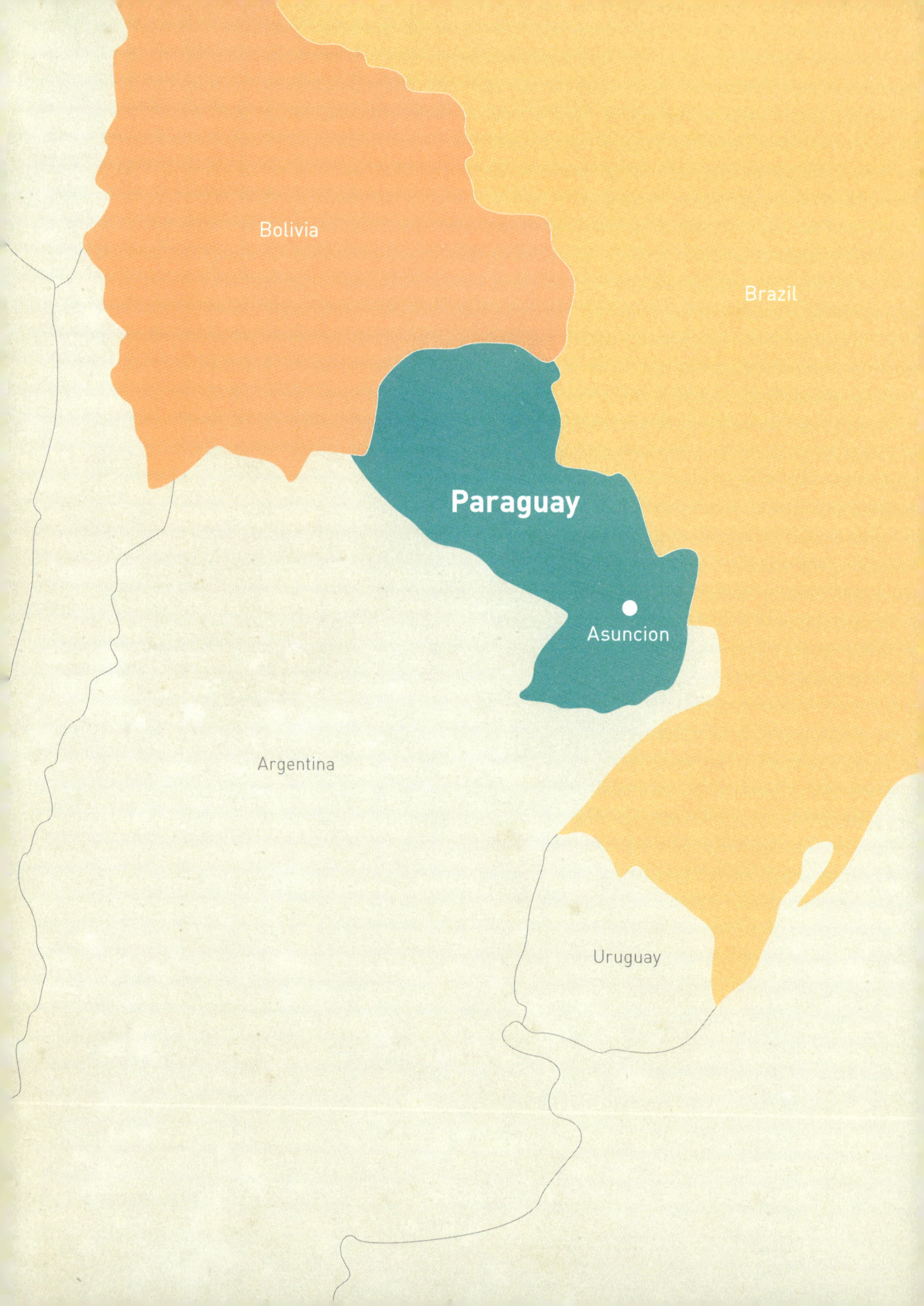
Bolivia
Brazil
Paraguay
Asuncion
Argentina
Uruguay

CHAPTER

5

파라과이의 한식과 한식당

파라과이인들은 육류 요리를 매우 좋아하는데, 전통 요리 '아사도'는 한국식 고기구이인 숯불갈비, 양념갈비와 유사하여 인기가 많다.

파라과이 문화와 음식 이야기

Have a taste Korean Food in the World

경제로 알아보는 외식 환경

최근 경제의 흐름과 전망

체제 전환기에 있던 파라과이는 지난 99년 발생한 아르가냐Argaña 부통령 암살사건이 계기가 되어 연정수립, 신규 정당 증가, 정권교체 등 정치권에 대화를 통한 정치공조 분위기가 조성되며 민주주의 체제 구축에 성과를 보이고 있다. 정부는 IMF, IDB 등 국제금융기관의 지원 하에 비교적 착실히 국가개혁 정책을 추진하고 있으며, 외환보유액 증가, 세수 증가, 환율안정 등 제반 거시경제 지표가 안정세를 보이고 있다.

또한 파라과이는 남미중앙에 위치해 있어 전략적 요충지로 활용될 수 있으며 주변 국가들에 대한 경제적 의존도가 높다. 파라과이 대 메르코수르 국가 수출입이 각각 52%와 53%를 차지할 정도로 주변 국가들 특히 브라질에 대한 경제적 의존도가 높아, 주변 국가들의 경제상황에 크게 좌우되는 취약성이 높다. 실제로 지난 99년 브라질 레알화의 평가절하, 2002년도 아르헨티나의 경제위기는 파라과이 경제에 막대한 영향을 미쳤다.

파라과이 경제에서 1차산업[농·목축업]은 국가 GDP의 30%, 수출의 80%, 고용창출 45%의 높은 비중을 차지하고 있어, 대두, 면화 등 주력수출 상품의 국제시세 변동에 매우 취약하다. 파라과이의 수출산업은 전력과 농공업 상품에 편중되어 있으므로 수출증대를 위해서는 신상품 개발 등 수출상품의 다양화가 필요하다.

전체 국민의 평균 연령은 23세로, 여타 라틴아메리카 국가들에 비해 청·장년계층 인구가 대다수를 차지하고 있으므로 고급인력을 양성할 가능성이 있고 여타 메르코수르[Mercosur] 회원국들에 비해 제반 세금이 저렴하고, 실질 임금 부담이 낮아 생산비용이 상대적으로 낮다.

전체 인구의 40%가 전체 국민소득의 10%, 10% 부유층 인구가 전체 국민소득의 42.3% 차지하여, 계층별 국민소득의 편차가 심하다. 농촌지역 인구의 1인당

1 | 주요 경제 지표

자료_ 파라과이 중앙은행

구 분	2004년	2005년	2006년	2007년	2008년	2009년	2010년
1인당 GDP(달러)	1,205	1,267	1,553	1,498	1,556	1,471	2,733
GDP(100만 달러)	6,972	7,505	9,288	12,260	16,151	14,254	18,900
경제성장률(%)	4.1	2.9	4.3	6.8	5.8	−3.8	15.3
인플레율(%)	2.8	9.9	12.5	6	7.5	1.9	7.2
실업률(%)	7.3	5.8	6.7	5.6	5.7	6.4	6.4
교역규모(100만 달러)	4,282	4,938	7,160	9872	12,904	9,664	14,468
수 출	1,625	1,687	1,906	2,784	4,433	3,167	4,555
수 입	2,657	3,251	4,488	5,576	8,470	6,497	9,399
무역수지	−1,032	−1,564	−2,582	−2,792	−4,036	−3,330	−4,844
외환보유고(100만 달러)	1,167.6	1,297.3	1,702.7	2,462.7	2,864.1	3,860	4,168
외채(100만 달러)	2,390	2,271	2,230	2,205	2,232	2,234	2,328
환율변동률(%)	−1.9	−1.6	−15.3	− 6.9	1.9	−7.9	−3.8

GNP는 도심지역에 비해 불과 절반을 기록하여, 양 지역 인구간 소득편차가 심하게 나타났다.

음식으로 맛보는 파라과이 문화

육류는 열대나 아열대 기후에서 생산되는 음식 재료와 함께 파라과이 음식문화의 중심이 되는 중요한 역할을 한다. 더불어 곡물, 특히 옥수수와 카사바 녹말은 거의 모든 음식에 다 들어간다.

파라과이에서는 예르바 마테라고 하는 나뭇잎을 건조하여 부수어서 차로 만든 마테차를 즐겨 마신다.

파라과이에서의 한식 이야기

Have a taste Korean Food in the World

먹고 싶어하는 한식 메뉴

파라과이인들이 먹어본 한식

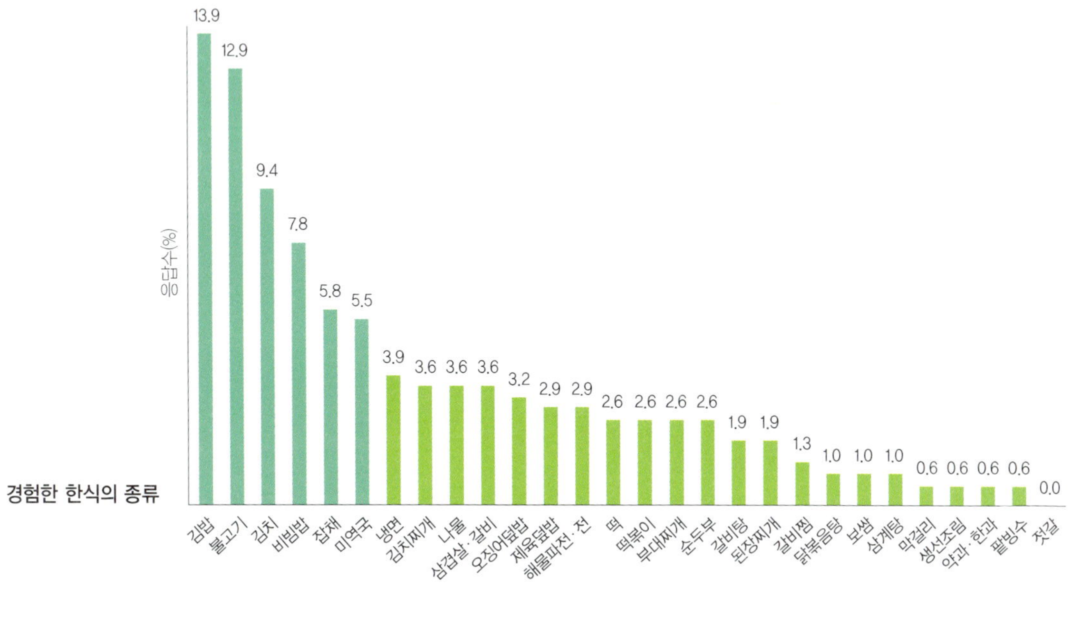

경험한 한식의 종류로는 김밥이 13.9%로 가장 높았으며, 불고기가 12.9%, 김치 9.4%, 비빔밥 7.8%, 잡채 5.8%, 미역국 5.5%로 나타났다. 그 외에 김치찌개, 냉면 3.9%, 나물, 삼겹살·갈비가 각각 3.6%, 오징어덮밥이 3.2%, 제육덮밥, 해물파전·전은 각각 2.9%, 떡과 떡볶이, 부대찌개, 순두부는 각각 2.6%, 갈비탕과 된장찌개가 각각 1.9%, 갈비찜 1.3%, 닭볶음탕, 보쌈과 삼계탕이 각각 1%, 막걸리와 생선조림, 약과·한과, 팥빙수가 각각 0.6%로 나타났다.

파라과이인들이 좋아하는 한식

조사 대상자가 먹어본 한식 중 가장 맛있는 음식은 김밥과 불고기가 각각 22.8%로 가장 높게 나타났다. 그 다음으로는 잡채가 11.4%, 김치가 8.9%, 비빔밥이

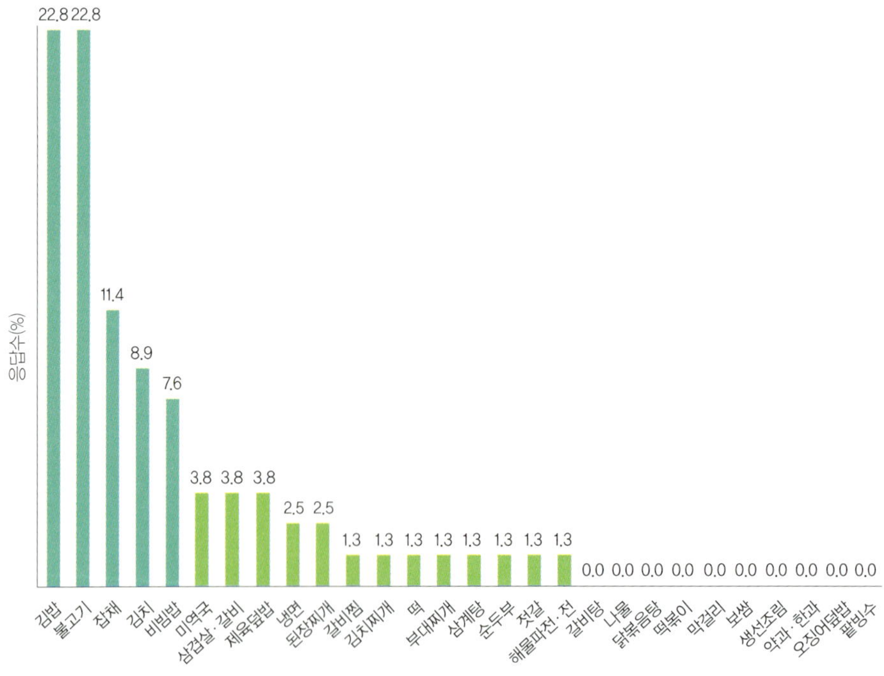

경험한 한식의 선호도

7.6%로 나타났다. 그 외에 미역국, 삼겹살·갈비, 제육덮밥이 각각 3.8%, 냉면과 된장찌개가 각각 2.5%, 갈비찜과 김치찌개, 떡, 부대찌개, 삼계탕, 순두부, 젓갈, 해물파전·전이 각각 1.3%로 나타났다. 선호도가 높은 음식은 모우 먹어본 경험이 많은 음식이었으며, 그 중에서 잡채는 조사 대상자들이 경험해 본 것에 비해 선호도가 높게 나타났다.

파라과이인들이 먹고 싶어하는 한식

향후에 먹어 보고 싶은 음식으로는 부대찌개와 해물파전·전이 각각 9.4%로 가장 높았으며, 생선조림과 팥빙수가 각각 7.8%, 떡과 불고기, 삼겹살·갈비, 오징어

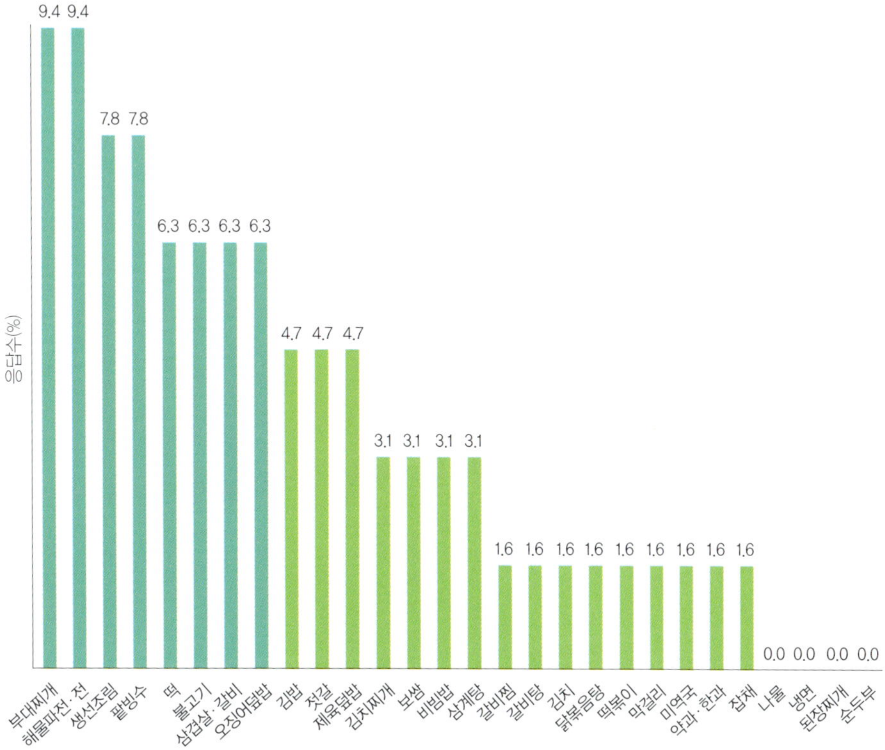

향후 경험하기를 원하는 한식

덮밥이 각각 6.3%로 나타났다. 그 외에 김밥, 젓갈, 제육덮밥이 각각 4.7%, 김치찌개, 보쌈, 비빔밥, 삼계탕이 각각 3.1%, 갈비찜, 갈비탕, 김치, 닭볶음탕, 떡볶이, 막걸리, 미역국, 약과·한과, 잡채가 각각 1.6%로 나타났다. 파라과이 대상자들은 경험이 적은 음식들을 많이 경험하고 싶어하였고, 육류와 생선류를 좋아하는 사람이 많아 후에 경험해보고 싶은 한식으로도 육류와 생선류로 만든 음식을 많이 선택한 것으로 보인다.

한식에 대한 생각 엿보기

파라과이인들이 생각하는 한식의 특징

한식에 대한 인식도

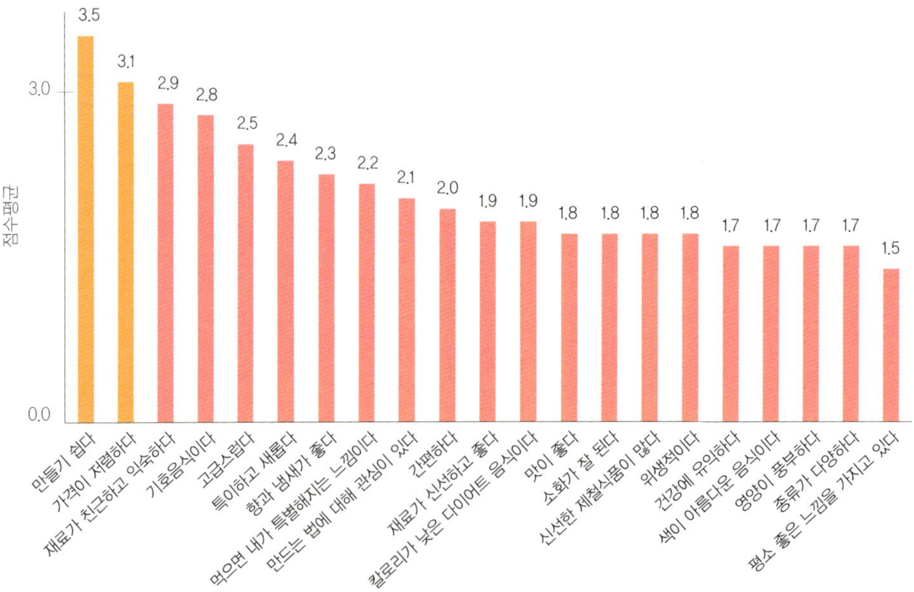

조사 대상자들의 한식에 대한 인식도를 점수로 나타내었을 때 만들기 쉽다가 3.5점으로 가장 높았으며, 다음으로는 가격은 저렴하다가 3.1점으로 나타났다. 그 외에 재료는 친근하고 익숙하다 2.9점, 기호음식이다 2.8점, 고급스럽다 2.5점, 특이하고 새롭다 2.4점, 향과 냄새가 좋다 2.3점, 먹으면 내가 특별해지는 느낌이다 2.2점, 만드는 법에 대해 관심이 있다 2.1점, 간편하다 2점, 재료는 신선하고 좋다, 칼로리가 낮은 다이어트 음식이다가 각각 1.9점, 맛이 좋다, 소화가 잘 된다, 신선한 제철식품이 많다, 위생적이다가 각각 1.8점, 건강에 유익하다, 색이 아름다운 음식이다, 영양이 풍부하다, 종류가 다양하다가 각각 1.7점, 평소 좋은 느낌을 가지고 있다가 1.5점으로 나타났다. 한식에 대한 인식에서 대부분의 항목에서 점수가 3점 이하로 나와 한국에 대한 이미지는 좋았던 반면, 한식에 대한 이미지는 좋지 않은 것으로 나타났다. 평소 좋은 느낌을 가지고 있다는 항목의 점수가 가장 낮고, 이로 인하여 한식의 맛과 건강성에 대한 인식까지도 좋지 않으므로 한식에 대한 이미지 개선이 가장 시급한 것으로 보인다.

한식과 관련한 정보수집 경로

한식에 관련된 정보를 수집하는 경로로는 한식당이 45.7%로 가장 높았으며, 다음으로 친구, 동료를 통하여 정보를 얻는 대상자가 35.8%로 높게 나타났다. 그 외에 경로로는 영상정보 6.2%, 잡지, 책자와 인터넷이 각각 4.9%, 기타 2.5%로 나타났다. 조사 대상자 중 대부분이 한식당에서 한식을 접하고 정보를 많이 얻었으며, 한식을 함께 먹은 사람 또한 친구와 동료가 많아 정보를 많이 얻은 것으

2 한식에 대한 정보수집 경로

내용	응답수	응답률(%)
인터넷	4	4.9
TV/영상정보(영화 등)	5	6.2
한식당	37	45.7
잡지, 책자	4	4.9
친구, 동료	29	35.8
기타	2	2.5
합계	81	100

로 생각된다. 한국 드라마나 영화 등에서는 정보를 적게 접하고, 홍보가 많이 되지 않아서 다른 경로로 정보 수집하기에는 어려웠던 것으로 생각된다.

한국산 식료품과 가공품의 구입 경험률

/ 한국산 식료품의 구입 경험 / 조사 대상자 중 한국산 식료품을 구입한 경험이 있다고 한 대답이 61.7%로 나타나 파라과이에서 한국산 식료품의 일부를 구입하는 것은 어렵지 않은 것을 알 수 있다.

3 | 한국산 식료품의 구입 경험

내용	응답수	응답률(%)
없다	37	61.7
있다	2	38.3
합계	60	100

/ 구입한 식료품의 종류 / 구입한 식료품의 종류로는 국수, 라면류가 26.2%로 가장 많이 구입하였으며, 원식재료가 23.2%, 양념, 소스류와 음료가 각각 18.8%, 과자류가 13%로 나타나, 주로 가공식품의 구입이 많은 것으로 나타났다.

4 | 구입한 식료품의 종류

내용	응답수	응답률(%)
양념, 소스류	13	18.8
국수, 라면류	18	26.2
음료	13	18.8
과자류	9	13.0
원 식재료(채소, 과일, 해산물)	16	23.2
합계	69	100

/ 구입한 식료품 중 양념 종류 / 구입한 식료품 중에서 양념류는 간장 44.8%, 참기름 41.4%인데, 대부분이 이 두 종류를 구입하였다. 그 외에 고추장 5.2%, 된장과 쌈장이 각각 3.4%, 기타 1.7%로 나타났다.

5 | 구입한 식료품 중 양념 종류

내용	응답수	응답률(%)
간장	26	44.8
된장	2	3.4
고추장	3	5.2
쌈장	2	3.4
참기름	24	41.4
기타	1	1.7
합계	58	100

/ 구입한 식료품의 가공 형태 / 조사 대상자가 구입한 식료품의 가공 형태는 신선식품이 36.2%로 가장 많았으며, 건조식품 25.5%, 즉석식품이 14.9%, 냉동식품이 12.8%, 통조림이 10.6%로 나타났다. 원재료와 국수류의 구입이 많아 신선식품과 건조식품의 비율이 높게 나타난 것으로 생각된다.

6 | 구입한 식료품의 가공 형태

내용	응답수	응답률(%)
통조림	5	10.6
냉동식품	6	12.8
건조식품	12	25.5
신선식품	17	36.2
즉석식품(레토르트)	7	14.9
합계	47	100

/ 포장 김치류의 구입 경험 / 한국산 가공품 중 김치류를 구입한 경험은 28.8%로 구입한 경험이 적은 것으로 나타났다. 김치의 경험이 비교적 높았던 것에 비해 포장 김치류의 구매는 적으므로 주로 김치는 한식당에서 경험하였을 것으로 생각된다.

/ 포장 삼계탕의 구입 경험 / 한국산 가공품 중 포장 삼계탕의 구입 경험은 6.5%만이 있다고 대답하였다. 삼계탕의 경험이 적은 이유 중에 하나로 생각된다.

7 | 포장 김치류의 구입 경험 ▶

8 | 포장 삼계탕의 구입 경험 ▶▶

내용	응답수	응답률(%)
없다	37	71.2
있다	15	28.8
합계	52	100

내용	응답수	응답률(%)
없다	43	93.5
있다	3	6.5
합계	46	100

/ 조미 김의 구입 경험 / 한국산 가공품 중 조미된 김을 구입한 경험이 있는 사람은 12.8%에 불과하였다. 한식 중 가장 많이 경험하고, 선호도가 높았던 음식이 김밥이었던 데에 비해 김의 구입 경험은 매우 낮은 것으로 나타났다.

/ 한국 술의 구입 경험 / 한국산 가공품 중 한국 술을 구입한 경험은 37.7%만이 있다고 답하여, 한국 술의 구입 경험 또한 낮은 것으로 나타났다.

9 | 조미 김의 구입 경험 ▶

10 | 한국 술의 구입 경험 ▶▶

내용	응답수	응답률(%)
없다	41	87.2
있다	6	12.8
합계	47	100

내용	응답수	응답률(%)
없다	33	62.3
있다	20	37.7
합계	53	100

/ 구입한 술 종류 / 구입한 술의 종류로는 소주가 40.7%로 가장 높았으며, 다음으로는 맥주가 25.9%, 한국의 전통술인 막걸리와 전통주가 각각 14.8%, 기타 3.7%로 나타났다.

11 | 구입한 술 종류

내용	응답수	응답률(%)
소주	11	40.7
맥주	7	25.9
막걸리	4	14.8
전통주	4	14.8
와인	0	0.0
기타	1	3.7
합계	27	100

현지인들이 말하는 한식의 매력

한식의 기호도를 점수로 환산하여 살펴보면 기름지고 느끼하다, 시다는 답변이 각각 4.6점으로 가장 높으며, 냄새가 강하여 싫다는 답변이 4.4점, 특별한 맛이 없고 밍밍하다 4.1점, 온도는 너무 뜨겁다는 대답이 3.9점으로 나타났다. 그 외에 달다 3.4점, 짜다 3.1점, 맵다 2.3점, 양념 맛이 강하다 2.2점, 담백하다 2.1점, 씹는 느낌이 좋다는 답변이 1.9점으로 나타났다. 기름지고 느끼하다는 답변은 한식에 참기름이 많이 이용되기 때문으로 생각되며, 시다, 냄새가 강하다는 답변은 발효 음식때문에 많이 느끼는 것으로 생각된다.

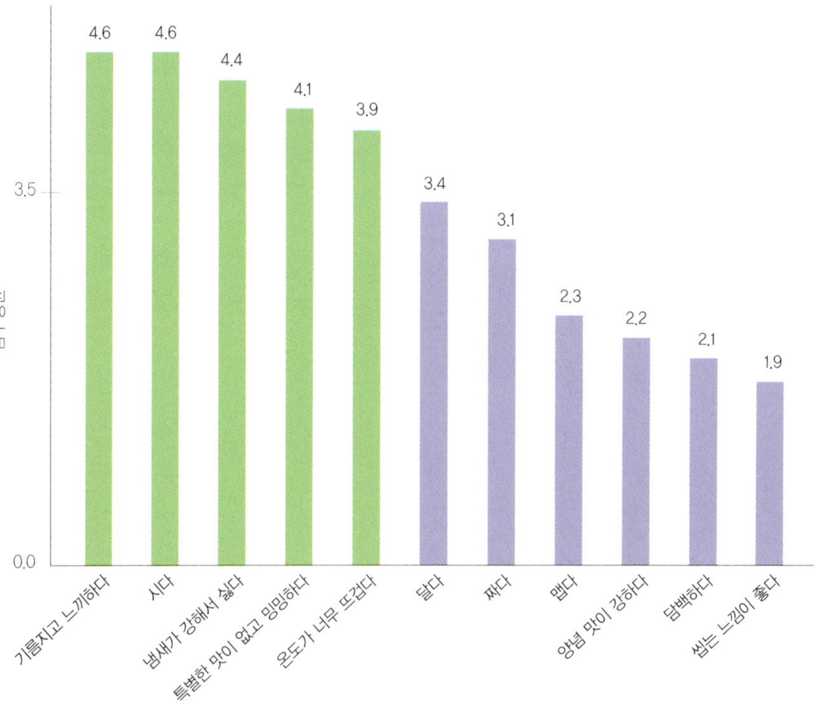

한식에 관한 기호도 조사

파라과이에서의 한식당 이야기

Have a taste Korean Food in the World

아순시온에서 영업 중인 한식당

2011년 1월 조사시점에서 아순시온 내에는 한인 신문 등의 광고에 기재된 한식당은 약 20여 개로 집계되고 있으며, 그 외 제과점 4개소, 한국식품점 20개소, 건강원 1개소, 그리고 떡집 또는 방앗간이 2개소 등으로 조사되었다. 이 연구에서는 현재 영업을 하고 있는 곳으로 파악된 15개소의 한식당을 직접 방문하고 경영주와의 면담을 통하여 한식당의 현황 및 실태를 조사하였다. 대부분의 한식당은 '4시장'에 인접하고 있다. 4시장은 한인 교포들이 의류업 등의 사업을 주로 하는 상업지구인데 교포들이 밀집되어 있는 것이 지역적인 특징이다.

아순시온에 위치한 한식당의 식당영업 형태는 크게 두 가지로 구분된다. 일정 규모 이상의 사업형과 특별한 자본이나 기술이 없는 단순 생계형 형태이다. 다음은 이를 주 고객층에 따라 2가지 형태로 구분하였다.

전문적인 식당 영업을 하는 상업용 한식당은 이학, 한일관, 녹야, 쉐봉, 경규네, 서울이 대표적이다. 4시장은 의류업에 종사하는 사업장이 있고 인근에 한인촌이 형성되어 있으므로 한인교포들이 주로 이용하는 한식당은 4시장 인근에 소재하고 있으며, 대부분의 한식당이 이곳에 밀집되어 있다. 이곳에 위치한 식당은 이민 1세대가 오랫동안 식당영업을 하였으며 30년 이상 영업을 한 대표적인 한식당은 이학과 한일관이다. 일부 한인교포들과 파라과이 현지인들이 방문하는 곳은 쉐봉, 미락, 녹야와 서울식당이다.

이민온 교포들이 생계형 스타일로 창업한 한식당을 살펴보면, 비전문적이고 영세한 수준으로 운영하고 있었으며, 대부분이 한인교포들이 주 고객이다. 이러한 식당은 우리집 치킨, 솔나무집 외에 명동반점, 장수촌 등이 있다. 특히, 한인교포들이 주로 가족모임을 위해 찾는 대표적인 식당은 고향식당, 솔나무집, 이가네 등이다.

아순시온의 주요 한식당

한일관

◀ 한식당 '한일관'
▼ '한일관'의 메뉴

엉터리집

◀ 한식당 '엉터리집'
▼ '엉터리집'의 메뉴

아순시온 한식당의 종합적인 운영 실태

파라과이 아순시온에서 영업 중인 한식당별 현황과 특성은 다음과 같다.

한일관

일반 현황	+ 경영주(여, 67세) + 영업기간 30년
종업원/테이블수	+ 5명/100석
고객층	+ 한국인, 파라과이인(중국계, 한국인을 따라서 방문함)
선호 메뉴	+ 설렁탕(30년), 갈비탕, 갈비
재료 조달	+ 한국과 브라질에서 재료 수입, 된장은 시판용 구입, 고추장은 직접 담가 제공
특징	+ 비즈니스 모임 가능

우리집치킨

일반 현황	+ 경영주(여, 48세, 파라과이 현지인) + 영업기간 15년
종업원/테이블수	+ 3명/5석
고객층	+ 한국인
선호 메뉴	+ 치킨, 중국요리
재료 조달	+ 현지 조달
특징	+ 시어머니에게 한식 요리를 배운 현지인 부인이 직접 조리함

할매집

일반 현황	+ 경영주(여, 55세) + 영업기간 30년
종업원/테이블수	+ 20명/30석
고객층	+ 한국인
선호 메뉴	+ 해장국
재료 조달	+ 현지 조달
특징	+ 어머니가 30년 동안 해장국집 운영, 아들과 며느리가 전수받아 영업 중임

엉터리집

일반 현황	+ 경영주(남, 70세) + 영업기간 20년
종업원/테이블수	+ 3명/5석
고객층	+ 한국인, 파라과이인, 볼리비아인
선호 메뉴	+ 깐풍기(볼리비아인 선호), 차돌박이, 순두부(파라과이인 선호), 비빔밥, 불고기(일본인 선호)
재료 조달	+ 한국식품점에서 재료 구입, 김치는 직접 담가 제공
특징	+ 의류사업(봉제)이 주 업종인 볼리비아인타운이 있는 4시장 근처에 위치함

이모네

일반 현황	+ 경영주(여, 52세) + 영업기간 7년
종업원/테이블수	+ 10명/80석
고객층	+ 한인여성 모임장소
선호 메뉴	+ 숯불주물럭구이, 숯불양념돼지갈비
재료 조달	+ 한국식품점에서 된장, 고추장 구입
특징	+ 의류사업(봉제)이 주 업종인 볼리비아타운이 있는 4시장 근처에 위치함

경규네

일반 현황	+ 경영주(여, 48세) + 영업기간 11년
종업원/테이블수	+ 7명/100석
고객층	+ 한국인과 한국인 선교팀, 중국인, 일본인, 파라과이(한국인과 함께 옴)
선호 메뉴	+ 숯불갈비, 불고기
재료 조달	+ 한국식품점에서 구입(채소 부족함), 미역은 한국에서 직접 공수, 한국종자를 재배한 고추를 구입
특징	+ 미국대사관 회식모임, 비즈니스 모임 가능 + 숯불구이의 그릴 설비 등을 구입하기 어려움

쉐봉

일반 현황	+ 경영주(여, 55세) + 영업기간 9년
종업원/테이블수	+ 11명/70석
고객층	+ 파라과이인(50%), 한국인(30%), 대만, 일본계(20%)
선호 메뉴	+ 현지화한 덮밥류, 5가지 비빔밥, 불고기, 돌솥비빔밥
재료 조달	+ 된장, 고추장은 직접 담가 제공
특징	+ 세련된 인테리어와 서비스 질이 높음 + 한인타운에서 1km 떨어진 빌리아모다(부촌)에 위치 + 비즈니스 모임 가능

녹야

일반 현황	+ 경영주(여, 55세) + 영업기간 1년 6개월
종업원/테이블수	+ 4명/50석
고객층	+ 한국인(90%), 대만인과 일본인(10%)
선호 메뉴	+ 불고기, 비빔밥
재료 조달	+ 현지 조달
특징	+ 독특한 인테리어와 정원으로 구성 + 15년 간 문막에서 토속식당 운영 + 현지인 친구와 함께 오면 할인혜택 있음(스페셜 데이, 비빔밥 데이) + 뷔페 디너쇼 개최 + 비즈니스 모임 가능

이학

일반 현황	+ 경영주(여, 61세) + 영업기간 30년
종업원/테이블수	+ 4명/100석
고객층	+ 한국인, 일본계와 중국계 현지인
선호 메뉴	+ 김치찌개, 불고기
재료 조달	+ 된장, 고추장은 직접 담가 파는 할머니에게 구입
특징	+ 파라과이에서 가장 오래된 식당 + 4시장 근처 한인촌에 위치 + 한인교포 행사시 100인 이상의 뷔페 가능 + 비즈니스 모임 가능

빛고을

일반 현황	+ 경영주(남, 50세, 봉사활동을 위해 파라과이에 이주함) + 영업기간 8개월
종업원/테이블수	+ 3명/200석
고객층	+ 현지인(80%), 한국인(20%)
선호 메뉴	+ 불닭, 프라이드치킨, 돈가스
재료 조달	+ 현지 조달
특징	+ 가족, 학생, 청소년을 위한 메뉴 있음 + 어려운 형편의 현지 청소년 구호활동을 함 + 술을 취급하지 않음

이가네

일반 현황	+ 경영주(남, 45세) + 영업기간 3년
종업원/테이블수	+ 10명/100석
고객층	+ 한국인
선호 메뉴	+ 숯불구이, 해물매운탕, 한약재료 첨가한 삼계탕, 전골
재료 조달	+ 현지 조달
특징	+ 한방 삼계탕을 하고 있어, 현지 교포들에게 인기가 있음 + 식당업과 의류업을 같은 건물에서 병행

솔나무집

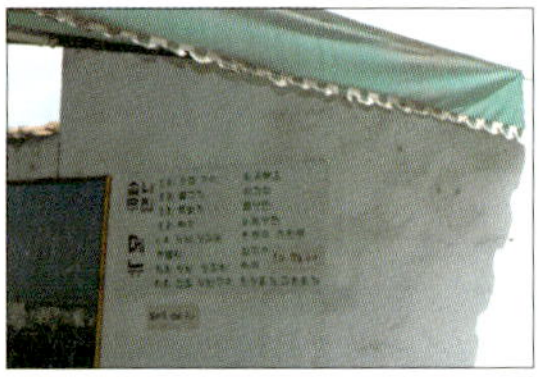

일반 현황	+ 경영주(여, 63세) + 영업기간 10년
종업원/테이블수	+ 3명/60석
고객층	+ 한국인
선호 메뉴	+ 오리구이, 갈비구이
재료 조달	+ 현지 조달
특징	+ 한인교포를 상대로 운영 + 경영주가 현지인 종업원과 직접 조리함

서울

일반 현황	+ 경영주(남, 30세) + 영업기간 5년
종업원/테이블수	+ 10명/80석
고객층	+ 현지인
선호 메뉴	+ 한식뷔페
재료 조달	+ 현지 조달
특징	+ 회사 밀집 지역에서 영업 + 세련된 인테리어와 위생적인 영업장관리로 현지 직장인들의 방문이 잦음 + 주말에는 가족단위의 단체 행사나 모임이 이루어지고 있음 + 파라과이인뿐만 아니라 현지에 거주하는 외국인들이 주 고객임

고향

일반 현황	+ 경영주(여, 65세) + 농업이민으로 35년 전 이주 + 방앗간을 25년 간 경영함 + 영업기간 4년
종업원/테이블수	+ 1명/100석
고객층	+ 현지인(70%), 중국계(15%), 일본계(15%)
선호 메뉴	+ 떡, 순대국, 돌솥밥
재료 조달	+ 된장, 고추장, 젓갈 직접 제조
특징	+ 순대를 직접(40kg/7일) 만듦 + 한인교포들의 단체 행사 가능

미락

일반 현황	+ 경영주(여, 61세) + 영업기간 4년
종업원/테이블수	+ 5명/80석
고객층	+ 현지인(90%), 한국인(10%)
선호 메뉴	+ 불고기, 갈비, 김치찌개
재료 조달	+ 현지 조달
특징	+ 예약제 운영 + 메뉴를 경영주가 추천함 + 수려한 정원과 수영장을 갖춰 아이들과 주말에 외식 겸 나들이 나온 가족 단위 손님 다수

파라과이 한식당 경영주가 말하는 성공 전략

해외 시장에 진출한 동기

이학, 녹야, 경규네 등의 식당경영주들은 파라과이로 이민을 온 후 한식당을 운영하게 되었고, 솔나무집, 고향식당의 경영주는 농업이민을 온 것이며 우리집 치킨의 경우에는 파라과이 여성이 한국인과 결혼한 후 시어머니에게 한식을 배워 식당업을 하고 있다.

해외 시장 개척시의 어려움

한일관의 경영주는 2세대에 식당업을 전수할 뜻은 없다고 하였다. 한식 세계화 등에 대한 인지도는 없었으며, 파라과이 현지에서는 재료 조달이 원활치 않아 식당영업에 어려움이 있기 때문이라고 하였다. 대부분의 한식당과 마찬가지로, 된장, 고추장은 직접 담가 사용하고 있었다. 이러한 양념류를 직접 담그는 대표적인 이유는 시판되는 양념류의 공급이 원활하지 않고, 유통 중 가격이 높게 책정되기 때문이며, 이는 재료값의 부담과 더불어 음식값이 고가로 책정되는 주된 이유가 되고 있었다.

고향식당의 경영주도 채소 재료 조달에 어려움이 있으며, '내서널산'이라는 현지 채소는 질이 떨어져 2배 이상 비싼 브라질 수입산을 이용하고 있었다.

솔나무집의 경영주는 식당업으로 성공하는 것에 대해서 매우 회의적이라고 밝히며, 크게 투자를 하지 않고 매우 적은 3명의 종업원을 고용하여 가족경영 형태로 식당을 운영하고 있었다. 이러한 응답은 대부분의 한식당 경영주가 전문적으로 식당업을 하는 것이 아니라 소규모의 자본으로 특별한 조리기술 없이 시작하므로 실패사례가 잦다는 사실을 대변하는 것으로 여겨진다.

파라과이에서 한식당을 경영하는 경영주의 다수는 1960년대 농업이민으로 이주하여 식당을 창업한 경우인데, 대부분이 다음 세대에 전수하려는 의지가 없어 적극적인 투자를 하거나 전문화를 시키지 않는 실정으로 영세하고 낙후된 곳이 많았다. 파라과이는 고객층이 매우 제한적인데, 아순시온의 교민수가 약 5,000여 명으로 매우 적고, 한국기업의 진출이 매우 미진한 상태라서 한식당 영업이 활성화되기 어려운 상황이었으며, 또한 파라과이인이 한식당을 이용하는 사례도 극히 제한적이었다. 단지 쉐봉, 서울, 미락 등의 식당에 파라과이인이 방문하는 정도였는데 이들 식당은 외장 인테리어뿐만 아니라 테이블 세팅, 종업원의 서비스 등이 매우 세련되어 현지 고급식당에 견주어도 손색이 없을 정도로 운영되고 있었다. 이에 따라 인근의 파라과이 회사원들과 현지 외국인 등이 주로 이용하는 현지화된 식당이었다.

그러나 대다수의 한식당은 시설 등이 매우 낙후되어 있어 현지인과 외국인의 방문이 쉽지 않은 실정이다. 파라과이 정부는 1962년 수교 이후, 우리나라에 대한 우호적인 감정을 가지고 있어, 한식과 한식당에 대한 호감도를 가지고 있었다. 그러나 인근 브라질과 비교할 때 상대적으로 경제적인 수입이 낮기 때문에, 외식산업이 발달되어 있지 않으며, 파라과이인들이 한식당을 방문하는 경우는 매우 희박하였고 한식은 비싼 음식으로 자리 잡고 있었다.

한식당의 성공 노하우

/ 20~30년 간 한식당 영업 / 이학식당의 경영주는 같은 지역에서 30년 간 한식당을 운영하여 왔으며 현재는 자녀들과 같이 식당을 운영하고 있었다. 주 고객은 한인교포들이며, 주말에는 교포들의 단체 행사 등을 치르는 대표 식당으로 자리매김을 하고 있다. 그 외의 일본계, 중국계 파라과이 현지인이 주로 찾아오며, 이들은 김치찌개와 불고기를 선호하였다.

인근의 한일관도 30년 동안 설렁탕을 주 메뉴로 하는 곳이다. 100석 규모의 대규모 식당으로 주로 한인교포들이 단체로 찾아가고 있다. 가격이 비싼 한식당 중 하나로 한인교포 이외에 일본계, 중국계 파라과이인이 일부 방문하는 곳이다. 파라과이인들은 된장찌개와 김치찌개 등을 맛보고 있으나, 아직은 매운맛에 익숙하지 않았다.

20년 간 해장국을 판매한 할매집과 엉터리집은 선술집 분위기의 소규모 식당으로, 한인교포들과 4시장 근처에서 봉제업에 하는 파라과이인, 볼리비아인 등이 주 고객이다.

／ 현지인이 선호하는 한식당 ／ 쉐봉, 서울식당의 경우는 세련되고 깔끔한 환경을 갖추고 있어, 파라과이인들이 가족모임 때에 이용하거나, 점심시간 또는 퇴근 후 직장 동료들과 방문하는 대표 식당이다. 특히 쉐봉식당의 덮밥류, 돌솥비빔밥 등이 현지인들이 선호하는 메뉴이며, 소스 등을 현지인의 입맛에 맞도록 레시피를 개발하였다. 식당의 내외관과 메뉴판 등 매우 깨끗하게 정돈되어 있으며, 종업원들도 현지 고급레스토랑 스타일의 유니폼을 입고 서비스를 제공하고 있었다. 스페인에서 유학을 하는 자녀들의 도움으로 식당명을 이국적으로 지었으며, 메뉴판 등도 현지어를 기재하여 현지화를 위한 노력을 기울이고 있었다.

뷔페 스타일의 서울식당은 파라과이 현지인회사원과 여행객 및 외국인들이 방문하는 현지화된 한식당인데, 음식값이 합리적이어서 주말에는 한인교포들의 단체모임, 가족모임이 많고 평일 점심이나 저녁에는 현지인들이 자주 찾아오는 식당이었다. 4시장 근처에 인접한 다수의 한식당과는 달리 주변에 회사와 은행이 있는 다운타운가에 위치하고 있다.

녹야식당의 경우, 독특한 인테리어와 정원을 갖추고 있어서 기존 한식당과는 차별성이 있으며, 현지인 대상으로 '비빔밥 데이', '디너쇼' 등의 다양한 현지화 영업 전략을 모색하고 있었다. 경영주는 이민 전에 강원도 문막에서 향토음식전문점을 운영한 이력이 있었다. 자주 겉절이를 담가 제공하여 중국계·일본계 파라과이인들이 선호하였다. 외국인을 위하여 불고기의 간장맛과 비빔밥의 고추장 매운맛을 감소시키는 등의 현지화를 위한 노력도 기울이고 있었다.

／한국식 숯불구이 메뉴 제공／ 파라과이인들은 육류요리를 매우 좋아하는데, 파라과이의 전통 요리 '아사도'는 한국식 고기구이인 숯불갈비, 양념갈비와 유사하다. 경규네식당에서는 숯불구이를 전문으로 하고, 솔나무집, 이모네식당, 이가네식당에서도 숯불구이를 제공하고 있다. 경규네는 한인교포와 더불어, 중국계·일본계 파라과이인들이 주로 한국인 동료와 함께 방문하는 대표적인 숯불갈비식당으로, 미국대사관의 회식 모임을 열 정도로 명성이 있다. 경규네의 여성 경영주는 이민을 온지 약 20년째로 파라과이의 대다수 한인이민자들과 마찬가지로 의류잡화점 사업을 시작하였다가 식당을 창업한지 약 11년이 되었다. 주로 7~8가지의 밑반찬을 무상으로 제공하고 있어 현지인들의 반응이 매우 좋았다. 이곳의 대표 메뉴인 양념갈비와 불고기가 매출의 대부분을 차지하고 있으며, 현지 단골 고객은 고기와 채소를 함께 넣고 쌈을 싸먹기도 하였다. 일본계와 중국계 파라과이인들은 냉면을 먹기도 하였으나, 유럽계 파라과이인들은 더운 날씨임에도 불구하고 냉면을 선호하지 않았다. 주재료는 현지 조달이 대부분이고, 미역은 한국에서 직접 공수하여 사용하고 있으며, 고추는 한국산 종자를 인근의 밭에서 재배하여 풋고추로 제공하고 있었다.

4시장 인근에 위치한 이모네식당은 숯불고기 전문으로 한인교포, 특히 한인여성들의 친목모임 장소로 주로 이용되는 곳이다. 여성 경영주와 딸이 함께 운영하고 있고 4시장 인근에 위치한 한식당의 대다수가 그러하듯이 식당의 운영이나 규모가 전문적이지 않은 상태였다.

/ 한인교포가 선호하는 메뉴 제공 / 솔나무집은 특별히 간판을 걸고 영업을 하지 않아 파라과이 현지손님들이 거의 없으며 철저히 한인교포를 대상으로 영업하고 있었다. 오리고기요리와 숯불구이가 주 메뉴인데, 오리고기요리는 한인교포들만 먹는 음식이며 파라과이인은 먹지 않는다. 파라과이에 농업이민 온 경영주는 오랫동안 채소 농사를 지었으며 식당업을 한지는 10여 년이 되었다.

고향식당의 경영주는 순대와 젓갈을 직접 만들어 사용하고 있으며, 순대국과 감자국은 한인교포가, 불고기는 현지인이 선호하는 메뉴이다. 100석 규모의 식당으로 주말에는 한인교포들의 단체손님이, 평일에는 현지인이 방문하고 있다. 1명의 현지 여성 종업원을 고용하여 식당을 운영하고 있었다. 경영주는 35년 전 농업이민으로 이주하여 떡 방앗간을 25년 이상 운영하고, 한식당은 약 4년 전부터 시작하였다.

이가네식당은 40대의 부부가 운영하고 주 메뉴가 한약재를 첨가한 삼계탕으로 타 한식당과 차별성이 있었다. 이외에 전골, 삼계탕, 해물매운탕, 숯불갈비를 제공하고 있었다. 독특하게 봉제업과 식당업을 겸업하여 식당과 봉제공장이 같은 공간에 위치한 형태로 식당 한쪽에는 제작된 의류가 쌓여 있는 등 전문 식당의 모습을 갖추지 못한 실정이었다.

/ 한국식 치킨 메뉴 제공 / 우리집 치킨은 프라이드치킨과 중국요리가 주 메뉴이다. 대부분의 고객은 한인교포들이며 교포가족들의 외식장소로 이용되는 곳이다. 빛고을식당의 경우도 주 메뉴는 치킨으로 선교사 부부가 운영하고 있으며, 술을 판매하지 않아 가족, 학생들이 주 고객층이었다. 식당을 주업으로 하는 것이 아니라, 봉사활동의 일부로 현지 빈민층 어린이 구제와 젊은이들의 취업을 위하여 식당을 운영하고 있었다. 부인이 직접 조리를 담당하고 있으며 한국에서 식당을 운영한 경력이 있었다. 치킨, 불닭, 돈가스 등

이 주 메뉴이며, 밑반찬은 김치 한가지만을 제공하므로 다른 식당에 비하여 전략적으로 음식값을 낮출 수 있었다.

한식 세계화를 위한 전략

/ 한식 식재료 조달 및 유통 활성화 / 파라과이에서는 지역적 조건상 대부분 식재료의 조달이 어렵고 비싼 편이었으며, 브라질 등에서 수입한 식재료를 많이 사용하고 있었다. 특히 한국산 재료인 된장, 고추장 등은 이민 1세대가 직접 집에서 담가 파는 것을 납품받아 사용하고 있었는데, 이는 시판 제품을 사용하는 것보다 훨씬 저렴하게 이용할 수 있기 때문이다.

파라과이산을 '내셔널산'이라고 부르는데 이러한 채소, 생선이 모두 질이 낮았다. 한식당에서 사용하는 채소는 일본계 농업이민자들의 농장에서 대부분 생산된 것이 대부분인데, 일본계 채소상을 통하여 구입하거나, 인접국가인 브라질산을 사용한다. 일본계 농장에서 생산된 재료는 질이 파라과이산에 비하여 좋고 가격이 다소 높게 책정되어 있다. 파라과이는 내륙지방이므로 생선류의 경우도 브라질에서 전량 수입하기 때문에 음식값이 고가로 책정되는 이유가 되기도 한다. 한국산 식자재는 수입이 정규적으로 이루어지지 않고 있으며, 유통 및 관세 등으로 매우 가격이 높게 책정되어 식당 경영주들은 한국산을 쉽게 이용하지 못하고 있었다. 원활하지 못한 식재료의 공급은 한식의 가격이 비싸지는 가장 큰 요인이다.

음식의 가격과 품질의 안정화를 위하여 이루어져야 할 사항은 한식재료가 적정가격으로 빠른 기간 내에 납품될 수 있는 한식재료 전문 유통구조가 구축되어야 할 것이다. 또한 대량 양산된 양념류임에도 불구하고 운송과 저장 등의 문제로 품질이 매우 나쁜 경우가 종종 발생하는 문제점이 있었다. 전문 한식 재료 도매상을 통한 원활한 식재료 조달과 품질의 안정성은 한식 메뉴의 품질 유지는 물론 가격 안정화에도 도움이 될 것으로 여겨진다. 따라서 유통망 체계를 단일화하고 대량 수입 등의 방법을 강구하는 정책이 필요하다.

/ 한식조리 위탁교육의 필요성 / 파라과이에는 전문화된 한식조리원이 거의 없는 실정이다. 대부분의 파라과이 한식당은 경영주가 직접 조리에 참여하거나, 경영주 부인이 직접 주방에서 조리를 담당하고 있는 실정이다. 대부분의 현지인들은 조리 과정의 전후처리를 하는 보조 수준이 대부분이며, 일부 조리원들이 경영주나 경영자 부인들에게 한식조리법을 전수받아 한식을 만들고 있는 수준이었다. 현재까지 파라과이의 한식당에 종사하는 조리원들은 전문가라기보다는 단순히 돈을 번다는 생각으로 종사하기 때문에 전문교육에 대한 필요성을 크게 느끼지 않고 있다. 또한 일부 식당의 경영자를 제외하고는 대부분 경영자 또는 부인이 손맛을 가르치는 정도로 한식당의 영업이 가능할 것으로 여겨 전문조리교육에 대한 필요성을 느끼지 않는 실정이다.

따라서 파라과이에 한식전문 교육과정이나 교육기관이 있을 경우, 한식전문 요리 기술을 소유한 조리원을 양성할 수 있을 것이나 이는 조심스럽게 접근하여야 한다. 식재료 프로모션을 통한 한식 세계화 방안의 연구[Lee JL et al, 2008]에 의하면 한식 세미나를 개최하여 외국과 외국요리와 다른 한식과 한국 식자재의 우수성을 홍보하고 한국의 대표적인 소스 개발과 홍보가 이루어져야 한다고 했다. 그러나 파라과이의 경우 한식당의 수도 적고, 한류의 영향이 적어 일반인들도 한식에 대한 선호도가 높지 않아 전문적으로 한식을 배우고자 하는 수요층이 아직까지는 낮은 형편이었다. 따라서 대규모 교육보다는 소규모 위탁교육의 형식으로 이루어지는 것도 바람직할 것이다. 또한 대부분의 경영주들은 한식조리교육 및 한식문화를 전달해주는 세련된 서빙교육도 함께 이루어지기를 기대한다.

/ 현지화된 전문 한식 메뉴 개발의 필요성 / 일부 식당의 경영자를 제외하고는 대부분 경영자 또는 부인이 종업원에게 손맛을 가르치는 정도로 한식당의 영업이 가능할 것으로 여기는 영세한 수준이었다. 한식을 파라과이인들에게 알리고, 접하기 쉽게 하기 위해서는 그들의 입맛

에 맞는 한식을 개발해야 한다. 이를 위해서는 맛의 현지화가 필요하다. 물론 한국 전통적인 맛을 유지해야 하는 경우도 있지만, 현지인의 입맛에 맞게 조절하는 것도 필요하다. 즉, 한식을 경험하는 것이 이국적인 맛의 체험으로 끝나지 않고, 자연스럽게 파라과이 음식과 함께 접하게 되어야 할 것이다. 파라과이인들은 숯불고기구이를 좋아하므로 불고기, 갈비구이 등이 쉽게 접할 수 있는 한식 메뉴가 될 수 있을 것으로 예상된다.

/ 홍보 마케팅의 필요성 / 파라과이와의 수교 이후 농업이민이 이루어졌으며, 파라과이 정부는 한국에 대한 우호 감정이 높아 대통령 궁 근처의 공원에 한국적인 정원을 조성할 정도로 한국에 대한 선망이 있다. 그러나 아순시온에는 한국과 한식을 알릴 수 있는 홍보물이나 전문화된 프로그램이 거의 없는 상태이다. 파라과이인들에게 한식 또는 한류가 아직 영향을 미치지 못하여 한식에 대한 인지도가 낮은 편이며, 최근 케이블 방송[CVC]에서 겨울연가가 방영되어 서서히 젊은 층에 한국 드라마가 알려지기 시작하고 있으므로 앞으로 한류는 빠르게 전파될 것으로 예상된다.

또한 한식당용 한식 포스터 제작 및 배포 등이 1차적 홍보방안이 될 것이다. 파라과이의 한식당 경영주들은 한식사진과 소개글이 들어 있는 한식 소개 포스터만 있어도 한식당에 걸어 두고 홍보하기에는 매우 효과적이므로 이를 보내달라고 요청하였다. 남미지역의 주 언어인 스페인어로 제작된 포스터를 제작하여 남미 지역의 한식당에 보급한다면 높은 한식 홍보 효과를 거둘 수 있다. 또한 중남미에 진출해 있는 한국대사관이나 한국여행사나 기업 등에도 배포할 수 있다. 한식에 대한 소개 책자가 없어 불편한 경영주들에게는 매우 유용할 것으로 생각된다. 즉 앞으로는 중남미 지역에서 한국을 알리는 홍보활동을 강화하고 이와 함께 한식을 소개하는 전략이 필요하다.

파라과이 푸디스가 제안하는 한식당 성공 전략

푸디스가 인식한 한식의 특성

한식의 우수성에 대해서는 모두 공감하고 있으나, 우수한 음식이란 잣대나 가치 기준만으로는 세계화를 추진하기에는 역부족이다. 한식 세계화의 진정한 의미는 세계 속에서 한식이 대중화되는 것이며, 이를 위해서는 우리 음식을 외국인들이 쉽게 접할 수 있어야 하고, 음식 조리에서도 지속 가능한 방식으로 재료를 재배하고 생산해야만 한다. 성공적인 한식 세계화를 위해서는 정부, 외식업계, 식품업계가 모두 함께 협력하여 해외 시장의 고객 욕구를 정확히 파악하고 이들 고객의 기대를 충족시키기 위한 식자재 개발 및 마케팅 활동을 함께 실행해 나가면서 시너지를 창출하고 한식 세계화의 기대효과를 극대화할 필요가 있다.

한식의 세계화를 위한 노력에서 주의해야 할 점은 음식문화의 수용은 매우 보수적인 특성이 있으므로 세계화를 위해서는 각 나라의 지역적 특성과 문화적 특징, 인종적·사회적 특성에 따라 조리방법이나 사용하는 식재료 및 식습관 등을 달리하여야 한다는 것이다. 음식의 현지화란 원초적인 한식의 맛을 살리면서 동시에 현지인의 입맛에도 부합하고, 제공되는 음식의 형태나 서비스 등을 통해 세계인의 정서에서 풀어낸 우리음식의 정서를 보여줄 수 있어야 한다. 이를 위해서 외국인들의 입장에서 한식을 평가하고 한식을 새롭게 해석해 나가야 한다.

파라과이 푸디스 조사 현장

따라서 현지인들의 식습관, 음식문화 및 사고방식을 이해하며 외국인들 관점에서 한식의 특성을 어떻게 인지하고 있는지에 대해 조사하고자 외국 전문가 집단을 대상으로 질적 연구를 수행하였다. 심층면접 기법은 문헌조사나 설문조사에서는 포착하기 어려운 개인적 견해에 대한 구체적인 설명과 해석을 가능하게 하여 한식에 대한 살아있고 개별적인 현지인들의 제언을 도출할 수 있을 것이다.

파라과이 푸디스들에게 한식의 종류와 분류를 제시하지 않고 자신들이 알고 있거나 과거 경험해 본 한식 중에서 가장 선호하는 메뉴와 그 이유를 질문하였다. 또한 한식 문화의 전체적인 특징, 조리 과정 및 관능적 특성 등을 자신들의 생애사와 함께 자유롭게 이야기하게 하였다. 인터뷰 내용을 기술한 후 내용을 분류하고 재구성하면 다음 표 12와 같다.

한식문화의 특성을 묻는 질문에서 한식은 '건강식', '밥과 반찬문화', '발효음

12 파라과이 푸디스가 제안하는 한식의 특성

구분	한식 문화 특성	조리과정상 특성	관능적 특성	추천음식
A	건강한 음식	조리경험 없음	예술적이라고 느껴짐 보는 순간 먹고 싶은 충동↑ (시각적으로 식욕 자극)	불고기, 김치
B	건강에 좋음, 칼로리가 낮음, 반찬이 많음, 여러 가지 음식을 한 번에 먹음	식재료 중 채소가 많음, 밥에 소금을 넣지 않음, 참기름 사용이 많음, 설탕을 많이 사용하지 않는 편임	불고기처럼 달콤한 고기음식 선호, 젓갈 끓이는 냄새를 선호하지 않음, 육개장이 많이 매웠음, 밥맛이 너무 싱거움	갈비, 불고기
C	특이한 양념류, 식기류가 다양하고 아름다웠음, 건강에 좋은 음식임	음식에 따라 조리법과 양념이 다른 형태임, 다양한 양념 사용	맛이 좋음, 맵고 독특한 음식이 많음, 밥맛이 싱거움	닭고기탕, 김밥
D	특이하고 이국적임, 매운 음식이 특징임, 시각적 특징이 매력적임	양념이 많음, 국물음식이 많음	김치찌개는 매일 먹고 싶을 정도로 중독성이 강한 맛임, 옥수수차를 좋아함, 된장찌개 냄새를 선호하지 않음	양념돼지갈비, 김치찌개
E	몸에 좋은 음식, 튀김음식이 적음, 특이하고 독특한 맛이 있음, 여럿이 함께 먹어 정감 있음	조리과정이 빠르고 쉬움(식재료에 소스만 넣으면 됨), 소금을 적게 사용, 기름을 적게 사용, 다양한 재료 사용	시각적으로 맛있어 보임, 무씹는 아삭한 느낌이 싫음, 비린 생선냄새를 선호하지 않음, 불고기는 부드럽고 달콤한 맛임, 혐오스런 식재료의 사용(오징어 등)	김치찌개, 불고기, 생선찌개, 매운탕, 알탕

〈계속〉

구분	한식 문화 특성	조리과정상 특성	관능적 특성	추천음식
F	건강에 좋음, 칼로리가 낮아 다이어트 식품임, 맛이 좋음, 국물 있는 음식이 많음, 계속 먹고 싶은 중독성이 있음, 에너지를 얻는 느낌임	채소 사용이 많음 (파, 양파 등)	독특한 맛과 낯설음, 계속 먹고 싶은 중독성도 있음, 자극적 음식이 많음	김치찌개, 삼겹살, 차돌박이쌈
G	독특함	김치찌개(김치와 돼지고기를 넣고 끓이므로 만드는 방법이 쉬움)	국물음식이 많아 좋음, 날것은 선호하지 않음	순두부찌개, 김치찌개, 어묵탕, 닭튀김
H	건강에 좋음, 발효음식이 많음, 채소를 이용한 음식이 많음	다양한 양념 사용, 다양한 조리도구 사용, 채썰기가 많음	섞는 음식이 많음	김치찌개, 된장찌개, 콩나물국, 미역국, 설렁탕, 닭고기탕, 오이무침, 무생채 등
I	채소음식이 많음, 자연에 가깝고 신선함, 자연스러운 매운맛이 특징임	얇게 저민 고기음식이 많음	시각적으로 예쁨, 무씹는 느낌(아삭하는 느낌)이 독특함	비빔밥, 김치, 만두, 해물파전, 삼계탕
J	반찬이 많음, 골라먹는 재미가 있음, 친구들과 함께 나눠 먹을 수 있어서 좋음, 즉석요리가 많음, 음식단계 조절이 가능함	양념 중 마늘을 많이 사용, 고기에 양념을 함	시각적으로 호기심이 생기게 함	돼지주물럭, 불고기, 양념갈비, 부대찌개, 김치찌개
K	건강에 좋음, 몸에 좋음, 발효음식이 많음	조리법과 준비과정이 쉬움, 양념 사용이 많음	시각적으로 독특하고 이상함, 먹으면 맛이 좋음	김치찌개, 감자탕, 칼국수, 비빔냉면

식', '다양한 양념류 음식', '채소 음식', '국물 음식' 등을 독특한 한식 문화로 손꼽았다. 가장 지배적 의견인 '건강식'은 기름과 소금의 사용이 적고, 채소 사용이 많다는 점 등으로 설명하였는데 이는 대부분 한식의 영양학적 우수성을 지식적으로 인지하였다. 몇몇 푸디스들은 실제 자신들이 한식을 먹은 후 피부가 좋아지고, 피로를 덜 느끼며, 다이어트에 좋으면서 에너지를 느낀다고 대답하여 한식의 우수성을 체험적으로 인지하고 있었다. 또한, '독특하고 이국적이다'라며 새로운 음식문화에 대한 호기심과 기대감을 이야기하기도 하였다. 한식의 조리상의 특성

은 식재료 중 '채소 사용이 많다'는 의견이 가장 많았으며, '고기를 얇게 썰어서 양념한다', '조리 과정과 조리법이 간단하다'는 의견도 있었다. '조리 과정과 조리법이 간단하다'는 견해는 대부분의 푸디스들이 이미 만들어진 된장, 고추장 등의 소스를 넣고 무치거나 끓이는 등의 간단한 조리 과정만을 거쳤기 때문이다. 이렇듯 한식의 가장 큰 문제점으로 거론되는 조리 과정의 복잡함이 소스류 가공과 유통의 발달로 인해 외국인들에게는 의식되지 못하고 있었다.

한식의 감각적 특성으로는 '시각적으로 화려하고 다채롭다', '고기음식이 달콤하여 새롭다', '무의 아삭함과 오징어의 딱딱함은 좋지 않다', '젓갈, 된장찌개 냄새가 고약하다' 등으로 시각적으로 독특하고 화려하여 끌리지만 발효음식의 독특한 향은 처음에 거부감을 갖게 하는 것으로 보였다. 또한, 질감에서는 아삭하거나 딱딱한 질감을 낯설어 하는 현지인들의 취향을 고려하여 한식을 현지화해야 한다.

경험한 한식 중 가까운 지인들에게 추천하고 싶은 메뉴에 대한 질문에서는 '불고기', '갈비', '돼지고추장구이', '삼겹살과 상추쌈', '김치찌개', '닭고기탕', '감자탕' 등 대부분 육류 요리가 선호되고 있었다. 이는 파라과이가 육류 중심 음식문화이기 때문이며 친근한 육류를 새로운 양념류와 조리법으로 가공하였을 때 거부감이 줄어들고 새로운 맛에 대한 호기심을 자극하기 때문일 것이다.

푸디스의 한식 현지화를 위한 전략

/ 공통된 음식문화 / 파라과이 푸디스들의 인터뷰 사례를 통한 파라과이인들의 식문화 특성과 그들이 인지하는 한식의 특성, 그리고 한식의 현지화를 위한 전략을 제시하고자 한다.

파라과이는 사방이 볼리비아, 브라질, 아르헨티나에 둘러싸여 있고 파라과이강을 경계로 원래부터 파라과이 영토였던 남동부 지방과 북부, 차코라고 부르는 북서부 지방으로 나누어진다. 국토의 40%를 차지하는 남동부 지방은 브라질 고원의 가장자리에 해당하며 파라과이 평원으로 열대삼림이 울창하고 토양이 비옥한

테다 강수량이 풍부하여 농업과 목축업이 발달하였다. 북서부는 건조한 초원과 밀림지역이며 연평균 기온이 24.5℃로 매우 무더운 지역이다. 북서부 지방은 미국계 석유회사들이 석유 채굴권을 획득하여 미국의 군용비행장과 같은 군사시설이 많다. 아순시온이 위치하고 있는 남동부 지역은 과거 백인들이 소를 방목하는 목초지로 주로 사용되었으며 파라과이는 목축업이 발달하여 치즈와 육류 음식을 선호하였다. 파라과이 음식 중 아사도는 숯불이나 그릴의 한 가지인 파릴라parilla에 쇠고기 중에서도 특히 갈비뼈 부위를 통째로 굽는다. 쇠고기뿐만 아니라 소시지나 돼지고기도 가끔 구울 때가 있다. 아사도는 다른 양념은 하지 않고 굵은 소금만 뿌려서 간을 맞춘다. 오레가노, 파슬리, 칠리 등으로 만든 치미추리chimichurri

사 례

아사도(asado)와 양념고기의 수용

- 한식 중 양념소갈비와 불고기를 좋아한다. 왜냐하면 파라과이식 양념 안심구이인 아사도와 비슷하기 때문이다. 하지만 아사도는 소금과 레몬만을 사용하는데 한국 불고기는 양념이 특이하고 맛있다. 파라과이는 가스오븐이 발달하여 갈비구이를 자주 먹는다. 하지만 양념을 별도로 넣지 않는다. 한식은 양념이 많은 것이 특징이다. (M씨, 여, 23세)

- 불고기는 부드럽고 달콤하기 때문에 처음부터 맛이 있었다. (P씨, 38세, 여)

- 남미 음식은 고기를 통째로 굽는데 한국식 고기 요리는 얇게 썰어서 양념하여 익힌 것이 매우 흥미롭다. (R씨, 여, 36세)

- 선호하는 메뉴는 불고기와 돼지양념 고추장갈비이다. 처음 먹었을 때 이국적이고 새로운 맛이었다. 평소 매운맛을 선호하여 고추장갈비를 좋아한다. 파라과이에서는 고기에 양념을 하지 않는데 양념 돼지갈비는 새로운 음식이다. 불고기를 처음 먹었을 때 고기가 달아 어색하고 이상한 맛이었으나 자주 먹다보니 이제 맛있게 먹는다. (H씨, 남, 20세)

소스와 함께 먹거나 레몬즙을 뿌려 먹기도 한다.

이에 따라 파라과이인들은 한식 중 불고기, 갈비, 돈육 양념 주물럭과 같은 음식을 선호하였으며, 특히 한국식 양념인 달콤한 불고기 소스와 매콤한 고추장 소스에 구운 음식은 매우 흥미롭고 이색적인 문화의 소재로 인식하였다.

파라과이 전통 빵 중의 하나인 치파chipa는 치페라chipera로 불리기도 하며 식물성 기름, 알미돈유카가루, 계란, 우유, 소금, 옥수수 가루, 아니스, 그리고 파라과이 전통 치즈인 케소 파라과이queso paraguay를 섞어 반죽하는 것이다. 치파 고유의 고소하고 깊은 참맛을 내는 기술은 치파를 구워내는 과정에 있다. 흙으로 만든 커다란 불가마인 따따꾸아tatakua를 장작불로 30분 정도 뜨겁게 달군 후 그 안에 있는 재를 모두 제거하고 여기에 다양한 모양으로 만든 치파를 철판에 담아 불가마에 넣어 20분 정도 구운 다음 꺼내면 모든 공정이 끝나게 된다. 치파는 가장 흔하게 먹는 음식으로 발효된 치즈가 들어가 시큼한 향을 풍기는데 이러한 발효음식은 한국의 발효음식을 접할 때 익숙하게 수용할 수 있는 접점이 된다.

푸체로는 고기가 붙은 뼈와 채소를 삶은 요리로 파라과이에서 옛부터 먹던 스튜이다. 살코기는 주로 백인들의 몫이었고 원주민들은 뼈 부산물에 물을 붓고 우려내어 옥수수가루로 경단을 빚어서 여러 가지 채소와 함께 끓여먹었다. 이 음식문화의 특성으로 한식의 찌개와 국물음식을 쉽게 받아들이고 선호하였다.

파라과이의 요리 가운데에는 일반인들이 즐겨 먹는 엠파나다empanada가 있다. 반달 혹은 보름달 모양으로 만들어진 것이 보통이며, 가격도 저렴하여 일반 서민들의 식사대용으로 많이 사먹는 음식이다. 이 엠파나다의 속은 고기 다져 넣은 것, 옥수수와 치즈를 넣은 것, 햄과 치즈를 섞은 것, 달걀로 만든 것, 매콤한 소스를 넣은 것 등 속재료에 따라 맛과 크기가 각양각색이다. 원주민들은 엠파나다 한두 개 정도에 빵 하나와 음료수 한 병이면 한 끼 식사로 안성맞춤이다. 굽는 방법에 따라 기름에 튀기는 것과 오븐에 구워내는 것이 있어 각자의 구미에 맞는 것을 선택할 수가 있다. 대부분 엠파나다를 먹을 때는 매콤한 소스를 뿌려 가면서 먹는 경우가 많다. 특히 파라과이의 북부 더운 지역은 매운 피칸테를 더 많이 뿌려 먹어서 매운맛에 익숙할 뿐만 아니라 한국의 고추장도 맵지 않게 느껴진다고 하였다. 고추의 원산지가 남미인 것을 생각할 때는 이상한 일도 아니다.

/ 차별화된 음식문화를 활용한 한식 상징화 전략 / 파라과이는 주 작물인 콩이 주요 수출품이다. 다국적 기업들이 자본을 투입하여 대량 생산하는 콩은 주로 콩기름으로 만든다. 반면 원예특용작물들

사 례

소빠빠와 발효음식 수용

- 한식 중 상추쌈을 좋아한다. 삼겹살, 차돌박이에 쌈장을 넣어 쌈을 싸서 먹는 것이 맛있기 때문이다. (L씨, 23세, 여)

- 파라과이의 가장 대표적인 명절음식은 소빠빠와 치파이다. 소빠빠는 시루떡처럼 생겼는데 치즈를 넣은 것이고, 치파는 옥수수뭉치와 돼지기름, 치즈를 도넛 모양으로 반죽하여 화덕에 익힌 것이다. (O씨, 46세, 여)

- 한식 중 김치찌개를 좋아한다. 김치찌개와 비슷한 음식은 없지만 김치의 독특하고 매운맛이 맛있다. 또한 생선찌개도 좋아한다. 파라과이에 강이 많아 민물매운탕이 있는데 핫소스를 넣어 먹는다. (P씨, 38세, 여)

푸체로와 탕류의 수용

- 파라과이에서 겨울에 먹는 가장 흔한 일상식은 푸체로(puchero)이다. 쇠고기 부산물에 물을 많이 붓고 우려내어 옥수수가루로 경단을 빚어 콩, 옥수수, 양파 등을 넣고 끓인 음식이다. 또한 고기를 갈아서 끓여 소금과 후추를 넣어 먹는 소죠(soyo)라는 음식은 대표적인 서민음식이고 이 국물요리에 만디오카와 빵을 곁들여 먹으면 보통의 한 끼 식사가 된다. (O씨, 여, 46세)

은 소규모 농가에서 일부 재배하고 있어 영세성을 면치 못해 채소의 생산량이 매우 적다. 또 파라과이는 평균 기온이 25°C로 매우 무덥고 땅이 척박하여 채소가 자라기에는 부적합하다. 따라서 채소가 부족하고 가격도 비싸서 파라과이에도 채소 음식은 많지 않다. 채소는 조리 시 수분을 배출하며 양념과 어우러져 소스가 형성되어 음식의 맛을 결정하는데, 파라과이에서는 음식에 채소류 사용이 적고 거의 모든 음식을 식용유로 볶아 조리하고 있으므로 열량이 매우 높을 뿐만 아니라 섬유소, 비타민과 같은 영양소의 섭취 부족도 우려된다. 파라과이 음식문화는 대부분 유럽의 음식문화 영향을 받아 변형되었으며 과라니 원주민들의 전통음식문화는 많이 남아있지 않다. 즉, 파라과이에서 가장 흔하게 사용되는 감자, 양파, 토마토 등의 채소는 자국에서 생산량이 매우 적어 대부분 인근 국가의 수입량에 의존하고 있다. 따라서, 채소가 많이 들어가는 한식을 건강식으로 인식하는 경향이 강하다.

파라과이는 대부분 밥을 여러 다른 식재료와 볶아서 먹는다. 아로스 콘Arroz con은 소금으로 간하여 지은 밥에 부재료를 넣고 볶은 후 간단한 스프와 함께 먹는 음식인데, 아로스는 밥을 의미하고 중간에 들어가는 콘은 '~와 함께'라는 뜻이다. 아로스 콘은 그 자체로 단일 음식이며 한끼 식사이다.

푸디스 인터뷰에 따르면 실제 파라과이인들 중 고혈압 환자가 매우 많다고 한다. 생태학적으로 무더운 날씨에서 탈수 등을 피하기 위해 식염 섭취량을 늘렸기 때문에 파라과이인들에게 고혈압이라는 부작용이 나타났다. 영양교육을 통해 과량의 식염섭취 부작용을 알고 있는 파라과이인들은 이제 담백한 한국의 밥에 관심을 갖기 시작했다. 한식 문화의 특성 중 대표적인 밥과 반찬문화를 타문화와의 차별성과 건강성으로 상징화시킨다면 한식의 현지화 전략에 도움을 줄 것이라고 사료된다.

결론적으로 건강한 밥 문화와 마찬가지로 채소류 음식이 많은 한식은 파라과이인들에게 매우 건강한 음식으로 인지되고 있었으며 이는 추후 현지화를 위한 한식 상징화전략에서 매우 중요한 키포인트라고 사료된다.

사 례

피칸테와 고추장의 수용

- 파라과이에서는 만두음식인 엠파나다(empanada)에 피칸테를 찍어 먹는다. 매운 음식이 특색있고 매력적이라고 느낀다. 한식의 특징은 이국적이고, 파라과이 음식과 다르기 때문에 끌리는 매력이 있다. (M씨, 여, 23세)

- 한국의 음식 중 김치찌개를 좋아한다. 국물이 있어서 좋고 매운맛이 좋기 때문이다. 에너지를 얻는 느낌이다. (L씨, 여, 23세)

- 파라과이는 피망을 주로 먹는데 끄으이(ky'yi)라는 작은 매운 고추가 있다. 끄으이와 마늘, 식초를 찧어 으깨어 식초에 넣어 보관하다가 생선조림 위에 소스로 뿌려 먹는다. 카세로(casero)라는 핫소스가 있지만 고추와 토마토를 섞은 것으로 많이 맵지 않다. 한식의 매운맛에 대한 거부감은 없었다. (H씨, 남, 20세)

아로스 콘과 밥

- 파라과이에서는 밥에 소금과 치즈를 넣고 밥을 한다. 한국 밥은 너무 싱거워 낯설고 맛이 없게 느껴졌다. 하지만 지금은 소금으로 인한 건강상의 불이익을 알기 때문에 한국식 밥이 건강에 좋다는 것을 알고 있다. (M씨, 여, 36세)

- 한식을 처음 접했을 때 음식에 밥이 나와 이상했고 밥이 싱거워서 이상했다. 하지만 지금은 집에서도 밥에 소금을 넣지 않고 해 먹는다. (M씨, 남, 36세)

풍부한 유지 사용과 건강 한식

- 파라과이 음식은 볶음 요리가 많다. 양파, 토마토를 볶아 거의 식용유로 국물을 만든다. 즐겨 먹는 따야린(tallarín)을 만들 때 닭고기나 쇠고기를 기름에 튀겨 토마토, 양파 등의 채소를 식용유에 볶아 소스로 얹는다. (O씨, 여, 46세)

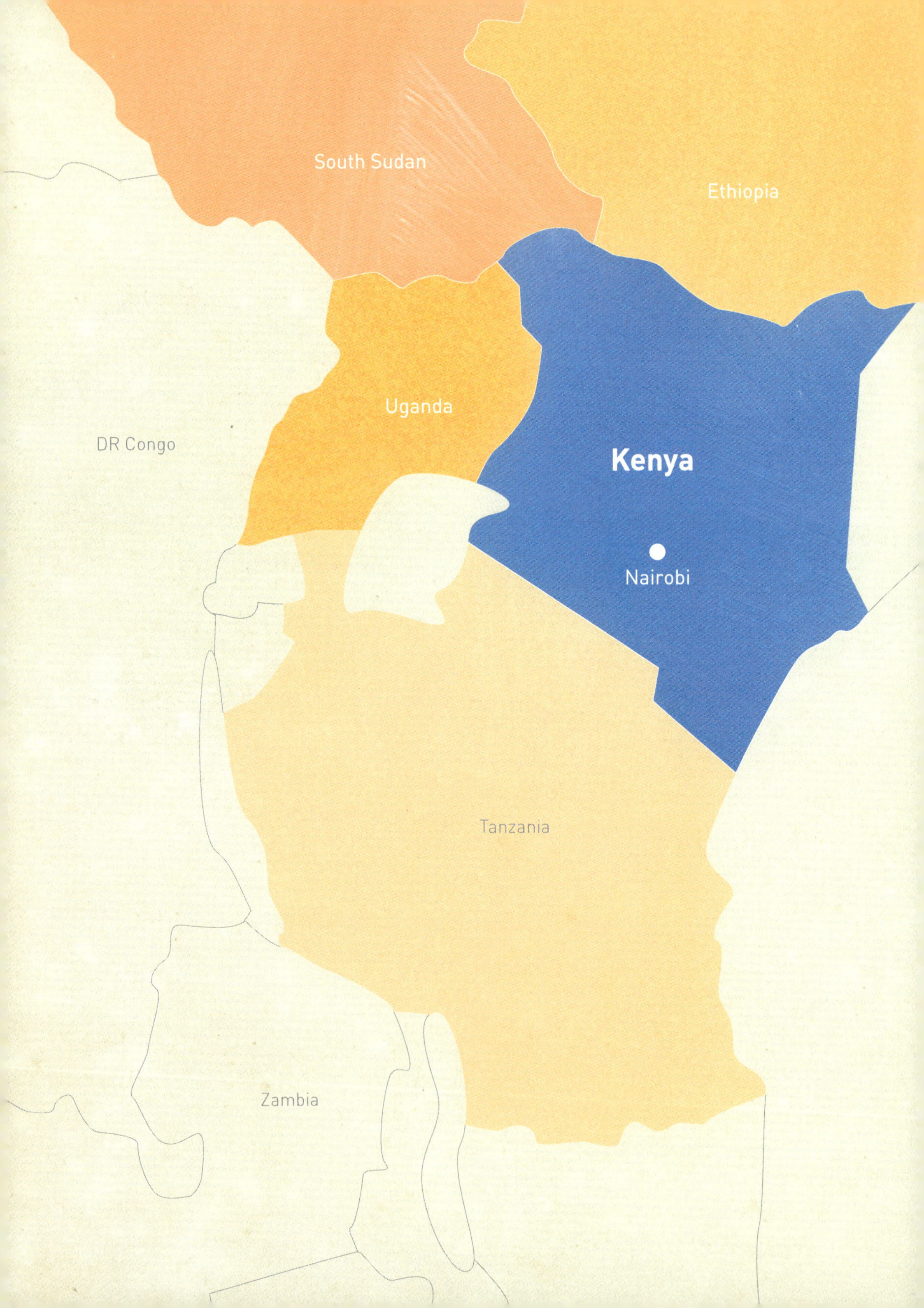
South Sudan
Ethiopia
Uganda
DR Congo
Kenya
Nairobi
Tanzania
Zambia

Somalia

CHAPTER 6

케냐의 한식과 한식당

케냐인들은 테이블 위에서 직접 고기를 구워먹고 쌈을 싸먹는 것에 대해 호기심이 많고 치킨, 꼬리곰탕 등을 선호한다.

케냐 문화와 음식 이야기

Have a taste Korean Food in the World

경제와 소비로 알아보는 외식환경

최근 경제의 흐름과 전망

／ 총선으로 인해 구매력 상승 기대 ／ 케냐는 사회주의 정치·경제체제를 채택한 아프리카주변국가와 달리 1963년 독립 이후로 친서방 자유민주주의와 시장경제를 채택하여, 1980년대 말까지 가장 안정된 정치·경제체제를 유지하였다. 2002년 당선된 음와이 키바키Kibaki 대통령은 부정부패 척결, 경제회복 등의 개혁정책을 추진하였으나, 여당 분열, 반개혁세력 저항, 부패 지속으로 인한 원조공여국의 소극적 지원 등으로 집권초기에는 경제성장에 어려움을 겪었다. 2004년 들어 회계시스템 개혁 및 관광, 교통시스템의 집중 투자로 당초 예상치보다 높은 4.3% 성장률을 달성하였고, 2007년까지 연평균 6.5% 수준의 높은 경제성장률을 달성하였다. 그러나 2007년 말부터 대선폭력 사태로 관광산업이 크게 손실을 입고 식료품 및 국제상품 가격이 상승하면서 2008년도에는 1.5% 경제성장률에 그쳤다.

1 | 주요 경제 지표

자료_외교통상부

구 분		2004년	2005년	2006년	2007년	2008년	2009년	2010년
인구(백만)		34.7	35.6	36.6	37.5	38.8	40.1	41.0
명목 GDP(1억 달러)		162	191	227	275	344	306	321
실질 GDP 성장률(%)		4.6	5.9	6.4	7.0	1.5	2.1	4
소비자 물가 상승률(%)		11.6	10.3	14.5	9.8	13.1	11.8	12.95
무역 (1억 달러)	수 출	27.2	34.5	35.2	40.5	49.6	44.5	51.4
	수 입	43.5	56.02	67.6	85.4	110.7	92.2	104
외환보유고(1억 달러)		15.22	17.9	24.1	33.6	28.8	38.5	35.03
외채(1억 달러)		69.1	64.3	63.8	67.1	70.8	77.5	79.3
환율(1달러 대비)		77.3	72.3	69.4	69.5	77.7	75.8	87

2009년에는 세계금융위기에 따른 경제침체로 외국인직접투자[FDI]가 감소하고 가뭄의 심화로 인해 케냐 경제성장률은 2.1%에 그쳤다.

2009년 5월 30일에 IMF는 케냐에 2억 9,000만 달러의 긴급차관 제공을 승인하였고, 세계경제 침체와 가뭄으로 악화된 케냐의 경제상황을 회복시키기 위해 노력을 기울였다. 2010년에는 세계 경기회복과 그에 따른 관광산업 성장에 힘입어 4.1%의 경제 성장률을 기록할 것으로 전망되었다. 2013년 총선으로 인하여 구매력이 증가할 것으로 보이며 2012년 대비 2013년 케냐의 경제성장률은 세계은행 5%, IMF 5.6%로 전망하였다.

/ 중장기 발전 계획의 실시 / 케냐의 경제추진 원동력은 2008년 6월에 발표한 중장기 발전 마스터플랜 'Vision 2030'을 기반으로 진행되고 있다. 이는 경제·사회·정치 발전을 케냐 중장기 발전의 3대 축으로 제시하고 있으며 2030년까지 연평균 10%의 경제성장, 평등하고 갈등 없는 사회발전, 인간 중심의 정치체제 발전이 목표이다. 이를 위한 세부 프로그램으로 빈곤 해소

2 | **지출 규모에 따른 소득층 분포**

자료_아프리카개발은행(Market Brief 4월)

(단위: %)

구분	지출규모	아프리카	동아프리카
극빈층	하루 4달러 미만	60	88
저중산층	하루 4~10달러	10	5
고중산층	하루 10~20달러	11	5
고소득층	하루 20달러 이상	11	2

를 위한 부의 창출 기회 확대, 사회간접자본 증대, 안정적인 에너지자원 확보, 과학기술 혁신, 국토개발, 인적자원 개발, 위험 없는 사회, 공공서비스 증대를 추진하고 있다.

최근 소비의 흐름

아프리카개발은행AfDB에 따르면, 하루 4달러 이상월 120달러에서 20달러월 600달러 정도를 소비하는 계층을 아프리카 중산층으로 구분하는데, 지난 10년 간 아프리카 중산층이 3배 이상 증가한 것으로 파악되며, 중산층은 아프리카 전체적으로 21%, 동아프리카에는 10%를 구성한다.

아프리카개발은행과 달리, 마켓리서치기관인 케냐광고연구재단Kenya Advertising Research Foundation, Karf은 케냐 내 중산층을 매달 2만 3671~12만 실링약 240~1200달러 정도를 소비하는 계층으로 구분하였는데, 2007년에는 총 인구의 19%를 차지했었으나 2010년에는 무려 24%로 증가하여 약 960만 명이 중산층을 구성하는 것으로 설명하였다. 케냐 마켓리서치 전문기관인 소비자인사이트Consumer Insight는 케냐의 중산층 구매자들은 크게 3가지 소비성향을 보이는 것으로 분석하였는데, 첫째는 고소득층과 다르게 유명 브랜드 이미지보다는 서비스의 품질quality, 제품에 대한 느낌how good the product feels, 기능성how well it works을 기준으로 구매를 하며, 둘째는 가격보다 품질을 우선시하고, 셋째는 계획성 있는 소비보다는 필요성과 유흥성에 기초한 즉흥적 소비 경향을 보인다.

또한, 케냐 중산층은 쇼핑 시 가격보다는 편의성에 더 신경을 쓰는 것으로 나타났는데, 소비자인사이트가 케냐 7대 도심지 1,200명을 상대로 조사한 바에 따르면, 응답자 중 15% 정도만 조금 번거롭더라도 가격이 상대적으로 저렴한 현지 마트에서 구매하고, 55%의 응답자가 편의성 때문에 대형 쇼핑몰에서 구매하는 것으로 나타났다.

케냐인들은 점차 웰빙에 민감해지고 있으며 케냐 3대 유통점 중의 하나인 우추미Uchumi의 아가 칸Aga Khan 지점장에 따르면, 전통적으로 가난한 사람들의 음식 재료인 채소류의 슈퍼마켓 판매량이 2008~2010년에 11배나 증가했으며, 2011년 1~6개월 사이에만 시금치와 수쿠마케일의 판매량이 각각 50~55%, 고구마와 마yam 등도 60% 이상의 증가세를 보이고 있다고 한다.

아프리카와 케냐 중산층의 증가는 의류, 인테리어, 웰빙 관련 상품의 구매력을 촉진시켜 이와 관련된 제품의 제조 및 수입, 유통의 활성화를 가져올 것으로 기대된다.

아프리카개발은행은 2011년 4월 마켓브리핑에서 아프리카 중산층 소비자를 잡기 위해서는 브랜드화 즉, 수입 브랜드보다는 제조·투자하여 현지 중산층의 기호에 맞는 제품 개발·판매를 권장하고 있다. 예를 들어, 아프리카 중산층에게 중고차는 반드시 소유해야 하는 품목으로 인지되는데 – AfDB 자료에 따르면, 케냐 내 1,000명당 1대 소유 비율이 2002년에서 2007년 사이에 3배 증가 –, 인도의 타타Tata와 남아공의 치코Chico가 현지 조립생산을 통해 저렴한 가격과 현지 소비자 취향의 모델로 중산층 소비자를 확보하였다. 특히, 의류·패션분야도 현지 원자재를 이용하고 소비자의 취향에 맞춰 개발하여 중산층에게 접근할 것을 추천하고 있다.

음식으로 맛보는 케냐 문화

케냐는 기후도 다양하고 다양한 인종으로 구성된 사회이며, 관광산업과 농업이 발달한 나라이다. 영양, 톰슨가젤, 일런드, 기린, 코끼리, 악어 등의 야생동물고기를 숯불에 바비큐해서 먹기도 한다. 키쿠유족은 옥수수 가루를 내어 끓는 물에 개어 먹는 우갈리ugali를 즐겨 먹으며, 콩은 삶아 으깬 후에 먹는다. 우갈리는 우리의 백설기 맛과 비슷하여 케일을 잘게 썰어 기름에 볶은 수쿠마sukuma와 함께 먹는다.

유목생활을 하는 마사이족은 하루 한 끼 식사를 하고, 소젖을 짜서 키브유라는 표주박에 넣어 가지고 다니면서 하루 3~10리터의 우유를 마시는데, 이것이 발효되어 요구르트가 된다. 현대문명을 거부하는 마사이족이지만 쌉쌀하면서도 뒷맛이 깨끗한 터스커tusker라는 맥주를 좋아한다.

케냐에서의 한식 이야기

Have a taste Korean Food in the World

먹고 싶어하는 한식 메뉴

케냐인들이 먹어본 한식

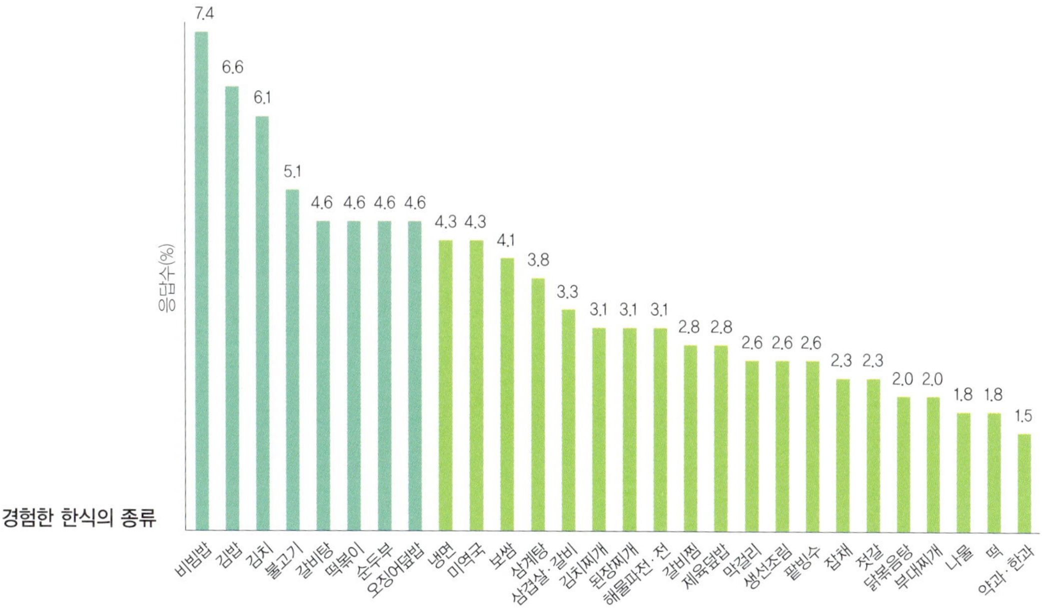

조사 대상자들이 가장 많이 경험한 한식은 비빔밥 7.4%이었다. 다음으로는 김밥 6.6%, 김치 6.1% 순으로 나타났다. 불고기는 5.1%, 갈비탕, 떡볶이, 순두부, 오징어덮밥이 각각 4.6%로 나타났으며, 냉면, 미역국이 각각 4.3%, 보쌈 4.1% 삼계탕, 3.8%, 삼겹살·갈비 3.3%, 김치찌개, 된장찌개, 해물파전·전이 각각 3.1%, 갈비찜, 제육덮밥이 각각 2.8%, 막걸리, 생선조림, 팥빙수가 각각 2.6%. 젓갈, 잡채가 각각 2.3%, 닭볶음탕, 부대찌개가 각각 2%, 나물, 떡이 각각 1.8%, 약과·한과가 1.5%로 나타났다.

케냐인들이 좋아하는 한식

조사 대상자가 먹어본 한식 중 맛있는 한식으로는 삼겹살·갈비가 35.5%로 가장 많이 선택되었으며, 다음으로 비빔밥이 25.8%, 갈비탕이 17.7%, 김밥이 16.1%로

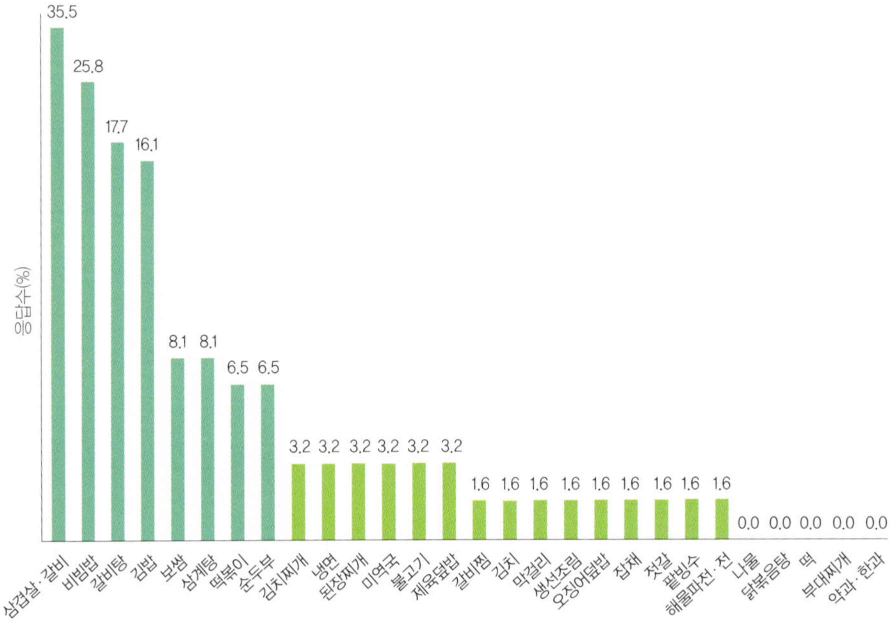

경험한 한식의 선호도

나타났다. 그 외에 보쌈과 삼계탕이 각각 8.1%, 떡볶이, 순두부가 각각 6.5%로 나타났으며, 김치찌개, 냉면, 된장찌개, 미역국, 불고기, 제육덮밥이 각각 3.2%, 갈비찜, 김치, 막걸리, 생선조림, 오징어덮밥, 잡채, 젓갈, 팥빙수, 해물파전·전이 각각 1.6%를 차지하였다. 조사 대상자인 케냐인들은 삼겹살·갈비, 비빔밥을 가장 선호하는 것으로 나타났다.

케냐인들이 먹고 싶어하는 한식

향후에 먹어보고 싶은 음식으로는 김치찌개가 9.2%로 가장 높았으며, 다음으로 김밥, 부대찌개가 각각 7.9%, 잡채가 6.6%, 불고기, 오징어덮밥, 해물파전·전이 각

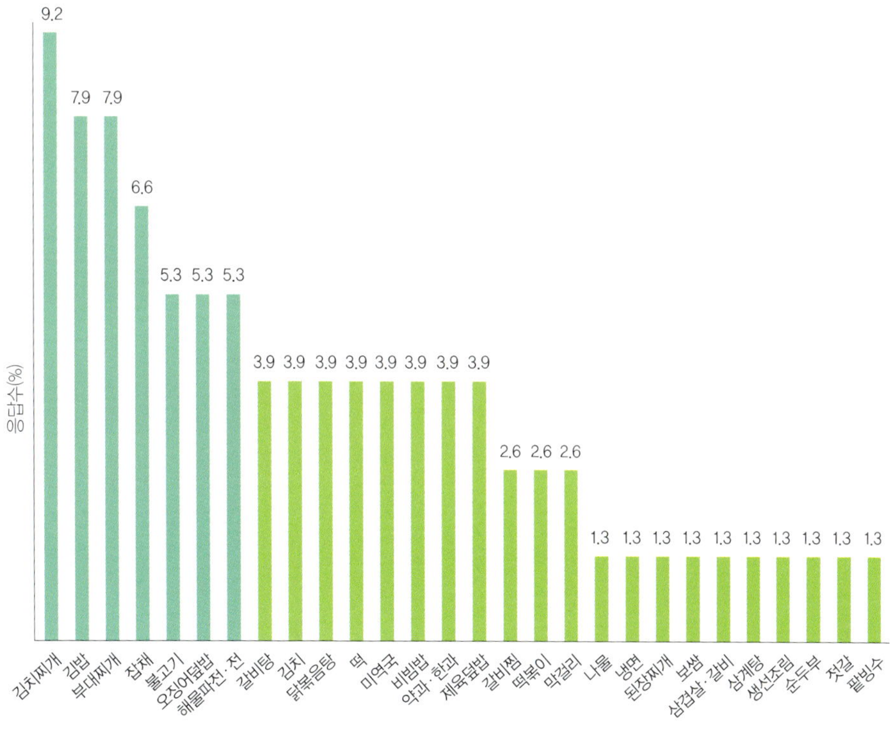

향후 경험하기를 원하는 한식

각 5.3%로 나타났다. 그 외에 갈비탕, 김치, 닭볶음탕, 떡, 미역국, 비빔밥, 약과·한과, 제육덮밥이 각각 3.9%, 갈비찜, 막걸리, 떡볶이가 각각 2.6%로 나타났으며, 나물, 냉면, 된장찌개, 보쌈, 삼겹살·갈비, 삼계탕, 생선조림, 순두부, 젓갈, 팥빙수가 각각 1.3%로 나타났다. 먹어본 경험이 많고, 선호도가 높았던 김치로 만든 음식인 김치찌개를 가장 경험해보고 싶은 음식으로 선택하였다. 그 외에 경험도와 선호도가 높았던 김밥을 경험하고 싶어하는 사람도 많았다.

한식에 대한 생각 엿보기

케냐인들이 생각하는 한식의 특징

한식에 대한 인식도

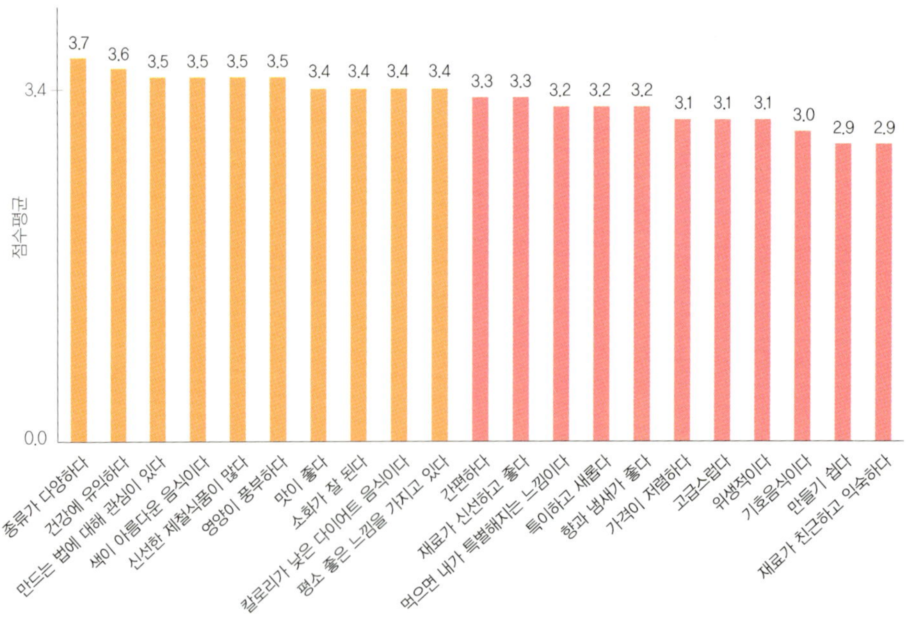

조사 대상자들의 한식에 대한 인식도를 점수로 나타내었을 때 종류가 다양하다는 답변이 3.7점으로 가장 높았으며, 건강에 유익하다는 답변이 3.6점, 만드는 법에 대해 관심이 있다, 색이 아름다운 음식, 신선한 제철식품이 많다, 영양이 풍부하다라는 답변이 각각 3.5점으로 나타났다. 다음으로는 맛이 좋다, 소화가 잘 된다, 칼로리가 낮은 다이어트 음식이다, 평소 좋은 느낌을 가지고 있다는 답변이 각각 3.4점, 간편하다, 재료가 신선하고 좋다는 3.3점, 먹으면 내가 특별해지는 느낌이다, 특이하고 새롭다, 향과 냄새가 좋다가 각각 3.2점으로 나타났고, 가격은 저렴하다, 고급스럽다, 위생적이다는 답변이 각각 3.1점, 기호음식이라는 답변이 3점, 만들기 쉽다, 재료는 친근하고 익숙하다는 답변이 각각 2.9점으로 낮은 점수를 차지하였다. 전체적으로 점수가 3점대에 머물러 큰 차이가 없었으나, 대상자들이 음식을 선택할 때 맛과 영양성을 중요시 하였는데 관련 항목에 점수가 비교적 높게 나타났다. 그러나 한국의 음식이 가격이 저렴하다, 고급스럽다는 대답의 점수가 낮아 가격을 낮추는 것보다 한식의 이미지 개선을 통하여 가격이 비싸다는 인식을 낮추어야 할 것이다.

한식과 관련한 정보수집 경로

3 | 한식에 대한 정보수집 경로

내용	응답수	응답률(%)
인터넷	16	13.8
TV/영상정보(영화 등)	15	12.9
한식당	37	31.9
잡지, 책자	6	5.2
친구, 동료	33	28.4
기타	9	7.8
합계	116	100

한식에 관련된 정보를 수집하는 경로로는 한식당과 친구, 동료가 각각 31.9%, 28.4%로 가장 높았으며, 인터넷과 영상정보를 통한 정보 수집이 13.8%, 12.9%, 잡지, 책자가 5.2%, 기타 7.8%로 나타났다. 한식당에서 한식을 접한 경험이 많아 정보 수집 역시 한식당에서 가장 많이 이루어진

것으로 보인다. 또한 한식을 함께 먹은 사람이 친구와 동료라는 답변도 많아 동료와 친구로부터 정보를 얻었다고 답한 대상자 역시 많은 것으로 생각된다.

한국산 식료품과 가공품의 구입 경험률

/ 한국산 식료품의 구입 경험 / 조사 대상자 중 한국산 식료품을 구입한 경험이 있다는 대답과 없다는 대답이 각각 50%로 나타나 대상자의 절반이 한국산 식료품을 구입한 경험이 있는 것으로 나타났다.

4 | 한국산 식료품의 구입 경험

내용	응답수	응답률(%)
없다	46	50.0
있다	46	50.0
합계	92	100

/ 구입한 식료품의 종류 / 구입한 식료품의 종류로는 국수, 라면류가 33.3%, 양념, 소스류가 31.5%로 높게 나타났으며, 과자류가 18.5%, 원 식재료가 9.3%, 음료가 7.4%로 나타나, 원 식재료보다는 가공품 형태의 식료품을 구입한 것으로 나타났다.

5 | 구입한 식료품의 종류

내용	응답수	응답률(%)
양념, 소스류	17	31.5
국수, 라면류	18	33.3
음료	4	7.4
과자류	10	18.5
원 식재료(채소, 과일, 해산물)	5	9.3
합계	54	100

/ 구입한 식료품 중 양념 종류 / 구입한 식료품 중에서 양념의 종류는 쌈장이 34.4%로 가장 높았으며 다음으로 간장이 23.4%로 나타났다. 그 외에 된장, 참기름이 각각 10.9%, 고추장이 9.4%, 기타 양념류가 10.9%로 나타났다.

6 구입한 식료품 중 양념 종류

내용	응답수	응답률(%)
간장	15	23.4
된장	7	10.9
고추장	6	9.4
쌈장	22	34.4
참기름	7	10.9
기타	7	10.9
합계	64	100

/ 구입한 식료품의 가공 형태 / 조사 대상자가 구입한 식료품의 가공 형태는 신선식품이 37.2%로 가장 높았으며, 다음으로 통조림 형태가 33.3%로 나타났고, 그 외에 즉석식품 12.8%, 건조식품 9%, 냉동식품 7.7%로 나타났다. 구입한 식료품의 종류에서 신선식품의 비율이 가장 높은 것으로 나타났으나, 그 외에 가공식품들의 구입 비율이 약 60% 이상으로 높게 나타났다.

7 구입한 식료품의 가공 형태

내용	응답수	응답률(%)
통조림	26	33.3
냉동식품	6	7.7
건조식품	7	9.0
신선식품	29	37.2
즉석식품(레토르트)	10	12.8
합계	78	100

/ 포장 김치류의 구입 경험 / 한국산 가공품 중 김치류를 구입한 경험은 87.5%가 없는 것으로 나타났다. 경험한 한식 중 김치의 순위가 높았으나 포장된 김치류를 구입한 경험이 적어 한식당에서 많이 경험한 것으로 생각된다.

/ 포장 삼계탕의 구입 경험 / 한국산 가공품 중 포장 삼계탕의 구입 경험은 95.4%가 없었다. 대상자의 포장 삼계탕 구입 경험은 거의 없다고 볼 수 있다. 대상자들의 삼계탕 경험 순위가 낮고, 포장 삼계탕을 구하기가 쉽지 않아 구입 경험이 낮았을 것으로 생각된다.

8 | 포장 김치류의 구입 경험 ▶

9 | 포장 삼계탕의 구입 경험 ▶▶

내용	응답수	응답률(%)
없다	77	87.5
있다	11	12.5
합계	88	100

내용	응답수	응답률(%)
없다	83	95.4
있다	4	4.6
합계	87	100

/ 조미 김의 구입 경험 / 한국산 가공품 중 조미된 김을 구입한 경험이 있는 사람은 34.1%로 포장된 김치와 삼계탕의 구입보다는 높은 것으로 나타났다.

/ 한국 술의 구입 경험 / 한국산 가공품 중 한국 술을 구입한 경험은 21.3%로 나타났다.

10 | 조미 김의 구입 경험 ▶

11 | 한국 술의 구입 경험 ▶▶

내용	응답수	응답률(%)
없다	58	65.9
있다	30	34.1
합계	88	100

내용	응답수	응답률(%)
없다	70	78.1
있다	19	21.9
합계	89	100

/ 구입한 술 종류 / 구입한 술의 종류로는 막걸리가 30%로 가장 높았으며, 맥주가 23.3%, 소주 13.3%, 와인 10%, 전통주 6.67%, 기타 16.7%로 나타나 한국의 전통 술인 막걸리와 전통주의 구입 경험이 약 45%로 높게 나타났다.

12 | 구입한 술 종류

내용	응답수	응답률(%)
소주	4	13.3
맥주	7	23.3
막걸리	9	30.0
전통주	2	6.67
와인	3	10.0
기타	5	16.7
합계	30	100

현지인들이 말하는 한식의 매력

한식의 기호도를 조사한 결과 맵다는 답변이 3.8점으로 가장 높았으며, 냄새가 강해서 싫다는 답변이 3.6점, 짜다는 의견이 3.5점, 특별한 맛이 없고 밍밍하다는 답변이 3.4점으로 나타났다. 다음으로는 씹는 느낌이 좋다 3.3점, 달다, 담백하다, 시다, 양념 맛이 강하다, 온도는 너무 뜨겁다는 답변이 각각 3.2점, 기름지고 느끼하다는 답변이 3점으로 낮게 나타났다. 한식의 발효음식과 장류의 사용으로 인하여 맵다, 냄새가 강하여 싫다, 짜다는 답변의 점수가 높은 것으로 생각된다. 따라서 자극적이지 않은 맛의 한식을 제공해야 할 것이다.

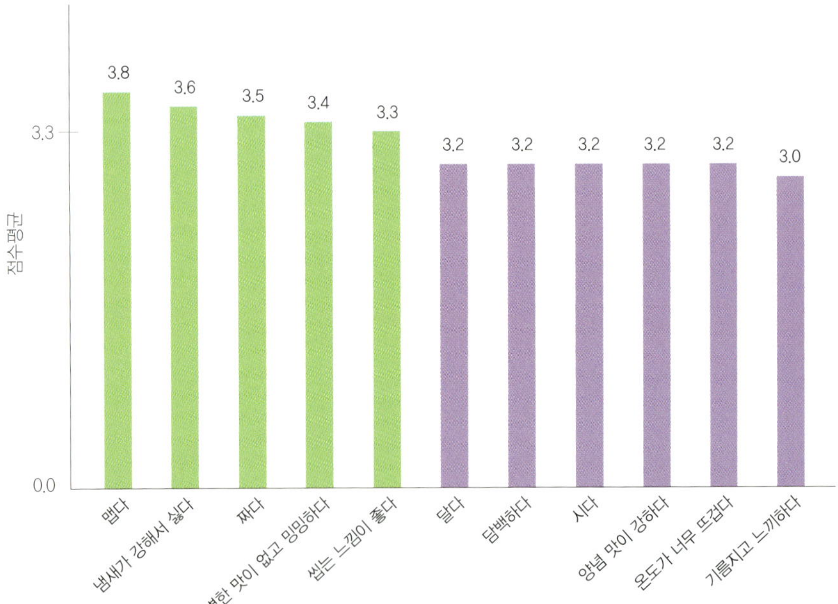

한식에 관한 기호도 조사

케냐에서의 한식당 이야기

Have a taste Korean Food in the World

나이로비에서 영업 중인 한식당

나이로비의 한식당은 한국가든, 궁, 사랑과 행복 등 3개소이며, 그 외 일식당인 사파리 호텔 내 후루싸또, 하루와 퓨전 레스토랑인 홍 레스토랑 등에서 한식을 일부 판매하고 있다.

13 | 한식당의 영업 현황

국가	도시	한식당명
케냐	나이로비	한국가든, 궁, 사랑과 행복

나이로비의 주요 한식당

궁

◂ 한식당 '궁'
▾ '궁'의 메뉴

사랑과 행복

◂ 한식당 '사랑과 행복'
▾ '사랑과 행복'의 메뉴

한국가든

◂ 한식당 '한국가든'
▾ '한국가든'의 메뉴

홍가네

◂ 한식당 '홍가네'
▾ '홍가네'의 메뉴

케냐 한식당의 종합적인 운영 실태

케냐에서 영업 중인 한식당별 현황과 특성은 다음과 같다.

한국가든

일반 현황	+ 경영주(여, 58세, 서울 태생) + 9년 전 선교활동을 하러 온 아들과 같이 이주 + 영업기간 4년 + 한국에서 도시락 납품업 종사
종업원/테이블수	+ 40명(35명 장애인, 5명 정상인)/300석
고객층	+ 케냐인(상류층), 관광객 다수 + 중국인 100명 이상의 대규모 행사를 다수 진행 + 중국인 > 유럽인 > 일본인 > 케냐인
선호 메뉴	+ 불고기(BBQ), 비빔밥(현지인들을 위해 고추장 조금 넣고 조리) + 삼겹살(중국계) 선호
재료 조달	+ 컨테이너에 의해 수입 + 현지시장에서 채소 조달 + 무, 상추는 직접 농장을 운영하여 재배 + 케냐 고기는 육질이 너무 질겨, 과육 등을 첨가하여 연육단계를 시행
특징	+ 레스토랑에서 사용할 정도의 영어 가능하지만 의사소통의 어려움 있음 + 인근에 중국인 거주타운과 식당이 있어 어려운 점이 있음 + 조리파트 10명 고용, 각자의 담당 요리만 함, 대부분 경영주가 직접 관여함 + 소외당한 장애인을 고용하는 것에 대한 자부심이 강함 + 사파리파크 호텔에서 현지 시장, 정부관계자, 공무원 등을 초청하여 불고기, 비빔밥 등 제공 + 페인트칠까지 규제할 정도로 영업 규제가 너무 심하고 공무원의 부정부패가 빈번함

궁

일반 현황

+ 경영주(여, 50세, 여수 태생)
+ 영업기간 5개월, 7년 전 여행 왔다가 정착, 기기리 지역에서 게스트 하우스 운영, UN과 미 대사관 및 외국 손님들에 의해 전해지면서 식당업으로 확장
+ 아들이 케냐 삼성 법인에 취업

종업원/테이블수

+ 17명/150석

고객층

+ 일본인(50%), 현지·인도·중국·유럽인(30%), 한인 교포 또는 주재원(20%)

선호 메뉴

+ 해물파전, 궁중떡볶이, 갈비구이, 불고기, 냉면(일본인 선호), 양념치킨, 순두부, 꼬리곰탕, 갈비구이(테이블 위에서 고기를 구워 먹는 것에 관심이 높음, 케냐인 선호)
+ 김치찌개(매운 것을 잘 먹음, 인도인 선호)
+ 비빔밥(약간 매운맛), 잡채, 불고기덮밥(백인 선호)
+ 된장찌개, 비빔밥(건강에 좋다고 생각함, 대장금의 영향 있음, 중국인 선호)

재료 조달

+ 자급자족, 개인농장 운영
+ 일부 양파, 마늘 등은 현지 시장에서 구입
+ 시티마켓(한국의 가락시장과 유사)한 곳에서 육류와 생선 구입
+ 한국식품점에서 해찬들 양념제품 구입

특징

+ 된장, 김치 등은 손님들에게 판매
+ 방송에 출연하여 한식 홍보, 한글로 메뉴 표기
+ 중국 음식점(케냐 소재)을 중국정부에서 지원하고 있어 부러움
+ 종업원 교육이나 은행 거래 시에 어려움 있음, 인허가 절차가 복잡함

행복과 사랑

일반 현황	+ 경영주(여, 44세, 전주 태생) + 영업기간 6개월, 선교활동을 주로 하기 위한 사업의 일환으로 개업 + 키베라 지역(슬럼가)의 케냐 교회를 지원하고 어린이 구호활동
종업원/테이블수	+ 10명/100석
고객층	+ 일본인, 미국인, 중국인(대사관 관계자), 현지인과 외국인이 많이 옴, 한인교포 10% 미만
선호 메뉴	+ 닭백숙, 비빔밥, 김치찌개
재료 조달	+ 현지 조달, 한국식품점에서 양념류 구입
특징	+ 개장한지 오래되지 않아 운영의 어려움이 있음

홍 레스토랑

일반 현황
- 경영주(남, 47세, 외국어대 스와힐리어과 졸업)
- 96년 이주, 2000년 베이커리 사업 시작
- 2003년부터 홍 레스토랑 경영

종업원/테이블수
- 10명/80석

고객층
- 유럽인(10%), 한국(5%), 현지인(85%)
  현지인들이 주로 많이 옴, 케냐인, 중국인, 일본계, NGO 관계자)

선호 메뉴
- 피자
- 비빔밥(9달러), 짜장면(한국인 선호)
- 데리야키(케냐인 선호)

재료 조달
- 현지 시장에서 구입
- 고추장, 된장, 간장 등을 수입업자에게 구입
- 쌀을 조달하는 데는 어려움 없음

특징
- 외국의 국제기구에 의해 알려지고 있어 한식에 대한 관심도가 높고 미국인, 유럽인들은 비빔밥을 좋아함
- 케냐인들은 GBS방송을 통해 주몽, 쩐의 전쟁 등과 같은 드라마를 보고 한국에 대한 관심이 높음
- 위생검열, 부동산 등기 등이 어려움이 있지만 외국인이 소유할 수는 있음
- 종업원에게 표준화, 계량화 등의 조리 교육하기가 어려움

하루

일반 현황	+ 경영주(남, 37세) + 운영기간 2년, 도쿄 식당에서 3년 간 일식 요리 배움 + 6~7년 전 이민, 시장개척요원으로 케냐에 왔다가 정착함
종업원/테이블수	+ 13명/70석
고객층	+ 유럽인(80%), 한국인(20%) + 유럽인들이 스시를 먹으러 옴 + 케냐인들은 날생선을 거의 먹지 않음
선호 메뉴	+ 잡채, 김치찌개
재료 조달	+ 신선한 회재료 조달이 어려움 + 참치, 연어(탄자니아)
특징	+ 시청 등의 위생검열 + 잦은 종업원들의 이직 + 깔끔한 분위기, 웨이터 등이 단정한 유니폼을 입음 + 식민지 시대부터 정착한 유럽계 고객들이 선호함

후루싸또

일반 현황
+ 사파리 호텔 내 소재한 일식당
+ 파라다이스 호텔 지배인이 총지배인을 맡고 있음

종업원/테이블수
+ 5명/50석

고객층
+ 케냐인(상류층), 일본·중국·유럽인, 일부 한인교포

선호 메뉴
+ 스시, 회

재료 조달
+ 현지 조달, 한국식품점에서 양념류 구입

특징
+ 케냐에서의 성공은 아프리카 주변 국가에서의 성공을 의미함
+ 인터넷의 발달로 정보 교류가 활발하고, 빈부 격차가 심하므로 아시아 음식을 좋아하는 현지 상류층 케냐인을 공략할 필요 있음. 부가가치가 높아지도록 스토리텔링 기법을 사용하여 의미가 있는 음식을 제공할 필요 있음
+ 미국인 등 외국인이 1만여 명 거주하고 있고 중국계, 일본계는 한식 선호도가 매우 높으므로 주 고객층으로 잡아야 함. 현재 인도인(베지테리언)이 매우 많으므로 해외 한식당에 매뉴얼 배포하거나 특별식을 제공할 필요가 있음
+ 새싹 수경재배 등을 해외농업기술개발센터(Korea Project On International Agricultural, KOPIA)에서 시도하면 새싹 비빔밥 등을 제공하는데 사파리 호텔이 앞장설 계획임
+ 선교사 출신 부인이 조리원 교육을 담당함. 직원들은 조리 과정이 매우 복잡하여 배우기 어려워 하고 한식, 중식 손님이 거의 없음
+ 고기문화가 발달되어 있으므로, 갈비, 불고기 등을 테이블에서 직접 구워 먹는 것에 대해 관심이 높음. 케냐 고기는 마블링이 없어 질기고 맛이 없음

케냐 한식당 경영주가 말하는 성공 전략

해외 시장에 진출한 동기

한식당의 경영주들은 선교활동 등을 통해 방문하였다가 식당업을 창업한 경우가 있고, 전문적인 식당 창업을 목적으로 시작한 경우도 있다. 하루 일식당의 경영주는 스와힐리어전공자인데, 식당 창업을 위해 3년 간 타 식당에서 경험을 쌓으며 준비하였다.

해외 시장 개척 시의 어려움

케냐 현지인들에게 한국과 한식이 널리 알려져 있지 않아, 홍보가 절실히 필요하다. 또한 현지인들이 접근하기에는 한식당의 가격이 매우 높은 편이다.

또한 인허가 절차, 검열, 규제사항이 매우 까다로운데, 예를 들어, 간판, 전단지도 검열을 받아야 할 정도이다. 더욱이 한식 조리능력이 있는 조리원이 절대적으로 부족하며, 현지인들이 위생관념이 없거나 식당기물 관리 등을 잘하지 못하여 어려움이 있었다.

한식당의 성공 노하우

케냐의 한식당을 주로 이용하는 케냐인은 아시아 음식에 관심이 높은 상류층이며, 한국에서 근로한 경험이 있는 사람이나 유학생들이 한식당을 찾고 있다. 특히 나이로비는 외국의 국제기구 등이 유치되어 있어, 유럽 및 미국인들과 외국인이 다수 거주하고 있으므로 이들이 한식을 찾는 고객층으로 형성되고 있다.

/ 고기구이와 쌈문화 / 케냐인들은 테이블 위에서 직접 고기를 구워먹고 쌈을 싸먹는 것에 대해 호기심이 많고 치킨, 꼬리곰탕 등을 선호한다. 외국인 중 일본인들은 해물파전, 갈비구이 등을, 중국인들은 비빔밥, 된장찌개를 선호하며 유럽 및 미국인들은 비빔밥, 잡채, 불고기 등을 선호하는 경향을 보였다.

/ 자급자족하거나 현지 시장에서 재료 구입 / 대부분이 현지 시장에서 양파, 마늘, 채소류 등을 구매하는데, 개인농장을 소유하고 있는 한식당 궁의 경우는 자급자족을 하고 있다. 현지 육류는 질긴 편으로 질이 떨어져 매일 아침에 한식당 경영주가 시티마켓에서 직접 구입하는 형편이며, 오전에 경영주가 직접 재료를 구입하는 탓에 개장시간이 늦은 편이다.

한국식품점에서 양념류를 구입하고 있으나 무더운 기온 탓에 보관상태가 좋지 않아 품질이 떨어지므로 한국가든의 경우에는 컨테이너 통관으로 직접 수입하고 있다.

INDEX
찾아보기

REFERENCE

참고문헌

고경일, 노승재, 임효창(2007). 한국전통식품의 국제마케팅전략에 관한 연구: 미국시장을 대상으로. 통상정보연구 9(2):375-397

김의근(2009). 세계음식문화. 백산출판사.

김천호, 박영선(2002). 몽골과 중앙아시아의 식문화비교. 비교민속학회 22

김태희, 김은경(2008). 세계적 한식 요리 아카데미 육성모델 개발. 농림수산식품부

나정기(2008). 한식당의 현지화 모델 개발에 관한 연구. 외식경영연구.

남미 12개국=South America(2007). 랜덤하우스중앙.

소 미야트 인(2005). 미얀마. 도서출판 휘슬러.

신봉규(2007). 한식 세계화를 위한 세계 주요 국가 음식관광정책 사례분석. 한국회식산업연구소.

아프리카개발은행(AfDB). Market Brief 4월

양향자(2006). 세계음식문화여행 아메리카편. 크로바.

원융희(2007). 음식으로 찾아가는 47개국 문화여행. 자작나무.

이연정, 이수범(2008). 한식의 세계화전략이 국가이미지. 한국태도. 한국제품 구매의도에 미치는 영향 연구. 호텔경영학연구 17(3):117-135

정범래(2009). 미얀마 100배 즐기기. 랜덤하우스코리아.

정재완(2012). 미얀마의 최근 경제개혁과 투자환경 변화 전망. 대외경제정책연구원.

한식 세계화를 위한 마케팅 전략-미국(2010). 농수산물유통공사.

한식 세계화를 위한 마케팅 전략-베트남(2010). 농수산물유통공사.

한식 세계화를 위한 마케팅 전략-일본(2010). 농수산물유통공사.

한식 세계화를 위한 마케팅 전략-중국(2010). 농수산물유통공사.

한식당 해외진출 가이드북-미국(2010). 농수산물유통공사.
한식당 해외진출 가이드북-베트남(2010). 농수산물유통공사.
한식당 해외진출 가이드북-일본(2010). 농수산물유통공사.
한식당 해외진출 가이드북-중국(2010). 농수산물유통공사.
베트남 소비트렌드 급격한 변화. 2008년 04월 16일자. 주간무역
O Observador Brasileiro(2011). Cetelem BGN e IPSOS Public Affairs.
Nielsen(2012). Shopper Trend 2012 Vietnam.

대한무역투자진흥공사 http://www.kotra.or.kr
미얀마 대사관 http://mmr.mofat.go.kr
베트남 통계청 http://www.gso.gov.vn
브라질 대사관 http://bra-brasilia.mofat.go.kr
브라질 중앙은행 http://www.bcb.gov.br
브라질 통계청 http://www.ibge.gov.br
우즈베키스탄 대사관 http://uzb.mofat.go.kr
파라과이 대사관 http://pry.mofat.go.kr
파라과이 중앙은행 http://www.bcp.gov.py

연구진 · 기획편집

정혜경 호서대학교 에코푸드연구소
우나리야 호서대학교 에코푸드연구소
김미혜 호서대학교 에코푸드연구소
김은지 호서대학교 에코푸드연구소
최정숙 농촌진흥청 국립농업과학원
김영 농촌진흥청 국립농업과학원
유선미 농촌진흥청 국립농업과학원
김양숙 농촌진흥청 국립농업과학원
김행란 농촌진흥청 국립농업과학원
한귀정 농촌진흥청 국립농업과학원

세계의 한식을 맛보다

2012년 12월 10일 초판 인쇄 | 2012년 12월 15일 초판 발행

발행인 농촌진흥청 국립농업과학원 라승용 | **편집인** 농촌진흥청 국립농업과학원 농식품자원부장 전영춘

연구진 · 기획편집 호서대학교 에코푸드연구소 · 농촌진흥청 국립농업과학원
발행처 농촌진흥청 국립농업과학원 농식품자원부 가공이용과
주소 경기도 수원시 권선구 서호로 30(서둔동 88-2) | **전화** 031-299-0480 | **팩스** 031-299-0454

전무이사 양계성 | **편집부장** 모은영 | **책임편집** 손선일 | **본문디자인** 신나리 | **표지디자인** 이혜진
제작 김선형 | **홍보** 김미선 | **영업** 이진석 · 정용섭 · 송기윤

주소 경기도 파주시 교하읍 문발리 출판문화정보산업단지 536-2 | **전화** 031-955-6111(代) | **팩스** 031-955-0955
등록 1960. 10. 28. 제406-2006-000035호 | **홈페이지** www.kyomunsa.co.kr | **E-mail** webmaster@kyomunsa.co.kr

출판 · 판매처 ㈜교문사 | **출판 · 판매인** 류제동

ISBN 978-89-363-1323-4(03590) | **발간등록번호** 11-1390802-000578-01 | **값** 18,000원

본 책자는 농촌진흥청 농업과학기술연구 「세계식문화자원 DB구축 : 5개국대상(PJ007631) 결과물의 일부로 무단복제 및 전재를 금합니다.